板式轨道充填层自密实混凝土技术

龙广成　曾晓辉　刘　赫　谢友均　著

科学出版社

北　京

内 容 简 介

自密实混凝土充填层是我国高速铁路 CRTSⅢ型板式无砟轨道的重要结构部件。本书围绕板式轨道自密实混凝土充填层建造和养维的重大需求，以板式轨道充填层自密实混凝土为对象，通过理论与实践结合，剖析自密实混凝土在充填层封闭空间中的充填行为与调控方法，阐释充填层自密实混凝土的基本物理力学性能和抗冻耐久性能，阐明自密实混凝土充填层的匀质性，提出基于冲击回波法的自密实混凝土充填层质量快速检测评价技术。

本书可作为混凝土材料研究学者、高速铁路工程建设技术人员和管理人员的参考用书，也可供科研院所轨道交通专业人员参考。

图书在版编目（CIP）数据

板式轨道充填层自密实混凝土技术/龙广成等著. —北京：科学出版社，2025.3

ISBN 978-7-03-069416-4

Ⅰ.①板… Ⅱ.①龙… Ⅲ.①板式轨道–混凝土–充填法 Ⅳ.①U213.2

中国版本图书馆 CIP 数据核字(2021)第 146452 号

责任编辑：周 炜 罗 娟 / 责任校对：任苗苗
责任印制：肖 兴 / 封面设计：陈 敬

科学出版社 出版
北京东黄城根北街 16 号
邮政编码：100717
http://www.sciencep.com

北京中科印刷有限公司印刷
科学出版社发行 各地新华书店经销
*
2025 年 3 月第 一 版 开本：720×1000 1/16
2025 年 3 月第一次印刷 印张：14
字数：282 000
定价：128.00 元
（如有印装质量问题，我社负责调换）

前　言

为满足经济社会发展需要，以高速铁路、城市地铁为代表的现代轨道交通基础设施工程建设迅猛发展，诸多新型轨道结构不断发展和应用。我国自主创新发展了以自密实混凝土充填层为主要特征的 CRTSⅢ型板式无砟轨道，并已成为我国已建、在建和将建高速铁路工程的主要轨道结构型式之一；同时，自密实混凝土充填层也逐渐在我国新建城市地铁轨道结构中使用。可以预见，自密实混凝土充填层技术将在我国现代轨道交通基础设施建造中发挥重要作用。

自密实混凝土已有 40 余年的发展历史，其研究与工程应用实践不断拓展，自密实混凝土在板式轨道结构充填层中的应用实践就是很好的实例。然而，板式轨道结构充填层不仅具有特殊的结构型式和施工工艺，而且性能要求严格，加之板式轨道结构充填层技术研究与应用实践历史尚短，使得充填层自密实混凝土仍然存在诸多理论和技术需要进一步探索，如充填层自密实混凝土的性能调控方法及其施工质量的快速检测评价技术等。上述问题的厘清，有利于自密实混凝土充填层技术的发展，并将为板式轨道结构的高质量建造和养维提供重要技术支撑。鉴于上述原因，作者结合多年来的相关科学研究与工程应用实践撰写本书，以资参考。

本书共 9 章。第 1 章介绍高速铁路 CRTSⅢ型板式无砟轨道特点和自密实混凝土充填层施工工艺，回顾自密实混凝土技术概况，明确充填层自密实混凝土的主要技术要求；第 2 章结合室内缩尺模拟试验、现场足尺模拟试验和数值模拟方法，探讨自密实混凝土在充填层封闭模腔中的充填行为，剖析自密实混凝土充填层表面质量的关键影响因素；第 3 章从新拌浆体、砂浆和混凝土三个层次，阐述自密实混凝土拌和物的悬浮稳定性及其调控方法；第 4 章针对板式轨道对充填层的高稳定性和强黏结性目标要求，确立充填层自密实混凝土配合比关键设计参数，并提出相应的配合比设计方法；第 5 章着重阐述充填层自密实混凝土的拌和物性能、变形性能(包括干缩性能、徐变性能等)、力学性能(包括抗压强度、应力-应变关系和断裂性能等)及其与主要组成参数之间的影响关系；第 6 章重点针对充填层典型严酷服役条件，调查充填层自密实混凝土抗冻融作用的性能，且对相应服役寿命进行预测；同时，探讨冰冻与弯拉荷载耦合作用下充填层自密实混凝土的耐久性能；第 7 章通过对典型工况灌注施工的充填层实体钻芯取样，分析不同位置处芯样的抗压强度、动态弹性模量分布以及粗骨料离析率，探讨充填层匀质性的主要影响因素；第 8 章主要结合实际工程应用实践，讨论充填层自密实混凝土的应用技术及其质量控制措施；第 9 章针对大量自密实混凝土充填层建造质量控制及其服役过程中健康状态监控需求，结合现场工程检测实践，阐述基于冲击回波法的自密实混凝土充填层质量快速检测评价技术。

本书不仅凝聚了作者研究团队成员的大量心血，也参考和借鉴了大量相关文献资料，在此一并表示衷心的感谢。特别感谢李文旭博士花费大量时间撰写了本书第 2 章和第 7 章；同时，还要感谢马昆林、李建、元强、刘赞群、石明霞、郭建光、吴建贤等在充填层自密实混凝土试验和工程应用实践中的辛勤付出，以及研究生李宁、姜伟、周详、黄健、杨振雄、冯金、彭逸明等所做的大量试验研究工作和文字整理工作。另外，也十分感谢有关建设单位和施工单位给予的大力支持。

本书得到国家自然科学基金项目(51678568)以及中国国家铁路集团有限公司科研计划课题等资助，在此深表感谢。

限于作者学识水平，书中难免有不妥之处，敬请读者批评指正。

目　　录

第1章 绪 论

1.1 板式轨道自密实混凝土充填层概述

1.1.1 构造特点

板式轨道是我国高速铁路采用的主要轨道结构型式之一,先后发展了 CRTS Ⅰ型板式无砟轨道、CRTS Ⅱ型板式无砟轨道和 CRTS Ⅲ型板式无砟轨道等多种类型[1]。鉴于其优良的平顺性和可靠性,板式轨道已在我国新建高速铁路、城市地铁中得到广泛应用。图 1-1 所示为典型板式轨道结构轨下主要部件构成断面示意图。

由图 1-1 可知,钢轨以下的板式轨道结构主要由轨道板(蒸养混凝土)、充填层和底座等组成,其中充填层是其关键结构层,前期为水泥乳化沥青砂浆充填层,目前主要为自密实混凝土(self-compacting concrete,SCC)充填层,其主要作用是调整、支撑、传力及减振吸能等,也称为调整层。本书着重研究高速铁路 CRTS Ⅲ型板式无砟轨道自密实混凝土充填层,即采用自密实混凝土灌注充填工艺建造的薄层状结构。在建筑工程领域用作隔声、保温、找坡或敷设管线等用途的构造充填层不属于本书讨论的范畴。

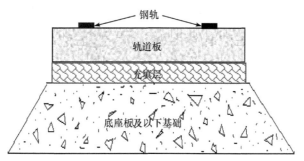

图 1-1 典型板式轨道结构轨下主要部件构成断面示意图

近年来,我国现代轨道交通基础设施建设发展迅猛。截至 2024 年底,我国高速铁路已开通运营 48000 多 km、城市轨道交通营运里程超过 10000km,其中最近建设的很大一部分线路都采用了自密实混凝土充填层技术。自密实混凝土充填层技术是我国自主研发的 CRTS Ⅲ型板式无砟轨道技术体系的重要组成部分,不仅已在我国高速铁路建设中实现了规模化工程应用,还在我国高速铁路"走出去"

中发挥了重要作用[1,2]；同时，由于该技术的优越性，已逐渐被城市地铁新型轨道结构借鉴采用。图 1-2 所示为采用自密实混凝土充填层技术的高速铁路、城市地铁的典型板式无砟轨道结构示意图。可以预见，自密实混凝土充填层技术具有广阔的应用前景。

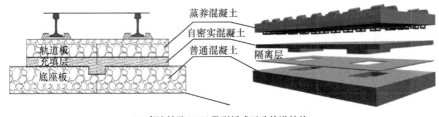

(a) 高速铁路CRTSⅢ型板式无砟轨道结构

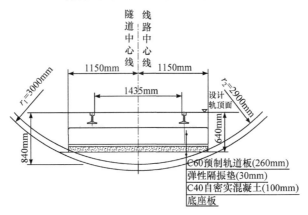

(b) 典型地铁板式无砟轨道结构

图 1-2　我国高速铁路、地铁工程中采用自密实混凝土充填层的板式无砟轨道结构示意图

1.1.2　施工工艺

自密实混凝土充填层技术是保障板式无砟轨道结构平顺性的核心技术之一，也是高速列车平稳、舒适和低噪声运行的良好保证。为实现此目标，轨道结构通常需要按照以下工序进行建造施工：首先进行最下部的基础和底座板施工；其次在施工完成的底座板上部铺设土工布层、布置钢筋网片等；再次根据线路平顺性要求和轨道高程铺设预制轨道板并进行轨道板位置精调；最后采用灌注充填工艺对轨道板与底座板之间的充填层进行充填施工，直至充填饱满，最终使整个板式无砟轨道结构达到设计要求的高平顺性标准。图 1-3 所示为施工完成的某高速铁路 CRTSⅢ型板式无砟轨道结构。

在运营过程中，轨道结构需要承担来自列车的自重荷载及其运行中产生的冲击荷载、各结构层之间的约束荷载以及环境作用等[2]。自密实混凝土充填层与上部轨道板之间通过黏结作用形成复合板结构，主要发挥支撑、传力、限位等作用。支撑、传力主要是指充填层承担来自上部轨道板传递的荷载并将荷载向下部传递等；CRTSⅢ型板式无砟轨道结构主要通过嵌合于底座板的凹形槽来限制轨道结构水平位移；另外，高速铁路 CRTSⅢ型板式无砟轨道中充填层与底座板之间设有土工布层，而地铁新型板式轨道充填层与轨道板之间则设有弹性橡胶垫，起到隔离或减振降噪的作用，这一层被称为隔离层或弹性垫层。

蒸养混凝土轨道板
自密实混凝土充填层
普通混凝土底座板

图 1-3　施工完成的某高速铁路 CRTSⅢ型板式无砟轨道结构(侧视)

由此可知，自密实混凝土充填层在板式无砟轨道结构中有重要作用，是 CRTSⅢ型板式无砟轨道结构的关键部件。

1.2　自密实混凝土技术现状

SCC 自 20 世纪 80 年代中期在日本诞生以来，至今已有近 40 年的发展历程[3,4]。鉴于 SCC 性能的优越性，其在世界各国得到了广泛关注。SCC 的研究与应用已在世界范围内展开，取得了很大的进展。

国内外相关领域的研究人员及学术组织在推动 SCC 的工程应用实践方面做出了很多贡献，世界各大混凝土领域的学术组织纷纷成立了相关的专门委员会。各有关国家或机构也逐步形成了适用于各自特点和条件的自密实混凝土应用技术指南(规程)，包括日本、欧盟、美国等均制定了相应自密实混凝土技术指南；中国土木工程学会也于 2004 年发布了 CCES 02—2004《自密实混凝土设计与施工指南》，并在随后又制定了多个有关自密实混凝土应用的地方或行业技术规程。虽然上述自密实混凝土相关技术指南或规程还有待在未来实践中不断完善，但这些技术指南的制定对于促进 SCC 的工程应用具有重要意义。

SCC 优异的工作性能使得其在工程应用中显示出巨大的潜力。可以说，SCC 的出现使得传统的混凝土工程结构的施工方法发生了变革，其符合建筑技术发展对混凝土性能的新要求。随着现代建筑技术的发展，各种形状复杂、配筋密集的构件不断出现，采用普通混凝土制作的构件已无法用于有效施工，SCC 应运而生。在我国一些大型重要工程建设中都采用了 SCC 及其技术，如北京奥运场馆、国家大剧院以及一些带有地标意义的超高层建筑工程，从而解决了实际工程中出现的诸如不允许振捣、无法振捣以及难以振捣密实成型等施工技术难题。特别是近年来，随着 SCC 关键技术的不断突破以及人们对 SCC 优越性的认识不断加深，SCC 得到了更为广泛的推广应用。当前，SCC 的应用领域涉及了大部分土木工程领域，如现场灌注施工的新建工程、修补工程以及工厂化生产的预制构件等，几乎涵盖了铁路工程、建筑工程、水利工程、公路工程、市政工程等各个工程领域。

当然，SCC 技术一直在研究与应用实践中不断完善。随着现代新型、复杂工程建设向智能/智慧建造发展，SCC 技术将发挥更大的作用，并助力更多现代新型工程结构的高效、高质量以及智能建造，期待 SCC 技术和工程应用实践取得更大突破。

以下着重对 SCC 主要性能特点进行阐述。

1.2.1 拌和物的工作性

SCC 拌和物的工作性(亦称和易性)是其区别于普通混凝土最为关键的工程性能之一，决定其能否在仅依靠自重力作用的条件下进行均匀密实灌注施工，即自密实性能。SCC 拌和物的工作性一直是相关研究的焦点。相对于普通混凝土，新拌 SCC 工作性的内涵更为丰富。

1. 作为流体的流变性

本质上，新拌 SCC 属于一种组成复杂的流体，运用流变学知识分析这一复杂系统的流变性能有助于理解其在灌注施工过程中是否具有合适的工作性。

除常见的水、油等这些牛顿流体外，大多数流体一般是由颗粒分散相和液体连续相组成的复杂悬浮体系，表现出复杂的流变行为。屈服应力、塑性黏度是描述流体流变性的两个基本参数，其各自与流体系统中的颗粒性质、颗粒分布与体积分数以及连续相性质等密切相关[5]。通常流体在稳态条件下的流变行为可用 Herschel-Bulkley 流变方程进行描述[6]，如式(1-1)所示：

$$\gamma = 0, \quad \tau < \tau_0$$
$$\tau = \tau_0 + k\gamma^n, \quad \tau \geqslant \tau_0 \tag{1-1}$$

式中，τ 为施加的剪切应力；τ_0 为屈服应力，即流体产生流动所需的初始剪切应力；γ 为剪切速率；k 为塑性黏度系数，描述相应剪切应力与剪切速率之间的关系；n 为与流体类型有关的指数。

如式(1-1)所示，当 τ_0、n 取不同值时，分别对应不同流变特性的流体材料，且只有当施加的剪切应力大于屈服应力时，流体才会发生相应的流动和变形。当 $\tau_0 = 0$、$n = 1$ 时，曲线通过坐标原点，屈服应力为零，对应为牛顿流体(Newtonian fluid)；当 $\tau_0 \neq 0$、$n = 1$ 时，表明该方程表示的曲线不通过原点，对应于具有一定屈服应力、塑性黏度的宾厄姆流体(Bingham fluid)，如水泥浆体(混凝土)即属于该类型流体；当 $\tau_0 \neq 0$、$n \neq 1$ 时，意味着该流体的剪切应力与剪切速率之间的曲线不再是直线，分别表示在剪切应力作用下，流体的黏度随剪切应力与剪切速率发生变化[6-8]，分别称为流体的剪切稠化(shear thickening)现象 ($n > 1$) 或剪切稀化(shear thinning)现象 ($n < 1$)。各种流体的流变曲线如图 1-4 所示。

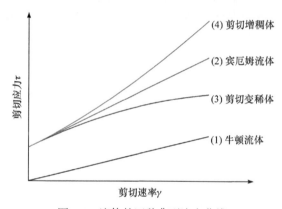

图 1-4　流体的四种典型流变曲线

新拌混凝土由尺度、形状以及表面特征各异的骨料颗粒及浆体组成，决定了其流变性的复杂性。一般认为，新拌混凝土属于宾厄姆流体[9]，需要克服一定的屈服应力 τ_0 才能产生流动；在开始流动后，剪切应力 τ 与剪切速率 γ 的关系为常数，称为塑性黏度，常用 η 表示，屈服应力 τ_0 和塑性黏度 η 是表征混凝土流变行为的两个基本参数。研究表明，对于大流动性混凝土，如 SCC，表现为剪切稠化行为[8,10-12]；而对于一些高性能混凝土、大流动性(假塑性)浆体，则表现为剪切稀化行为[7,13,14]，即这些大流动性的水泥基材料的流变性表现出非线性行为。这种变化主要是现代混凝土中作为液相的浆体性质以及浆体和砂石颗粒分散相的体积分数发生变化而导致的。

从流变性角度来看，混凝土拌和物具有较低的屈服应力和塑性黏度，拌和物具有较大的流动性能，从而在无需外部机械振捣力作用下可以实现自密实。新拌 SCC 的屈服应力、塑性黏度处于较低水平，Wallevik 教授对自密实混凝土的流变参数范围进行了较为详细的研究和划分[15]，如图 1-5 所示。

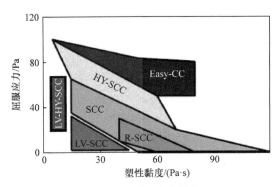

图 1-5　具有不同流变参数的 SCC

Easy-CC 表示易密实混凝土；HY-SCC 表示高屈服应力自密实混凝土；SCC 表示常规自密实混凝土；R-SCC 表示更小流变参数范围自密实混凝土；LV-SCC 表示低黏度自密实混凝土；LV-HY-SCC 表示低黏度高屈服应力自密实混凝土

新拌混凝土的触变性是与流变性密切相关的另一个重要性质，涉及混凝土拌和物发生絮凝和解絮凝两个过程。具有合适触变性的新拌混凝土，有利于保证灌注后混凝土的质量，并在以下几个方面对混凝土的施工过程产生影响。

(1) 灌注后的混凝土拌和物的稳定性。混凝土拌和物在灌注后的静止过程中发生絮凝作用，逐步形成更为紧密的内部结构，其屈服应力逐渐增大，因而骨料颗粒进一步产生沉降的趋势减小，拌和物的稳定性增加。

(2) 模板压力。具有较显著触变作用的混凝土拌和物，自其灌注于模腔后，即产生较大的絮凝作用，并逐渐形成具有内聚力的结构，体系内的屈服应力增加，使其能逐步承受上部灌注混凝土对其产生的扰动作用力，从而减少模板压力。

(3) 多层灌注施工条件下层间的黏结性能。对于分层灌注施工的较大体积的结构，上下相邻两灌注层之间存在一定时间的间歇，若该间歇时间过长，甚至超过混凝土拌和物发生絮凝并形成某一临界内聚结构所需的时间，此时下层混凝土内部建立的内聚力足以承受上层灌注的混凝土的扰动作用，两灌注层间的混凝土之间将无法产生较好的拌和作用，这将导致上下两层之间形成弱界面黏结力，最终影响混凝土结构的质量。

新拌混凝土絮凝过程，即其内部内聚结构逐步形成的过程，该过程中拌和物的屈服应力随静停时间的延长而增大，根据新拌混凝土屈服应力随时间的变化关系可以了解其触变性。有些研究者在这方面开展了一些工作[16,17]。Nicolas 等假定混凝土拌和物在稳态条件下服从宾厄姆流体流变行为，并且认为拌和物在无扰动条件下的屈服应力与时间呈线性增加关系，从而建立了相应的数学方程来描述混凝土拌和物的触变性，考虑触变性的混凝土拌和物的流变方程可用式(1-2)及式(1-3)来描述[18]：

$$\tau = (1+\lambda)\tau_0 + \mu\dot{\gamma} \tag{1-2}$$

$$\frac{\partial \lambda}{\partial t} = \frac{1}{T} - \alpha\lambda\dot{\gamma} \tag{1-3}$$

式中，τ 为剪切应力；τ_0 为屈服应力(体系开始产生流动变形的初始剪切应力)；μ 为塑性黏度；λ 为描述拌和物的絮凝状态参数，与其动态变形过程有关，混凝土处于拌和阶段时，无絮凝作用，此时 λ 为零；T、α 为与拌和物触变性相关的参数；$\dot{\gamma}$ 为剪切速率。

从式(1-2)和式(1-3)可以看到，当混凝土拌和物处于拌和阶段时，受到的剪切速率达到最大，此时拌和物基本不存在絮凝作用，描述絮凝状态的参数 λ 可视为零，此时拌和物流变方程即为宾厄姆流体方程。然而，当拌制好的新拌混凝土进入浇注施工过程后，拌和物将经历浇注、充模以及静止等连续过程，随后混凝土拌和物逐渐发生絮凝作用，参数 λ 逐步由零增大，因而混凝土拌和物的屈服应力也逐渐增大。

显然，当混凝土拌和物处于无外力扰动状态(即静止阶段)时，剪切速率 $\dot{\gamma}$ 为零，则由式(1-2)和式(1-3)可得到拌和物内部屈服应力随时间的发展变化方程，如式(1-4)和式(1-5)所示：

$$\tau_0(t) = (1+\lambda)\tau_0 = \tau_0 + \tau_0 \frac{t}{T} = \tau_0 + A_{\text{thix}}t \tag{1-4}$$

$$A_{\text{thix}} = \frac{\tau_0}{T} \tag{1-5}$$

式中，$\tau_0(t)$ 为随静止时间延长而变化的屈服应力；A_{thix} 为混凝土拌和物的絮凝速率参数，A_{thix} 值越大，拌和物絮凝越快；对于自密实混凝土，其絮凝速率一般在 $0.1\sim1.7\text{Pa/s}$ 变化[19,20]。

根据混凝土拌和物的絮凝速率，可较好地判断该新拌混凝土的触变性质，若絮凝速率较大，则表明该拌和物容易产生絮凝，具有很强的触变性能；反之，拌和物则具有较小的触变作用。Nicolas 根据絮凝速率的大小，将 SCC 分为无触变性(小于 0.1Pa/s)SCC、正常触变性(0.1~0.5Pa/s)SCC 以及高触变性(大于 0.5Pa/s)SCC 三类[18]。值得注意的是，如前所述，混凝土拌和物的絮凝速率除受自身组成材料的影响外，还受外界环境条件的影响，如环境温度、湿度条件的变化，也会导致絮凝速率产生变化。

2. 工作性的内涵和表征

相对于振捣密实的普通混凝土，对 SCC 拌和物的工作性有更高的要求，需要在仅依靠自重力而无需任何外力的作用下进行充模密实成型,即满足所谓的自密实性要求,其不仅需要具备足够的流动性,还应具有优异的间隙通过性以及抗离析性。以下进行简单阐述。

1) 流动性

流动性(flowability)是指新拌混凝土能够在自重力作用下流动并完全充填模板空间的性能,反映了混凝土的流动能力,包括拌和物所能流经的距离以及充填模腔的能力。一般而言,混凝土拌和物的流动性与充填性(filling ability)具有等同含义。混凝土拌和物的流动距离越大,表明其流动性能越好。新拌 SCC 必须具有足够的流动性能。传统的坍落度参数不足以表征 SCC 的流动性,通常采用坍落扩展度(slump flow, SF)来表征 SCC 拌和物的流动性,SCC 拌和物的坍落扩展度通常不小于 550mm。图 1-6 所示为 SCC 拌和物坍落扩展度和坍落扩展速率试验示意图,将 SCC 从开始测试到坍落扩展度达到 500mm 时所需时间定义为坍落扩展时间,采用 T_{500} 表示,一定程度上反映了拌和物的黏度性能;同时,当混凝土停止扩展时,两个互相垂直方向直径的平均值作为 SCC 的坍落扩展度。通常基于坍落扩展度对新拌 SCC 流动性能分为三个等级,见表 1-1。

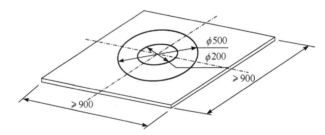

图 1-6　SCC 拌和物坍落扩展度和坍落扩展速率试验示意图(单位:mm)

表 1-1　SCC 拌和物流动性等级

流动性等级	坍落扩展度要求值范围/mm
Ⅰ	550～650
Ⅱ	660～750
Ⅲ	760～850

2) 间隙通过性

间隙通过性(passing ability)是指新拌混凝土顺利通过钢筋间隙等狭窄或限制空间的能力,该性质对用于灌注施工钢筋密集的钢筋混凝土结构的 SCC 非常重要。间隙通过性差的混凝土拌和物容易产生阻塞现象而不能通过钢筋间隙,混凝土就无法灌注密实成型。

需要注意的是,当混凝土拌和物流过如钢筋网格等狭窄空间或其他障碍物时,拌和物体系将产生不均匀变形,骨料和浆体的运动速度产生差异,特别是在流动方向被迫突然改变的区域,可能发生局部变形或离析;而当混凝土拌和物通过钢筋等障碍物后,原先均匀的拌和物则可能变得不均匀,骨料的流动速度可能变慢而滞留在后面,而砂浆(或浆体)则处于流体的前端。为了使混凝土能够顺利通过钢筋间隙等狭窄空间并保持整个拌和物的均匀性,SCC 拌和物中的浆体必须具有足够的流动和变形能力;若浆体不具备足够的流动和变形能力,则在通过狭窄空间后拌和物很可能发生粗骨料与浆体分离,甚至产生粗骨料阻塞,间隙通过性差,因而也就不满足自密实性要求。

3) 抗离析性

抗离析性(segregation resistance)是指拌和物在运输、灌注和密实过程中其内部各组分保持其均匀分布状态的能力。通常将抗离析性与稳定性视为等同含义的两个术语。混凝土拌和物的离析现象主要受到浆体塑性黏度、砂石固体颗粒和浆体之间密度之差等因素的影响。通常,砂石固体颗粒比水泥浆体的密度更大而倾向于下沉,而自由水、浆体则有朝相反方向运动的趋势,拌和物体系内骨料组分与浆体组分之间发生相对运动的趋势是离析的根本原因。对于新拌 SCC,浆体的流动性较大、骨料颗粒的体积含量相对较少,因而其发生离析的倾向增加。抗离析性对于 SCC 的质量及其匀质性有非常重要的影响,不少学者对此进行了诸多研究[21-23]。

SCC 拌和物的离析与传统振捣密实混凝土存在不同的特点。SCC 拌和物发生的离析主要表现为体系内的粗骨料分布不均匀,这种不均匀分布可能存在于模板底部或顶部,或在狭窄空间等局部区域,在这些区域拌和物通过困难,易产生骨料与浆体分离而导致的不均匀等现象。不管哪种情况,离析的发生将造成 SCC 均匀性降低。不同的工程施工条件对 SCC 拌和物的离析性有较大的影响。对于配筋较少、灌注流动路径简单的情况,SCC 拌和物发生离析的可能性最小;而对于一些结构复杂且配筋较多的薄壁墙单元,以及要求自由下落较大高度或长距离流动抑或泵送高度较大的施工条件,则导致 SCC 拌和物发生离析的可能性较大,此时需要确保 SCC 具有良好的抗离析性能。

值得注意的是,SCC 拌和物具有较高的浆体体积含量,而且其在施工后能保证良好的密实性,因此粗骨料分布的不均匀性对硬化混凝土强度及耐久性的不利影响可能并没有预期的那样严重,特别是当浆体具有较高的强度时,粗骨料分布不均匀性的不利影响将进一步降低。

SCC 拌和物的自密实性能是在包括运输、泵压作用条件下的输送以及灌注等各个阶段都应保持的性质,即 SCC 拌和物从拌和、运输、灌注等各阶段,新拌 SCC 都应具有足够的流动性、通过性以及抗离析性,从而满足自密实施工要求。

流动性、间隙通过性以及抗离析性是新拌 SCC 工作性要求的三个方面，是相互联系的有机统一体。

3. 工作性与流变性之间的关系

工作性是描述新拌混凝土工程性质的术语，本身并没有明确的物理意义，也并不能直接表征新拌混凝土作为流体的流变行为。然而，工作性与新拌混凝土流变性质又是密切相关的，工作性是混凝土拌和物流变行为的宏观表现。工作性、流变性分别从两个不同的角度反映混凝土拌和物的性质。因此，工作性参数与表征新拌混凝土流变行为的流变参数存在某种相关性。

一些研究者对新拌混凝土工作性参数与其流变参数之间的相互关系做了不少卓有成效的工作[24-28]。这些研究大都是围绕新拌水泥浆体或混凝土坍落度、坍落扩展度与屈服剪切应力、塑性黏度之间的相互关系展开的。为了尽量得到接近实际的结果，学者还运用现代数值模拟的方法进行了研究[29-31]，这种研究方法会涉及烦琐的计算，但取得了较好的研究成果。

新拌混凝土的坍落度反映了拌和物在自重力作用下的流动性能，主要与拌和物的流变参数——屈服应力有关。拌和物屈服应力较小且小于其自重力时，拌和物就能坍落并产生流动。Nicolas 通过新拌混凝土的坍落度试验和浆体的扩展度试验，分别得到了新拌混凝土(浆体)屈服应力 τ_0 与坍落度(浆体扩展度)的简单关系式[18]：

对于新拌混凝土：

$$\tau_0 = \rho(25.5 - S)/17.6 \tag{1-6}$$

对于新拌水泥浆体：

$$\tau_0 = \frac{225\rho g V}{128\pi^2 R^5} \tag{1-7}$$

式中，τ_0 为屈服应力，Pa；S 为坍落度，mm；ρ 为混凝土表观密度，g/mm³；g 为重力加速度，mm/s²；R 为浆体的扩展度，mm；V 为试样的体积，mm³。

从式(1-6)和式(1-7)可知，对于新拌混凝土，其坍落度、屈服应力及表观密度之间存在简单的对应关系。式(1-6)适用于坍落度为 50～250mm 的混凝土拌和物，当坍落度过大时，拌和物的坍落扩展度也非常大，拌和物在水平方向向四周扩展的速度远大于其在垂向的坍落速度，此时拌和物并不是仅做以屈服应力控制的坍落运动，不满足相应的假设条件；对新拌浆体而言，其屈服应力也与相应的坍落扩展度存在较好的数学对应关系。

针对坍落度在 200mm 以上的大流动性混凝土的工作性与流变参数的关系，其他一些学者对此进行了研究，分别建立了大流动性混凝土拌和物屈服应力 τ_0、黏度

系数 μ 与坍落扩展度(SF)、T_{500} 之间的关系式[29,32,33]，有代表性的关系式如式(1-8)和式(1-9)所示，式(1-8)和式(1-9)中，ρ、g 分别为拌和物容重、重力加速度，从式(1-8)和式(1-9)可以看到，流动性大的新拌混凝土的屈服应力与其坍落扩展度有较好的相关性，而其塑性黏度则与相应的坍落扩展度、流动速率存在明显的对应关系。

$$\tau_0 = \frac{\rho g(808-\mathrm{SF})}{11740} \tag{1-8}$$

$$\mu = \frac{\rho g(0.026\mathrm{SF} - 2.39T_{500})}{10000} \tag{1-9}$$

既有研究表明，新拌混凝土工作性与其流变性之间存在显著的相关性。值得一提的是，由于新拌混凝土工作性及其流变性均受到众多因素的影响，上述两者的相关关系还有待进一步研究。近年来，计算机技术发展成果在混凝土技术领域得到了应用[28,34-37]，计算机数值模拟可为复杂情况下 SCC 工作性控制提供帮助，并具有巨大的潜力。新拌混凝土的数值模拟可分为颗粒流、单相流体、悬浮液体系等三种不同的方法。计算流体力学(computational fluid dynamics，CFD)可对各种类型流体(气体、液体及特殊情况下的固体)的复杂流动进行数值模拟，包括利用 CFD 软件模拟 SCC 拌和物的微型坍落度试验等。一些学者将离散元法(discrete element method，DEM)用于混凝土流变性等性能的研究[30]。离散元法模拟颗粒的运动和相互作用时，颗粒被视为具有平移和旋转自由度的球体组合，这些离散物可以彼此附着或分离。在新拌混凝土中，粗骨料间的间隙由砂浆完全填充，这属于一种典型的浆液状(slurry)液桥形态，Gram 等[38]采用基于牛顿流体的简化液桥模型对 SCC 进行离散元数值模拟，得到了与试验结果吻合的模拟结果。总体上，数值模拟方法在 SCC 拌和物流变性等方面的研究显示出独特的优势，近年来发展非常快，取得了很多可喜的成果[39-41]。这些研究成果为进一步开展应用于更为苛刻施工工艺条件下的 SCC 研究，乃至 3D 打印混凝土新拌阶段的流变性能研究提供了强有力的支持。

1.2.2　硬化体的力学性能与体积稳定性

1. 力学性能

均匀密实灌注后的 SCC，经过水化凝结和硬化过程，在 28d 龄期后通常可达到设计要求的力学性能和耐久性能。硬化 SCC 的性能与其组成材料及配合比参数密切相关。不少学者对 SCC 与普通混凝土(normal concrete，NC)的组成差异及其性能进行了研究[42-45]，如图 1-7 所示，SCC 中粗骨料体积含量明显降低，浆体含量增加。研究实践表明，SCC 与 NC 的力学行为基本相同。相比于相同强度等级的 NC，SCC 的抗压强度、抗拉强度以及弹性模量稍有下降，降低幅度在 10%左右。一些研究者针对 SCC 断裂特性也进行了研究,着重分析了水胶比、骨料体积、骨料粒径、预制裂缝性质对 SCC 断裂性能的影响[46,47]。结果表明,随着水胶比增大,SCC 断裂能有所降低,随着骨料体积和骨料粒径的增大,SCC 断裂能及特征长度显著增加,随着预制裂缝高度与试件高度比值的增大,SCC 断裂能及起裂韧度显著降低。金南国等[48]研究结果表明,SCC 失稳韧度及断裂韧度与抗压强度间存在近似线性关系。总体上,水胶比、骨料体积及骨料粒径对 SCC 断裂性能的影响与普通混凝土规律相似。

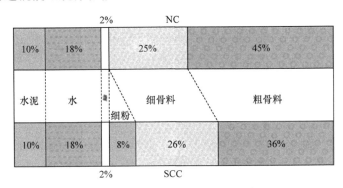

图 1-7　SCC 与 NC 组成的区别

2. 体积稳定性

相比于普通混凝土,SCC 中水泥石体积含量增加,而骨料体积相对降低,因而其体积稳定性是相关人员关注的重点之一,特别是 SCC 的收缩和徐变变形性能更是相关研究人员关注的焦点。

混凝土的收缩和徐变变形主要来自水泥石。因此,国内外学者重点研究了水泥、矿物掺合料对混凝土收缩和徐变变形性能的影响。众多的研究结果表明,硅灰、粉煤灰以及矿渣等矿物掺合料的掺入对 SCC 的收缩和徐变变形有较大影响,且这些性质与矿物掺合料的比表面积、掺量等有密切关系[49-52]。总体而言,矿物掺合料对 SCC 收缩和徐变变形的影响规律与普通混凝土相似。双掺粉煤灰和矿渣粉能够有效降低混凝土徐变系数[43-54],实测徐变系数为我国现行铁路规范中计算徐变系数的 53%~72%。当胶凝材料组成相同时,相比振捣混凝土,SCC 徐变系数和徐变度约增加 5%~10%[55]。收缩、徐变变形性能与 SCC 的抗裂性能密切相关,亦是众多研究人员与工程人员关注的焦点。研究表明,尽管 SCC 相对于普通混凝土拥有较大的水泥石体积含量,但 SCC 具有较好的内部微观结构,因而 SCC 的收缩和徐变变形相对于普通混凝土并没有显著增加。SCC 的体积稳定性较好。在工程实践中,通过采取合理的措施,SCC 也具有良好的抗裂性能。

1.2.3 耐久性能

混凝土耐久性的内涵非常广泛，影响因素复杂多变[56-59]，如氯盐引起的钢筋锈蚀、冻融破坏、碱骨料反应和硫酸盐侵蚀等。相比于普通混凝土，SCC 的原材料组成基本相似，水化物相中 $Ca(OH)_2$ 晶体含量有所降低，内部微细观结构因泌水等减少而有所改善。因而，SCC 应具有较好的耐久性能，或者说应至少可以与普通混凝土相媲美。

我国北方地区的铁路、公路等户外环境中基础设施结构混凝土通常都会遭受冻融循环的破坏作用，经冻融循环作用后混凝土力学性能衰减及损伤规律也是众多学者关注的焦点。研究结果表明，冻融循环对混凝土力学性能会产生显著的不利影响[44,60,61]。随着冻融循环次数增加，混凝土各项力学性能指标(包括混凝土轴心抗压强度、劈裂抗拉强度)下降程度逐渐加大，SCC 的极限应变与峰值应变的比值随着冻融循环次数的增加呈逐渐减小的趋势；随着冻融循环次数的增加，应力-应变曲线上升段斜率逐渐变小，初始下降段越陡，SCC 脆性越大。实际严寒环境下的结构混凝土常常同时遭受冻融循环与荷载的共同作用。研究表明，当施加于混凝土的荷载等级越高时，混凝土所能承受冻融循环作用的能力越差，同样其内部损伤也越严重[62-66]。混凝土中的初始裂缝对其抗冻性能有较大影响，初始裂缝使混凝土的抗冻性能大幅下降。国内外研究人员基于数值分析方法进行了混凝土冻融损伤模型及表征方法的研究[67-70]，引入损伤度参数，提出不同作用条件下的混凝土寿命预测模型[71-74]。这些研究成果为掌握实际环境下的 SCC 服役性能有重要借鉴意义。

铁路等混凝土结构通常遭受动载及动载和环境作用，在长期动荷载作用下，混凝土孔隙率将增大，微裂缝将会延伸并且相互交叠增大，损伤累积最终导致混凝土的疲劳破坏[75]。Ma 等试验表明[76]，随着动荷载作用次数增加，C30 粉煤灰混凝土力学性能的降低与吸水率的增大具有较强的相关性。混凝土材料的服役环境非常复杂，实际上混凝土性能的变化是在动荷载与相应的服役环境共同作用下完成的，动荷载加速了 Cl⁻ 和 CO_2 等在混凝土中的传输，加速了混凝土中钢筋的锈蚀，加速了硫酸盐对混凝土的破坏[77]。冻融与荷载交替作用将导致混凝土内部孔隙增大，孔隙周围的微裂缝增多，加速混凝土劣化，从而造成混凝土构件承载力显著减低[78-80]。上述有关 SCC 性能演变的研究成果，进一步为其更广泛的工程应用实践提供了有力支撑。

1.3 板式轨道充填层对自密实混凝土的技术要求

前已述及，高速铁路 CRTS Ⅲ 型板式无砟轨道充填层呈薄层面板状，平面面积约

为 $14m^2$，厚度仅为 9cm，位于上部轨道板与下部底座板之间，要求充填层与上部轨道板之间产生良好的黏结作用，形成复合板结构。充填层的这种结构特点和设计功能，对 SCC 提出了特殊的性能要求，尤其是对拌和物工作性提出了更高要求。

(1) SCC 拌和物必须具备优异的工作性，特别是应具有足够的悬浮稳定性(抗离析性能)。混凝土拌和物是一个非均质的多相混合体系，各相因密度的差异会发生相对离析运动倾向，如骨料向下运动，而浆体和自由水向上运动，造成混凝土在垂向上形成梯度结构或者不均匀性。理论上，这种不均匀性是不可避免的，但可以通过调节拌和物中的浆体稠度和骨料体积含量，即使拌和物具有足够的悬浮稳定性来尽量降低这种不均匀性，使其在可接受的范围内。对充填层而言，垂向的不均匀性影响其与轨道板底部的黏结作用，因此必须尽可能降低这种不均匀性，尽量减少充填层上表面的浆体层或气泡层，从而保障充填层与轨道板之间的黏结作用。显然，这对充填层用 SCC 拌和物的悬浮稳定性提出了非常严苛的要求。当然，充填层 SCC 拌和物还应具有良好的流动充填性能，以便使其在狭窄的模腔中具有足够的灌注充填能力，从而充满模腔的各个角落。

(2) 硬化阶段和服役阶段的优良体积稳定性。充填层是灌注在一个相对封闭空间的部件，需要起到充填、支撑以及与轨道板的黏结等作用。轨道板是一个体积相对稳定的部件，为使充填层与轨道板之间保持良好的变形协调性和黏结作用，SCC 需要具有小的沉降变形，甚至应具有一定的膨胀变形以及较小的长期收缩变形，即优良的体积稳定性。

(3) 硬化后良好的力学性能和耐久性能。SCC 充填层与轨道板形成复合板结构，受到来自上部的列车荷载、层间相互约束荷载以及服役环境的作用。为了满足设计和服役功能要求，SCC 需要满足设计所要求的力学性能和耐久性能，尤其是与轨道板之间的黏结性能以及往复动荷载与冻融循环作用下的耐久性能，从而保障轨道结构的长期性能稳定。

综上所述，高质量的充填层施工建造需要采用具有高稳定性、强黏结性的 SCC，亟需在 SCC 的组成设计方法、制备与应用技术上开展有针对性的研究。

1.4 本书的主要内容

本书是作者研究团队多年来在高速铁路 CRTS III 型板式无砟轨道充填层 SCC 领域科学研究与工程实践的系统总结，旨在较为全面地阐述充填层 SCC 的制备理论、组成设计方法、关键性能及应用技术，为板式轨道充填层的高效、高质量建造施工提供支持。本书涉及的主要内容如下：

(1) 结合室内缩尺模拟试验、现场足尺试验以及数值模拟方法，从等效砂浆、混凝土两个层次研究 SCC 拌和物在充填层封闭模腔中的灌注充填行为,分析 SCC 拌和物性能对充填试件质量的影响规律,从而为充填层用 SCC 的拌和物性能优化奠定基础。

(2) 针对板式轨道充填层结构特点和功能要求,着重探讨充填层 SCC 拌和物的悬浮稳定性,提出 SCC 拌和物的悬浮稳定测试评价方法,从新拌浆体、砂浆以及混凝土三个层次,探讨 SCC 拌和物悬浮稳定性的调控方法,从而为确保 SCC 充填层的匀质性及其与轨道板之间的高黏结性能提供理论和技术支持。

(3) 针对充填层对 SCC 提出的高性能要求,重点讨论充填层 SCC 的配合比设计方法,确立以 SCC 在新拌阶段的悬浮稳定性以及硬化后的力学性能、体积稳定性为目标的配合比基本依据,提出以粗骨料体积、砂体积及砂表面浆体层厚度、水胶比和胶凝材料组成等作为充填层 SCC 配合比设计的关键参数,为 SCC 制备提供技术支持。

(4) 重点研究典型组成对充填层 SCC 拌和物性能以及硬化的力学性能、收缩性能和徐变性能的影响;针对充填层的服役条件,选取冻融循环、冰冻与荷载作用等典型严酷环境,探讨充填层 SCC 在上述环境下的耐久性能,为明确充填层 SCC 服役性能提供支持。

(5) 为掌握 SCC 在封闭模腔中长距离流动充填的均匀性,结合现场施工实践,调查 SCC 拌和物工作性、灌注工艺等工况条件对 SCC 充填层匀质性的影响规律;通过现场钻芯取样和试验测试,提出基于粗骨料离析率、抗压强度分布与弹性模量分布的充填层匀质性评价指标,分析 SCC 充填层匀质性的关键影响因素。

(6) 通过大量的工程现场应用实践,从 SCC 规模化生产质量控制、灌注充填施工重点环节以及全流程施工组织和质量保障体系等方面,探讨 SCC 充填层应用与质量保障技术,为 SCC 充填层质量保障提供技术支持。

(7) 针对 SCC 充填层的隐蔽性,并结合板式轨道结构的特点,提出基于冲击回波的 SCC 充填层质量的快速无损检测评价方法,并通过实际工程检测实践,简要调查了冲击回波对自密实混凝土充填层表面(与轨道板黏结界面)缺陷的识别响应,论证了基于冲击回波检测评价自密实混凝土充填层质量的可靠性,为快速掌握板式轨道 SCC 充填层质量状态提供了新的技术手段。

参 考 文 献

[1] 《中国高速铁路》编委会. 中国高速铁路[M]. 北京:中国铁道出版社, 2013.

[2] 赵国堂. 中国高速铁路通用建造技术研究及应用[J]. 铁道学报, 2019, 41(1): 87-100.

[3] 刘运华, 谢友均, 龙广成. 自密实混凝土研究进展[J]. 硅酸盐学报, 2007, 35(5): 671-678.

[4] 龙广成, 谢友均. 自密实混凝土[M]. 北京: 科学出版社, 2013.

[5] Genovese D B. Shear rheology of hard-sphere, dispersed, and aggregated suspensions, and filler-matrix composites[J]. Advances in Colloid and Interface Science, 2012, 171-172(1): 1-16.

[6] Barnes H A. Shear-thickening ("dilatancy") in suspensions of nonaggregating solid particles dispersed in Newtonian liquids[J]. Journal of Rheology, 1989, 33(2): 329-366.

[7] Yahia A, Khayat K H. Analytical models for estimating yield stress of high-performance pseudoplastic grout[J]. Cement and Concrete Research, 2001, 31(5): 731-738.

[8] Feys D, Verhoeven R, de Schutter G. Fresh self compacting concrete, a shear thickening material[J]. Cement and Concrete Research, 2008, 38(7): 920-929.

[9] Tattersall G H, Bloomer S J. Further development of the two-point test for workability and extension of its range[J]. Magazine of Concrete Research, 1979, 31(109): 202-210.

[10] Wallevik O H, Wallevik J E. Rheology as a tool in concrete science: The use of rheographs and workability boxes[J]. Cement and Concrete Research, 2011, 41(12): 1279-1288.

[11] Feys D, Verhoeven R, de Schutter G. Why is fresh self-compacting concrete shear thickening?[J]. Cement and Concrete Research, 2009, 39(6): 510-523.

[12] Domone P L J, Xu Y M, Banfill P F G. Developments of the two-point workability test for high-performance concrete[J]. Magazine of Concrete Research, 1999, 51(3): 171-179.

[13] Hu C, de Larrard F. The rheology of fresh high-performance concrete[J]. Cement and Concrete Research, 1996, 26(2): 283-294.

[14] Heirman G, Vandewalle L, van Gemert D, et al. Integration approach of the Couette inverse problem of powder type self-compacting concrete in a wide-gap concentric cylinder rheometer[J]. Journal of Non-Newtonian Fluid Mechanics, 2008, 150(2/3): 93-103.

[15] Wallevik O H, Wallevik J E. Rheology as a tool in concrete science: The use of rheographs and workability boxes[J]. Cement and Concrete Research, 2011, 41(12): 1279-1288.

[16] Roussel N, Le Roy R, Coussot P. Thixotropy modelling at local and macroscopic scales[J]. Journal of Non-Newtonian Fluid Mechanics, 2004, 117(2-3): 85-95.

[17] Papo A. The thixotropic behavior of white Portland cement pastes[J]. Cement and Concrete Research, 1988, 18(4): 595-603.

[18] Nicolas R. A thixotropy model for fresh fluid concretes: Theory, validation and applications[J]. Cement and Concrete Research, 2006, 36(10): 1797-1806.

[19] Ovarlez G. A physical model for the prediction of lateral stress exerted by self-compacting concrete on formwork[J]. Materials and Structures, 39, 2006: 269-279.

[20] Assaad J, Khayat K, Mesbah H. Assessment of thixotropy of flowable and self-consolidating concrete[J]. ACI Materials Journal, 2003, 100 (2): 99-107.

[21] Ma K L, Feng J, Long G C, et al. Effects of mineral admixtures on shear thickening of cement paste[J]. Construction and Building Materials, 2016, 126: 609-616.

[22] 马昆林, 冯金, 龙广成, 等. 流变参数对自密实混凝土等效砂浆静态稳定性的影响[J]. 硅酸盐学报, 2017, (2): 196-205.

[23] Zhang Z D, Xiao J, Zhang Q, et al. A state-of-the-art review on the stability of self-consolidating concrete[J]. Construction and Building Materials, 2021, 268: 121099.

[24] 王复生, 关瑞芳, 秦晓娟, 等. 新拌水泥浆体流变性能及流变模型的探讨[J]. 硅酸盐通报,

2004, 23(6): 34-37, 40.

[25] Li Z G. State of workability design technology for fresh concrete in Japan[J]. Cement and Concrete Research, 2007, 37(9): 1308-1320.

[26] Roussel N, Geiker M R, Dufour F, et al. Computational modeling of concrete flow: General overview[J]. Cement and Concrete Research, 2007, 37(9): 1298-1307.

[27] Tregger N, Gregori A, Ferrara L, et al. Correlating dynamic segregation of self-consolidating concrete to the slump-flow test[J]. Construction and Building Materials, 2012, 28(1):499-505.

[28] Petrou M F, Harries K A, Gadala-Maria F, et al. A unique experimental method for monitoring aggregate settlement in concrete[J]. Cement and Concrete Research, 2000, 30(5): 809-816.

[29] Hosseinpoor M, Khayat K H, Yahia A, et al. Numerical simulation of dynamic segregation of self-consolidating concrete (SCC) in T-box set-up[J]. Computers and Concrete, 2017, 20(3): 297-310.

[30] Mu J L, Li Y, Hao J, et al. Research on discrete element simulation of slump test for fresh self-compacting concrete[J]. Journal of Building Engineering, 2023, 70: 106464.

[31] Puri U C, Uomoto T. Characterization of distinct element modeling parameters for fresh concrete and its application in shotcrete simulations[J]. Journal of Materials in Civil Engineering, 2002, 14(2): 137-144.

[32] Roussel N. Correlation between yield stress and slump: Comparison between numerical simulations and concrete rheometers results[J]. Materials and Structures, 2006, 39(4): 501-509.

[33] Zerbino R, Barragán B, Garcia T, et al. Workability tests and rheological parameters in self-compacting concrete[J]. Materials and Structures, 2009, 42(7): 947-960.

[34] Amberg G, Tönhardt R, Winkler C. Finite element simulations using symbolic computing[J]. Mathematics and Computers in Simulation, 1999, 49(4-5): 257-274.

[35] 王福军. 计算流体动力学分析: CFD 软件原理与应用[M]. 北京: 清华大学出版社, 2004.

[36] Bouvet A, Ghorbel E, Bennacer R. The mini-conical slump flow test: Analysis and numerical study[J]. Cement and Concrete Research, 2010, 40(10): 1517-1523.

[37] Dufour F, Pijaudier-Cabot G. Numerical modelling of concrete flow: Homogeneous approach[J]. International Journal for Numerical and Analytical Methods in Geomechanics, 2005, 29(4): 395-416.

[38] Gram A, Silfwerbrand J. Numerical simulation of fresh SCC flow: Applications[J]. Materials and Structures, 2011, 44(4): 805-813.

[39] Karakurt C, Çelik A O, Yilmazer C, et al. CFD simulations of self-compacting concrete with discrete phase modeling[J]. Construction and Building Materials, 2018, 186: 20-30.

[40] 李文旭, 马昆林, 龙广成, 等. 自密实混凝土拌和物稳定性动态监测及数值模拟研究进展[J]. 材料导报, 2019, 33(13): 2206-2213.

[41] Zhou X, Xie Y J, Long G C, et al. Simulating passing ability of self-compacting concrete in the J-ring test using cohesive particle liquid bridge model[J]. Powder Technology, 2023, 416: 118218.

[42] Okamura H, Ouchi M. Self-compacting concrete[J]. Structural Concrete, 2003, 1(1): 5-15.

[43] Brouwers H J H, Radix H J. Self-Compacting Concrete: Theoretical and experimental study[J].

Cement and Concrete Research, 2005, 35(11): 2116-2136.

[44] 王建新. 高性能自密实混凝土力学性能及抗冻性能研究[D]. 长春: 吉林大学, 2019.

[45] 卢佳林, 牛子东, 蓝国平, 等. 钢纤维自密实混凝土的工作性、力学及耐久性能研究[J]. 混凝土与水泥制品, 2024, (1): 56-59.

[46] Alyhya W S, Abo Dhaheer M S, Al-Rubaye M M, et al. Influence of mix composition and strength on the fracture properties of self-compacting concrete[J]. Construction and Building Materials, 2016, 110: 312-322.

[47] Beygi M H A, Kazemi M T, Nikbin I M, et al. The effect of water to cement ratio on fracture parameters and brittleness of self-compacting concrete[J]. Materials & Design, 2013, 50(4): 267-276.

[48] 金南国, 金贤玉, 黄晓峰, 等. 自密实混凝土断裂性能的试验研究[J]. 浙江大学学报(工学版), 2009, (2): 366-369, 400.

[49] Al-Khaja W A. Strength and time-dependent deformations of silica fume concrete for use in Bahrain[J]. Construction and Building Materials, 1994, 8(3): 169-172.

[50] Li J Y, Yao Y. A study on creep and drying shrinkage of high performance concrete[J]. Cement and Concrete Research, 2001, 31(8): 1203-1206.

[51] 廖锦勋. 低胶凝材料用量自密实混凝土设计及性能研究[D]. 深圳: 深圳大学, 2017.

[52] 崔锦栋. 机制砂自密实混凝土长期性能研究[D]. 重庆: 重庆交通大学, 2020.

[53] Khatri R P, Sirivivatnanon V, Gross W. Effect of different supplementary cementitious materials on mechanical properties of high performance concrete[J]. Cement and Concrete Research, 1995, 25(1): 209-220.

[54] 肖佳, 陈雷, 邢昊. 掺合料和粗骨料对 C60 高性能混凝土徐变性能的影响[J]. 混凝土与水泥制品, 2011, (11): 11-15.

[55] Vieira M, Bettencourt A. Deformability of hardened SCC// Proceedings of the 3rd International RILEM Symposium on SCC, Reykjavik, 2003.

[56] Mehta P K, Burrows R W. Building durable structures in the 21st century[J]. Indian Concrete Journal, 2001, 75(7): 437-443.

[57] Mehta P K. Concrete technology at the crossroads: Problems and opportunities[J]. ACI Special SP144, 1994, 144: 1-30.

[58] 赵晋源. 矿物掺合料对自密实混凝土抗冻性的影响[D]. 杨凌: 西北农林科技大学, 2017.

[59] 万镇昂, 马昆林, 龙广成, 等. CRTSⅢ型板式轨道充填层SCC在水-动荷载作用下的性能变化[J]. 铁道科学与工程学报, 2019, 16(3): 557-563.

[60] 施士升. 冻融循环对混凝土力学性能的影响[J]. 土木工程学报, 1997, 30(4): 35-42.

[61] 薛瑞. 自密实混凝土冻融循环作用后的力学性能研究[D]. 哈尔滨: 哈尔滨工业大学, 2012.

[62] 慕儒, 严安, 严捍东, 等. 冻融和应力复合作用下 HPC 的损伤与损伤抑制[J]. 建筑材料学报, 1999, 2(4): 359-364.

[63] 荣桂, 高嵩, 王大军, 等. 预应力混凝土在冻融作用下的疲劳性能分析及可靠度研究[J]. 混凝土, 2009, (11): 10-13.

[64] 刘波. 模拟荷载作用下的混凝土耐久性研究[D]. 南昌: 南昌大学, 2007.

[65] Jacobsen S, Gran H C, Sellevold E J, et al. High strength concrete—Freeze/thaw testing and

cracking[J]. Cement and Concrete Research, 1995, 25(8): 1775-1780.

[66] Sun W, Zhang Y M, Yan H D, et al. Damage and damage resistance of high strength concrete under the action of load and freeze-thaw cycles[J]. Cement and Concrete Research, 1999, 29(9): 1519-1523.

[67] 商怀帅, 欧进萍, 宋玉普. 混凝土结构冻融损伤理论及冻融可靠度分析[J]. 工程力学, 2011, (1): 70-74.

[68] 杜鹏, 姚燕, 王玲, 等. 混凝土冻融损伤演化方程的初步建立[J]. 材料科学与工程学报, 2013, 31(4): 540-543.

[69] 田威, 谢永利, 党发宁. 冻融环境下混凝土力学性能试验及损伤演化[J]. 四川大学学报(工程科学版), 2015, 47(4): 38-44.

[70] 冀晓东, 宋玉普, 刘建. 混凝土冻融损伤本构模型研究[J]. 计算力学学报, 2011, 28(3): 461-467.

[71] 关宇刚, 孙伟, 缪昌文. 基于可靠度与损伤理论的混凝土寿命预测模型 I: 模型阐述与建立[J]. 硅酸盐学报, 2001, 29(6): 530-534.

[72] 关宇刚, 孙伟, 缪昌文. 基于可靠度与损伤理论的混凝土寿命预测模型 II: 模型验证与应用[J]. 硅酸盐学报, 2001, 29(6): 535-540.

[73] Duan A, Tian Y, Dai J G, et al. A stochastic damage model for evaluating the internal deterioration of concrete due to freeze-thaw action[J]. Materials and Structures, 2014, 47(6): 1025-1039.

[74] Yu H F, Ma H X, Yan K. An equation for determining freeze-thaw fatigue damage in concrete and a model for predicting the service life[J]. Construction and Building Materials, 2017, 137: 104-116.

[75] Long term random dynamic loading of concrete structures[J]. Matériaux et Construction, 1984, 17(1): 1-28.

[76] Ma K L, Xie Y J, Long G C, et al. Deterioration of dynamic mechanical property of concrete with mineral admixtures under fatigue loading[J]. Science China Technological Sciences, 2014, 57(10): 1909-1916.

[77] Wang C H, Sun W, Jiang J Y, et al. Chloride ion transport performance in slag mortar under fatigue loading[J]. Science China Technological Sciences, 2012, 55(5): 1359-1364.

[78] Kuosa H, Ferreira R M, Holt E, et al. Effect of coupled deterioration by freeze-thaw, carbonation and chlorides on concrete service life[J]. Cement and Concrete Composites, 2014, 47: 32-40.

[79] Al-Mahmoud F, Mechling J M, Shaban M. Bond strength of different strengthening systems-concrete elements under freeze-thaw cycles and salt water immersion exposure[J]. Construction and Building Materials, 2014, 70: 399-409.

[80] 刘荣桂, 刘涛, 周伟玲. 受疲劳荷载作用后的预应力混凝土构件冻融循环试验与损伤模型[J]. 南京工业大学学报(自然科学版), 2011, 33(3): 22-27.

第 2 章 充填层自密实混凝土灌注施工的试验与数值模拟

高速铁路 CRTS Ⅲ型板式无砟轨道的充填层是位于轨道板与底座板之间且厚度仅为 9cm 的薄层结构，采用灌注充填工艺进行施工，施工过程中采用模板对四周进行支模封闭，仅在四个角部留置排气和出浆口，形成相对封闭的模腔，SCC 拌和物从模腔顶部轨道板的中央灌注孔进行灌注充填。因此，SCC 拌和物在封闭模腔中的充填过程直接影响充填层质量。本章结合室内外试验和数值模拟方法，从砂浆和混凝土两方面研究 SCC 拌和物在封闭模腔中的灌注充填施工过程，以期明确 SCC 拌和物性能对充填层质量的影响，为提升 SCC 充填层质量提供技术支撑。

2.1 引　言

合适的灌注充填施工工艺是板式轨道充填层高质量建造的重要前提条件之一。在工程实践过程中，充填层灌注施工工艺经历了从侧面灌注充填轨道板顶面多点灌注充填到轨道板顶面中央孔灌注充填等多种施工工艺探索[1-3]。目前普遍采用轨道板顶面中央灌注孔充填工艺进行施工，如图 2-1 所示。

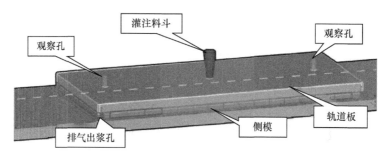

图 2-1　板式轨道充填层自密实混凝土灌注充填工艺示意图

图 2-2 给出了 SCC 充填层的灌注施工实践的部分环节照片，图 2-2(a)所示为模板和压紧装置安装完成的照片，SCC 拌和物流动性较大，在充填过程中对上部轨道板有冲击上浮作用，因此需要对轨道板进行压紧，以保证轨道板的几何位置；图 2-2(b)所示为 SCC 拌和物灌注前的施工工装整体照片，包括轨道板上部

灌注孔的塑料导管、观察孔塑料导管以及 SCC 的导流槽、盛料料斗等。显然，在 SCC 拌和物灌注前，充填层基本是一个封闭模腔，灌注施工过程中无法实时观察到 SCC 拌和物在充填层空间内的流动充填过程，充填层是否被 SCC 完全充填饱满以及是否具有满意的灌注质量无法得知。实践中，通过轨道板两端的观察孔局部观察拌和物的流动过程，通过设置在充填层四个角部的排气与出浆口流出的拌和物状态来判断充填层是否充填饱满以及端部 SCC 的品质[4]。

(a) 模板和压紧装置安装完成

(b) 灌注前的施工工装整体照片

图 2-2　SCC 充填层灌注施工实践的部分环节照片

总体而言，板式轨道充填层的高质量灌注施工具有很大的技术挑战，不仅需要精细化的模板工装与灌注工艺，还要求对 SCC 拌和物在封密模腔内的充填过程有精准掌握，需要通过大量的科学试验和工程实践才能完成。以下阐述相关试验和数值分析研究。

2.2　室内缩尺模拟试验

2.2.1　试验概况

1. 原材料与拌和物制备

从 SCC 及其等效砂浆两个层次上进行缩尺模拟试验。

SCC(砂浆)采用强度等级为 42.5 的普通硅酸盐水泥和多种掺合料，包括 I 级粉煤灰(FA)、S95 矿渣粉(GGBS)、400 目石灰石粉(LP)以及硅灰(SF)等；骨料包括细度模数为 2.6～2.8 的河砂和 5～16mm 的连续级配石灰石碎石，外加剂为 25% 减水率的聚羧酸系减水剂等。

SCC 基准配合比为：单方混凝土中骨料总体积固定为 0.62m^3，砂率为 50%；胶凝材料总用量为 550kg/m^3，用水量为 180kg/m^3；减水剂掺量为胶凝材料质量的 0.9%～1%。采用相同比表面积的砂子，等效 SCC 中的粗骨料，制备水泥等效砂浆((cement equivalent mortar，CEM)，简称等效砂浆)，其他采用与混凝土试验相同的试样材料及外加剂、相同的水灰比、相似的拌和方法等。

采用胶砂搅拌机和双卧轴式混凝土搅拌机分别进行砂浆、混凝土的拌制。砂浆流变性采用德国产 Anton Paar Rheolab QC 型旋转黏度计进行测试。砂浆静置 30s 后测试砂浆流变性。水泥浆流变曲线测量程序分为三个阶段：上行段(剪切速率 $5\sim150s^{-1}$)、恒速段($10s$，剪切速率 $150s^{-1}$)和下行段(剪切速率 $150\sim5s^{-1}$)，并由此获得砂浆的塑性黏度等参数。SCC 拌和物工作性采用坍落扩展度方法等现行相关试验方法进行测试。

2. 灌注充填模拟试验

由于没有现成的相关标准试验测试方法，采用自制的非标准灌注充填试模分别进行等效砂浆、SCC 的灌注充填试验，并通过观察充填试件表层质量(气泡等缺陷情况)来检测灌注充填质量。

等效砂浆灌注充填模拟试验模具如图 2-3 所示，该模具采用透明有机玻璃材料制成，包括底部模盒和上部盖板，高出的一端为灌注口，另一端为出(排)气口，具体尺寸如图 2-3(a)所示。灌注操作包括以下步骤：

(1) 首先安装模具并检查是否连接紧密，然后放置平稳，将模具内部清理干净并涂抹脱模剂。拌制好自流平等效砂浆，放置容器中静置 30s 后开始充填。

(2) 灌注时保持拌和物于灌注口正上方约 100mm 处从盛料容器中缓缓流出下落至模具中，以拌和物不从灌注口溢出为宜，至拌和物充填饱满整个模腔，且砂浆从尾部出气口处溢出时停止。

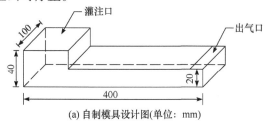

(a) 自制模具设计图(单位：mm)

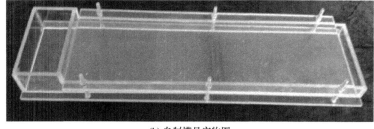

(b) 自制模具实物图

图 2-3　等效砂浆灌注充填模拟试验模具

(3) 灌注完成后，抹平端部，并对端部暴露拌和物覆盖养护，静置 24h 后揭开盖板，观察并统计充填层试件上表面气泡情况，通过统计直径 1mm 以上气泡面积比(气泡总面积/所统计表面总面积)和大气泡(气泡直径≥5mm)个数两个参数来分析评判充填层试件表面质量，分析不同砂浆拌和物的充填行为。

考虑充填层的实际工程情况和实验室操作便利性等因素，设计了如图 2-4 所示的 SCC 灌注充填模拟试验装置，该模具采用透明有机玻璃材料制成，包括钢质下料漏斗以及上部带盖板的模盒，高出的一端为灌注口，另一端为出(排)气口，具体尺寸和各部件名称如图 2-4 所示。具体灌注步骤为：首先拌制好 SCC 并安装好灌注充填装置，然后将混凝土拌和物试样装入下料漏斗中(下端活动阀门密封)，然后开启下料漏斗下端活动阀门让试样从下料漏斗下端口经透明刚性模盒的下料口灌注至透明刚性模盒中，并立即开始秒表计时，测试试样流出下料漏斗下端口至试样流动扩展至透明刚性模盒另一端所需的时间，观察拌和物对透明刚性模盒顶层的充模情况，其间是否存在空隙(离缝)和气泡，待 24h 后，拆除透明刚性模盒，检查硬化后的混凝土与透明刚性模盒顶层接触的表面存在气泡的最大直径、气泡孔深度、气泡数量等参数，从而分析 SCC 的灌注充填行为以及充填质量。

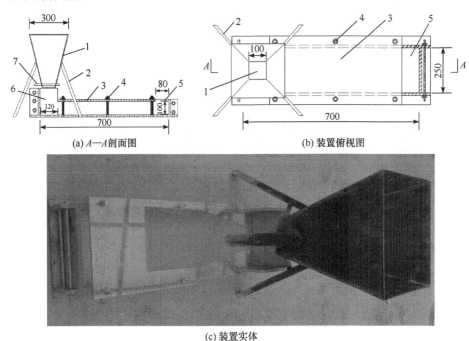

(a) *A—A* 剖面图   (b) 装置俯视图

(c) 装置实体

图 2-4 SCC 灌注充填模拟试验装置(单位：mm)

1. 钢质下料漏斗(上口为边长 300mm 的正方形，下口为边长 100mm 正方形，高度 400mm)；2. 漏斗支架；
3. 透明刚性模盒；4. 螺栓；5. 排气口；6. 灌注口；7. 下料漏斗下口端阀门

2.2.2　等效砂浆充填模拟试验

重点讨论等效砂浆充填层表层质量与组成、拌和物塑性黏度之间的影响关系。依照相应的试验方法,制备好砂浆拌和物,测试相应的塑性黏度等流变性能,然后进行砂浆充填模拟试验,观察记录充模流动过程,对试模进行编号,待凝结硬化后拆除上表面的有机玻璃模板,对表面的气泡进行统计分析,从而对比分析砂浆充填层表面质量与组成、塑性黏度之间的影响关系。

1. 粉煤灰

水泥-粉煤灰(fly ash,FA)砂浆充填层试件表面质量如图 2-5 所示。可以看到,各充填层试件表面均存在不同程度的气泡,但绝大部分气泡直径都为 1～2mm,气泡主要集中在试件中部,灌注口和出气口处气泡分布较少。基准组 1-2 试件(0%FA)表面质量最好,粉煤灰掺量为 30%的砂浆试件表面大气泡数量最多,且试件表面气泡最大直径为 17.1mm。

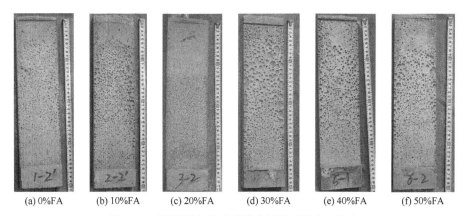

(a) 0%FA　　(b) 10%FA　　(c) 20%FA　　(d) 30%FA　　(e) 40%FA　　(f) 50%FA

图 2-5　不同粉煤灰掺量砂浆充填层试件表面状态

粉煤灰掺量不同的砂浆拌和物的塑性黏度及砂浆充填层试件表面气泡统计结果见表 2-1。砂浆拌和物塑性黏度、充填层试件表面气泡面积比随粉煤灰掺量的变化结果绘于图 2-6。从图 2-6 和表 2-1 中可知,随着粉煤灰掺量增加,砂浆塑性黏度呈降低趋势,砂浆充填层试件表面气泡面积比和气泡数量都呈现增加趋势,塑性黏度相对较大的砂浆,充填层试件表面大气泡较少。

表 2-1　水泥-粉煤灰砂浆塑性黏度及充填层试件表面气泡统计结果

项目	1	2	3	4	5	6
掺合料	0%FA	10%FA	20%FA	30%FA	40%FA	50%FA
塑性黏度/(Pa·s)	3.53	3.12	3.00	2.90	2.40	2.75

续表

项目	1	2	3	4	5	6
气泡面积比/%	8.1	9.7	8.4	20.2	16.4	12.3
大气泡数量/个	10	24	2	60	35	45

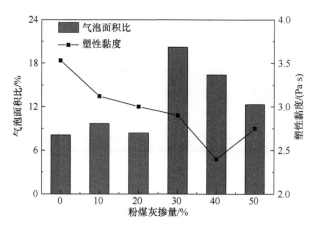

图 2-6　砂浆拌和物塑性黏度与充填层试件表面气泡面积比随粉煤灰掺量的变化

2. 矿渣

水泥-矿渣(ground granulated blast furnace slag，GGBS)砂浆充填层试件表面气泡情况如图 2-7 所示。由图可知，试件表面大部分气泡直径都为 1~2mm。掺入矿渣后，充填层试件表面质量有所改善，表面气泡面积比和大气泡个数均低于基准组。

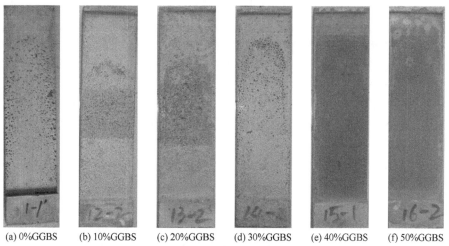

(a) 0%GGBS　(b) 10%GGBS　(c) 20%GGBS　(d) 30%GGBS　(e) 40%GGBS　(f) 50%GGBS

图 2-7　水泥-矿渣砂浆充填层试件表面状态

各砂浆拌和物的塑性黏度和充填试件表面气泡统计结果见表2-2,并将砂浆的矿渣掺量、塑性黏度与充填试块表面气泡面积比之间的关系绘于图 2-8,由表 2-2和图2-8的结果可知,随着矿渣掺量的增加,新拌砂浆塑性黏度整体上未发生明显变化,但充填层试件表面气泡面积比呈降低趋势,特别是当矿渣掺量达到40%后,试件表面气泡面积比显著降低,且直径大于 5mm 的表面气泡明显减少。

表 2-2　水泥-矿渣砂浆塑性黏度及充填层试件表面气泡统计结果

项目	1	12	13	14	15	16
掺合料	0%GGBS	10%GGBS	20%GGBS	30%GGBS	40%GGBS	50%GGBS
塑性黏度/(Pa·s)	3.53	3.56	3.79	3.46	3.55	3.43
气泡面积比/%	8.1	2.1	3.6	4.9	0.6	0.3
大气泡数量/个	10	7	0	5	0	0

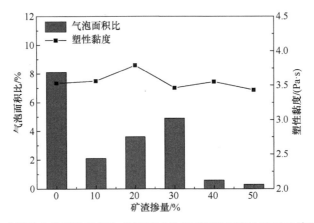

图 2-8　砂浆拌和物塑性黏度与充填层试件表面气泡面积比随矿渣掺量的变化

3. 硅灰

水泥-硅灰(silica fume,SF)砂浆充填层试件表面气泡情况如图 2-9 所示。从图中可以看出,水泥-硅灰砂浆并不能充满整个模腔,其中 3%SF 试件充模长度为320mm,5%SF 试件充模长度为290mm。这主要是由于硅灰颗粒比表面积巨大,当其他参数保持不变时,砂浆流动性降低导致不能完成充模。已充填段试件表面气泡均匀,气泡直径均不大于2mm。试件表面质量总体较好。

表 2-3 给出了各水泥-硅灰砂浆塑性黏度及充填层试件表面气泡统计结果。砂浆拌和物塑性黏度与充填层试件表面气泡面积比随硅灰掺量的变化如图 2-10 所示。由表 2-3 和图 2-10 可知,随着硅灰掺量的增加,砂浆塑性黏度增大,试件表面气泡面积比降低,试件表面没有出现大气泡。这表明硅灰的掺入有利于降低表层气

泡，但是掺入硅灰后，显著降低了砂浆拌和物的流动性。

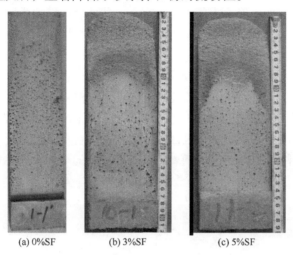

(a) 0%SF　　　(b) 3%SF　　　(c) 5%SF

图 2-9　水泥-硅灰砂浆充填层试件表面状态

表 2-3　水泥-硅灰砂浆塑性黏度及充填层试件表面气泡统计结果

项目	1	10	11
掺合料	0%SF	3%SF	5%SF
塑性黏度/(Pa·s)	3.53	3.58	3.82
气泡面积比/%	8.1	1.3	0.5
大气泡数量/个	10	0	0

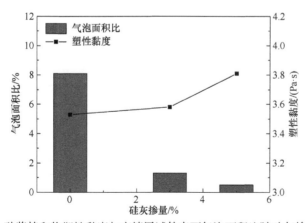

图 2-10　砂浆拌和物塑性黏度与充填层试件表面气泡面积比随硅灰掺量的变化

4. 石灰石粉

水泥-石灰石粉(limestone powder，LP)砂浆充填层试件表面气泡情况如图 2-11

所示。从图中可知，不同石灰石粉掺量的砂浆充填层试件表面的气泡分布情况也不同，试件表面大部分气泡直径为 1~2mm，试件表面气泡主要集中在中部，且大气泡集中在中部两侧侧模处。总体而言，石灰石粉掺量增加，充填试件的表面气泡总个数呈现减少趋势，而气泡孔直径有所增加。值得注意的是，当 30%LP 掺入后，新拌砂浆塑性黏度降低较为显著，充填试件表面质量显著提高，表面基本未见明显气泡，这可能与砂浆流变性和灌注过程控制有关。

水泥-石灰石粉砂浆塑性黏度以及充填层试件表面气泡统计结果见表 2-4。砂浆拌和物塑性黏度与充填层试件表面气泡面积比随石灰石粉掺量的变化如图 2-12 所示。由表 2-4 和图 2-12 可知，随着石灰石粉掺量的增加，试件表面气泡面积比先升高后降低。试件表面大气泡个数先增多后减少。

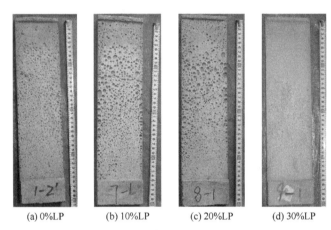

(a) 0%LP　　　　(b) 10%LP　　　　(c) 20%LP　　　　(d) 30%LP

图 2-11　水泥-石灰石粉砂浆充填层试件表面状态

表 2-4　水泥-石灰石粉砂浆塑性黏度及充填层试件表面气泡统计结果

项目	1	7	8	9
掺合料	0%LP	10%LP	20%LP	30%LP
塑性黏度/(Pa·s)	3.53	4.08	2.61	2.28
气泡面积比/%	8.1	9.8	10.2	0.1
大气泡数量/个	10	50	45	0

5. 粉煤灰和矿渣复掺

20%粉煤灰和矿渣复掺砂浆充填层试件表面质量如图 2-13 所示，与粉煤灰和矿渣单掺相比较，粉煤灰和矿渣复掺后，砂浆充填层表面气泡数量显著减少，

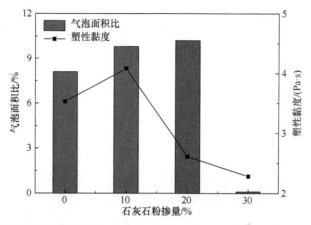

图 2-12　砂浆拌和物塑性黏度与充填层试件表面气泡面积比随石灰石粉掺量的变化

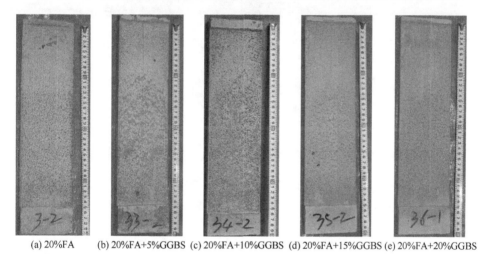

(a) 20%FA　(b) 20%FA+5%GGBS　(c) 20%FA+10%GGBS　(d) 20%FA+15%GGBS　(e) 20%FA+20%GGBS

图 2-13　水泥-粉煤灰-矿渣砂浆充填层试件表面状态

砂浆充填层表面质量较好。

　　水泥-粉煤灰-矿渣砂浆塑性黏度以及充填层试件表面气泡统计结果见表 2-5。粉煤灰和矿渣复掺砂浆的塑性黏度与充填层试件表面气泡面积比随矿渣掺量的变化如图 2-14 所示。由表 2-5 和图 2-14 可知，随着矿渣掺量的增加，砂浆塑性黏度增加，气泡面积比先升高后降低，且掺入矿渣后试件表面大气泡基本不存在。试验结果表明，20%粉煤灰与不低于 15%的矿渣双掺后，砂浆充填层表面质量有较大改善，气泡数量显著降低。

表 2-5 水泥-粉煤灰-矿渣砂浆塑性黏度及充填层试件表面气泡统计结果

项目	3	33	34	35	36
掺合料	20%FA	20%FA+5% GGBS	20%FA+10% GGBS	20%FA+15% GGBS	20%FA+20% GGBS
塑性黏度/(Pa·s)	3.00	3.58	3.56	3.72	3.79
气泡面积比/%	8.4	9.1	10.4	7.9	6.7
大气泡数量/个	2	0	0	0	0

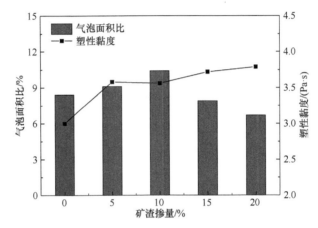

图 2-14　粉煤灰掺量为 20%时砂浆塑性黏度与充填层试件表面气泡面积比随矿渣掺量的变化

　　图 2-15 进一步给出了 10%矿渣和粉煤灰复掺砂浆充填层试件表面的质量情况。其中，10%GGBS + 10%FA、10%GGBS + 30%FA 组的砂浆试件表面被密集气

(a) 10%GGBS　(b) 10%GGBS+10%FA　(c) 10%GGBS+20%FA　(d) 10%GGBS+30%FA　(e) 10%GGBS+40%FA

图 2-15　水泥-粉煤灰-矿渣砂浆充填层试件表面状态

泡孔覆盖,气泡孔间距离小于气泡孔直径。与单掺粉煤灰相比,其余各组大气泡数量减少,小气泡数量增多。新拌砂浆塑性黏度及充填层试件表面气泡统计结果见表 2-6。在掺入粉煤灰后,砂浆表面气泡面积比增大,大气泡数量减少。矿渣掺量为 10%时砂浆塑性黏度与充填层试件气泡面积比随粉煤灰掺量的变化如图 2-16 所示。由表 2-6 和图 2-16 可知,10%矿渣与粉煤灰双掺后,砂浆充填层试件表面气泡面积比升高,但大气泡数量显著减少。

表 2-6　水泥-粉煤灰-矿渣砂浆塑性黏度及充填层试件表面气泡统计结果

项目	12	29	34	31	32
掺合料	10%GGBS	10%GGBS + 10%FA	10%GGBS + 20%FA	10%GGBS + 30%FA	10%GGBS + 40%FA
塑性黏度/(Pa·s)	3.56	2.64	3.64	4.68	4.17
气泡面积比/%	2.1	100	10.4	100	14.6
大气泡数量/个	7	1	0	0	0

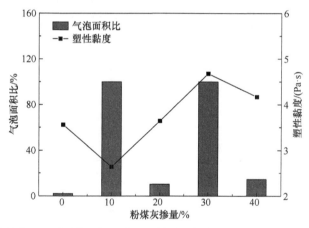

图 2-16　矿渣掺量为 10%时砂浆塑性黏度与充填层试件表面气泡面积比随粉煤灰掺量的变化

由以上试验结果可知,采用粉煤灰和矿渣双掺时,能够显著减少砂浆表面的大气泡,且当粉煤灰掺量在 20%~40%时,砂浆塑性黏度较大,试件表面气泡面积较少,尤其是 20%粉煤灰与 10%矿渣双掺后,砂浆表面质量较好。

6. 粉煤灰和石灰石粉双掺

水泥-粉煤灰(20%)-石灰石粉砂浆充填层试件表面质量如图 2-17 所示。图中 20%FA+10%LP 试件表面质量最好,整体小气泡数量最少,只在出气口处出现一些气泡。而 20%FA + 20%LP 试件表面质量最差,距端部 200mm 处出现一面积约 40mm×40mm 的孔洞。

　(a) 20%FA　　　(b) 20%FA+5%LP　　(c) 20%FA+10%LP　　(d) 20%FA+15%LP　　(e) 20%FA+20%LP

图 2-17　水泥-粉煤灰(20%)-石灰石粉砂浆充填层试件表面状态

　　水泥-粉煤灰-石灰石粉砂浆塑性黏度以及充填层试件表面气泡统计结果见表 2-7。粉煤灰掺量为 20%时砂浆塑性黏度与充填层试件表面气泡面积比随石灰石粉掺量的变化如图 2-18 所示。由表 2-7 和图 2-18 可知,当粉煤灰掺量为 20%时,随着石灰石粉掺量的增加,砂浆塑性黏度呈降低趋势,砂浆试件表面气泡面积比呈升高趋势,大气泡数量也有一定增加。

表 2-7　水泥-粉煤灰-石灰石粉砂浆塑性黏度及充填层试件表面气泡统计结果

项目	3	20	22	25	26
掺合料	20%FA	20%FA + 5%LP	20%FA + 10%LP	20%FA + 15%LP	20%FA + 20%LP
塑性黏度/(Pa·s)	3.0	2.96	2.97	2.78	2.07
气泡面积比/%	8.4	16.1	4.6	30.2	28.4
大气泡数量/个	2	1	1	15	2

　　图 2-19 进一步给出了水泥-粉煤灰-石灰石粉(10%)砂浆充填层试件表面质量,图中 10%LP +20%FA 砂浆充填层试件表面质量最好,整体小气泡数量最少。10%LP + 40%FA 试件表面质量最差,试件表面被密集气泡层覆盖,气泡呈现海绵状,易破碎。

　　水泥-粉煤灰-石灰石粉砂浆塑性黏度以及充填层试件表面气泡统计见表 2-8。石灰石粉掺量为 10%时砂浆塑性黏度与充填层试件表面气泡面积比随粉煤灰掺量的变化如图 2-20 所示。由表 2-8 和图 2-20 可知,当石灰石粉掺量为 10%时,随着粉煤灰掺量的增加,砂浆表面气泡面积比总体呈现逐渐升高的趋势,但大气泡数量

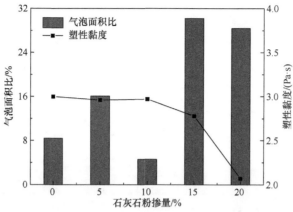

图 2-18　粉煤灰掺量为 20%时砂浆塑性黏度与充填层试件表面气泡面积比随石灰石粉掺量的变化

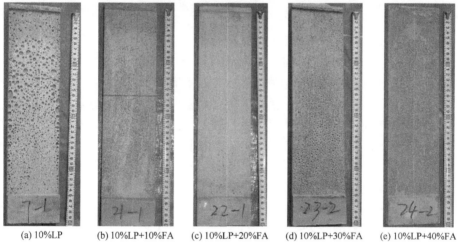

(a) 10%LP　　(b) 10%LP+10%FA　　(c) 10%LP+20%FA　　(d) 10%LP+30%FA　　(e) 10%LP+40%FA

图 2-19　水泥-粉煤灰-石灰石粉(10%)砂浆充填层试件表面状态

减少，粉煤灰掺量为 10%~30%时，气泡细化明显，尤其是掺量为 20%时，充填层试件表面质量良好；然而，值得注意的是，10%LP + 40%FA 组尽管塑性黏度有所增加，但灌注充填层试件表面出现"海绵层"，试件表面气泡面积最大，粉煤灰掺量超过 30%后，不利于充填层试件表面质量提高。

表 2-8　水泥-粉煤灰-石灰石粉砂浆塑性黏度及充填层试件表面气泡统计结果

项目	7	21	22	23	24
掺合料	10%LP	10%LP + 10%FA	10%LP + 20%FA	10%LP + 30%FA	10%LP + 40%FA
塑性黏度/(Pa·s)	4.08	3.03	2.97	2.78	3.69
气泡面积比/%	9.8	18.9	4.6	29.4	100
大气泡数量/个	5.0	0	1	0	6

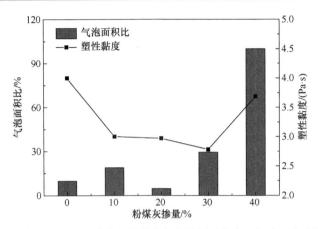

图 2-20　石灰石粉掺量为 10%时砂浆塑性黏度与充填层试件表面气泡面积比随粉煤灰掺量的
变化

基于上述试验结果，可得到如下结论：

(1) 随着粉煤灰掺量的增加，砂浆拌和物的塑性黏度降低，砂浆充填层试件表面气泡面积比升高且大气泡数量增多，表面质量不佳。

(2) 随着矿渣掺量的增加，砂浆拌和物的塑性黏度无明显变化，砂浆充填层试件表面的气泡面积比降低且大气泡数量减少，且当矿渣掺量大于 30%后，砂浆表面直径大于 5mm 的大气泡消失，表面质量明显提高。

(3) 硅灰的掺入有利于减少充填层试件表面气泡，但是掺入硅灰后，砂浆拌和物塑性黏度增大，砂浆的流动性降低。

(4) 随着石灰石粉掺量的增加，砂浆充填层试件表面气泡数量先增加后减少，总体上掺入石灰石粉的砂浆充填层试件表层质量无显著改善。

(5) 粉煤灰与矿渣复掺时，能够显著减少砂浆充填层试件表面的大气泡，且当矿渣掺量不少于 15%时，砂浆充填层试件表面的气泡面积比显著降低。20%粉煤灰与 20%矿渣双掺后，砂浆充填层试件表面质量得到显著改善。

(6) 采用粉煤灰和石灰石粉双掺时，当石灰石粉掺量为 10%时，砂浆充填层试件表面质量相对较好。相对于粉煤灰与矿渣复掺，粉煤灰与石灰石粉双掺的砂浆充填层试件表面质量相对较差。

2.2.3　自密实混凝土充填模拟试验

基于模拟试验，重点讨论不同组成 SCC 充填层试件的表面质量，分析 SCC 在封闭模腔中的充填行为，为 SCC 充填层高质量建造提供技术支持。

1. 试验简况

按照相应组成材料配合比，将拌制好的 SCC 拌和物进行灌注充填试验，试验过程及充填后的试件如图 2-21 所示。图 2-21(a)所示为安装好的模盒以及将拌制好的 SCC 拌和物装入灌注料斗；图 2-21(b)和(c)分别是 SCC 拌和物灌注充填层及放置 2h 后的充填试件。由图可以看出，当 SCC 拌和物具有较大的坍落扩展度(≥600mm)和较高的塑性黏度时，拌和物灌注充填模盒的过程非常顺利，拌和物在模盒中整体向前推进，模盒盖板底部未能观察到可见的夹裹气泡孔，但当拌和物塑性黏度较大，且盖板底部不清洁或黏附杂物时，拌和物在充填流动过程中很可能就在盖板底部夹裹气泡孔。同时，灌注充填后静停一段时间再揭开盖板，可观察到 SCC 充填层试件上表面存在一定的气泡孔，特别是当拌和物塑性黏度较小时气泡孔更为明显，这主要是静停过程中拌和物发生了泌水以及拌和物中的气泡上升逃逸至盖板底部所致。

(a) 拌和物装入灌注料斗

(b) 装入透明的充填盒中的拌和物

(c) 灌注充填后放置2h的充填试件

图 2-21　SCC 灌注充填试验过程及充填后的试件

2. 掺粉煤灰 SCC

以下在前述基础上进一步分析掺粉煤灰 SCC 的充填性能。掺粉煤灰 SCC 充填层试件经拆模后的表面情况如图 2-22 所示。

观察整个试件和图 2-22 的结果可知，SCC 充填层试件的底部、侧面均非常光洁且均与模板接触紧密，但试件上表面出现较多气泡孔，这是因为新拌混凝土中的气泡不稳定，从而导致气泡向上逃逸累积至盖板底。同时，可进一步得出，未掺加粉煤灰的 SCC 充填层试件表面出现面积较大的气泡孔，随着粉煤灰的掺入，SCC 充填层试件表面气泡孔有所减少，质量有所提高，这主要是因为粉煤灰颗粒的掺入,较好地改善了 SCC 拌和物的工作性,减少了拌和泌水并能较好地改善拌和物中的气泡稳定性。

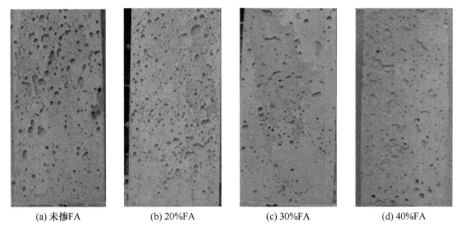

(a) 未掺FA　　　　(b) 20%FA　　　　(c) 30%FA　　　　(d) 40%FA

图 2-22　粉煤灰对 SCC 充填层试件表面质量的影响

3. 掺粉煤灰和硅灰 SCC

图 2-23 所示为拆模后掺粉煤灰和硅灰的 SCC 充填层试件表面外观。

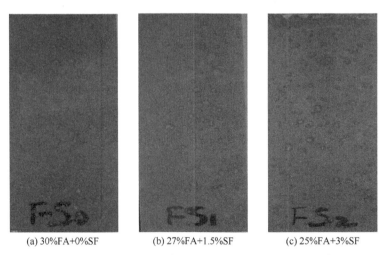

(a) 30%FA+0%SF　　　(b) 27%FA+1.5%SF　　　(c) 25%FA+3%SF

图 2-23　掺粉煤灰和硅灰的 SCC 充填层试件的表面状态

从图 2-2 可以看出,SCC 充填层试件表面较为硬朗和密实,表面气泡孔数量较少,用最小刻度为 0.1mm 的钢尺测量各 SCC 充填层试件表面气泡孔的最大直径和气泡孔深度,表面气泡孔最大直径为 6mm,最大深度仅为 2mm,没有气泡密集聚集形成大气泡孔的现象，充填质量较好。而仅掺粉煤灰的 SCC 充填层试件表面局部有一层厚度很小的疏松粉状层，这对于其与上部结构的黏结作用非常不利。硅灰的掺入使得拌和物流动性减小的同时，也使得 SCC 的黏聚性增大，拌和物中气泡稳定性明显增强，泌水现象基本不存在。这与前述砂浆充填试验结果相似。同时，从图中还可以看到，硅灰掺量的增多对 SCC 充填层试件表观质量的提高不是很明显，表面气泡数量和直径相差不大。

4. 掺粉煤灰和石灰石粉及硅灰 SCC

图 2-24 所示为掺粉煤灰和石灰石粉以及粉煤灰、石灰石粉、硅灰三掺的 SCC 充填层试件拆模后的表面外观。

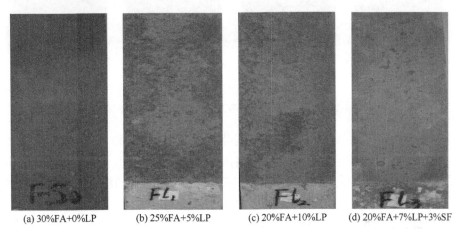

(a) 30%FA+0%LP　　　(b) 25%FA+5%LP　　　(c) 20%FA+10%LP　　　(d) 20%FA+7%LP+3%SF

图 2-24　掺粉煤灰和石灰石粉以及粉煤灰、石灰石粉、硅灰三掺的 SCC 充填层试件表面外观

从图 2-24 可以看出，只掺粉煤灰的 SCC 充填层试件拆模后表面有一定量的气泡聚集，而且表面存在粉状层，而掺加粉煤灰和石灰石粉的 SCC 充填层试件表面粉状层更为明显。石灰石粉掺量的变化对其表面的质量改观不大，表面虽然没有出现孔径大的气泡和大面积坑洼，但是混凝土的表面质量较差。这与前述砂浆充填层试件的结果相似。

值得注意的是，采用粉煤灰、石灰石粉和硅灰三掺制备得到的 SCC，其充填层试件表面的质量非常好，除少量存在夹裹气泡孔外，基本不存在泌水和气泡不稳定溢出导致的缺陷，这主要得益于 SCC 拌和物性能优异。在拌制过程中发现，采用粉煤灰、石灰石粉和硅灰三掺制备得到的 SCC 拌和物具有良好的流动性，同时也具有优异的黏聚性，拌和物静置时没有发现泌水和气泡逸出现象，故使得 SCC 充填层试件的表面质量优异。

5. 掺增稠剂 SCC

化学增稠剂(VA)能显著改善混凝土拌和物的稠度,降低泌水和气泡上浮。图 2-25 所示为不同掺量 VA 的 SCC 充填层试件表面外观。

| (a) 30%FA | (b) 30%FA+0.25‰VA | (c) 30%FA+0.5‰VA | (d) 25%FA+4%LP+1%SF+0.15‰VA |

图 2-25　掺化学增稠剂 SCC 充填层试件表面外观

从图 2-25 所示的结果可以看到,分别掺入 0.25‰VA 和 0.15‰VA 后,SCC 充填层试件表面的质量改善明显,气泡孔含量减少,气泡孔最大直径仅为 3mm 左右;但当 VA 的掺量达到用水量的 0.5‰时,SCC 拌和物的稠度显著增加,而流动性降低也较大,灌注充填模盒的速度较慢,甚至到最后也没能完全充满模盒的端部,同时也发现拌和物与模盒盖板底部不容易充填而易于形成夹裹的气泡孔如图 2-25(c)所示。因此,VA 掺量需要适量控制,以保证 SCC 拌和物合适的流动性和黏度。

值得注意的是,粉煤灰、石灰石粉、硅灰和 VA 复掺制得的 SCC 拌和物,其坍落扩展度达到 590mm,T_{500}=5.1s,流动性适中而黏聚性优异,使得其充填层试件的表面气泡孔少,质量好(图 2-25(d))。总体上看,合适掺量的 VA 对提高充填层试件的表面质量具有积极作用。

6. 消泡剂的影响

SCC 拌和物中的含气量较高,当这些内部气泡稳定性较差时则会向上逃逸而影响充填层的质量。若拌和物黏度较大,则易造成 SCC 拌和物中含气量过高,显著影响混凝土强度和弹性模量。因此,有时需要采用消泡剂来控制 SCC 拌和物中的含气量。以下通过试验调查采用消泡剂后,SCC 拌和物的工作性及其充填层试件的表面质量。试验以 30%FA + 70%水泥作为胶凝材料(总量为 550kg/m³),采用水胶比为 0.34 制备 SCC,分析消泡剂对充填层质量的影响,试验结果照片如图 2-26 所示。

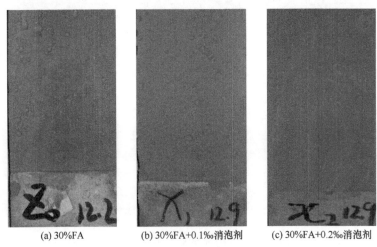

(a) 30%FA　　　　(b) 30%FA+0.1‰消泡剂　　　　(c) 30%FA+0.2‰消泡剂

图 2-26　消泡剂对 SCC 充填层试件表面质量的影响

由图 2-26 中的结果可以看出,未掺消泡剂的基准组 SCC 充填层试件表面有一定量的气泡孔聚集,最大气泡直径达 7mm,而且表面有一脆性的粉状层。而掺加 0.1‰消泡剂(胶凝材料总量计)的 SCC 充填层试件表面外观质量得到明显改善,混凝土上表面由粗糙变得光滑,而且也不存在大量气泡孔聚集的现象;当消泡剂掺量达到 0.2‰时,所观察到的试件表面气泡孔较少,气泡孔的直径也在 3mm 以下,但比消泡剂掺量为 0.1‰的 SCC 充填层试件表面质量更好。显然,合适的消泡剂掺入 SCC 中,可以较为显著地提高 SCC 充填层表面质量。这主要是由于消泡剂在拌和物中能抑制泡沫的形成并加速气泡的逃逸,使得拌和物中的有害气泡减少,从而提高 SCC 的充填质量。

7. 水胶比的影响

水胶比对混凝土拌和物流动性有重要影响。图 2-27 给出了三种水胶比(W/B)下 SCC 充填层试件表面外观。

从图 2-27 中的结果可以看到,水胶比为 0.30 时,SCC 充填层试件表面与模板黏结紧密,表面较光滑,存在一定的小气泡孔,气泡孔的最大直径为 4mm 左右;水胶比增大到 0.35 时,混凝土拌和物出现泌水离析现象,拆模后混凝土表面出现薄浮浆层,气孔的最大尺寸接近 8mm;当水胶比继续增大到 0.40 时,混凝土拌和物泌水严重,充填层试件表面出现大面积坑洼以及大量浮浆层。由试验结果可知,在保证混凝土拌和物具备自密实性的前提下,选用较小水胶比有利于提高 SCC 充填层表面质量。

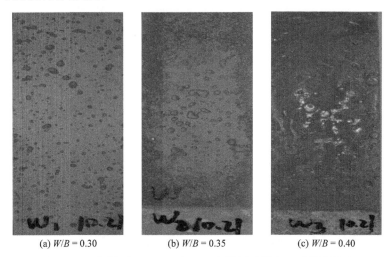

(a) W/B = 0.30　　　　　(b) W/B = 0.35　　　　　(c) W/B = 0.40

图 2-27　不同水胶比(W/B)对 SCC 充填层试件表面质量的影响

8. 高效减水剂的影响

试验在保证其他组分相同时，研究了聚羧酸减水剂（高效减水剂
(superplasticizer，SP)）对 SCC 拌和物工作性及充填质量的影响，两种减水剂减水
率相似，减水剂掺量以胶凝材料总质量计，各拌和物中胶凝组成均为 20%粉煤
灰(FA)、7%石灰石粉(LP) + 3%硅灰(SF)。各 SCC 充填层试件表面外观如图 2-28
所示。

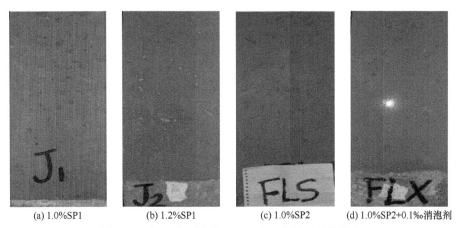

(a) 1.0%SP1　　　　　(b) 1.2%SP1　　　　　(c) 1.0%SP2　　　　　(d) 1.0%SP2+0.1‰消泡剂

图 2-28　高效减水剂对 SCC 充填层表面质量的影响

从图 2-28 可知，掺入 1.0%SP1 的 SCC 充填层试件表面与模板接触紧密，上
表面很光滑，混凝土表面的气泡孔数量少，气泡孔直径在 3mm 以下，充填效果

好。在同样条件下，将 SP1 掺量增加到 1.2%时，SCC 的流动性增加而黏聚性降低，此时 SCC 充填层试件表面变得粗糙，且出现薄弱的浆体层，微小气泡孔数量较多，最大的气泡孔直径为 5mm 左右；在相同的条件下，掺入 1%SP2 减水剂，SCC 充填层试件表面的质量也未见明显的差异，但表层光滑性降低，且有少许微小气泡孔存在。SP2 减水剂和消泡剂同时掺入时，该 SCC 充填层试件表面质量得到进一步提高，混凝土表面硬朗光洁，存在的少许气泡孔直径仅为 3mm 左右。这主要是由于消泡剂减少了拌和物中有害气泡的数量,并改善了拌和物的工作性，从而提高了充填层试件的质量。

2.3　现场足尺模拟试验

通过现场足尺模拟试验,可以更好地掌握 SCC 充填层灌注的工艺细节及其对充填层质量的影响,从而更好地确保施工质量。

2.3.1　试验概况

典型 CRTSⅢ型板式无砟轨道板平面示意图如图 2-29 所示，该轨道板长度为 5600mm、宽度为 2500mm，SCC 从中央灌注孔灌注后依靠重力作用在封闭的充填层内水平充填流动，流动距离最长达 3.066m，最终形成充填层。因此，有必要通过实际足尺模拟试验，了解模腔 SCC 充填层的灌注充填施工过程，研究 SCC 拌和物性能对充填层施工质量的影响，从而确立合适的 SCC 拌和物性能指标和施工条件。

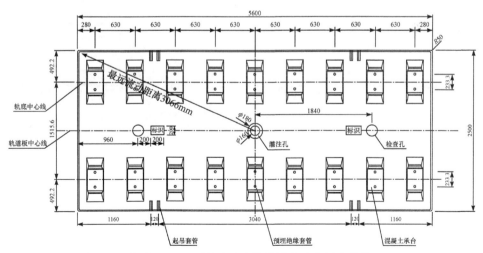

图 2-29　典型 CRTSⅢ型板式无砟轨道板平面示意图(单位：mm)

为此，结合工程现场线下工艺性试验条件，开展 SCC 充填层灌注施工的现场足尺模拟试验。试验过程全部按照现场施工的各项工序要求进行，包括模板安装、混凝土制备、灌注施工及养护等。首先，基于 SCC 的配合比，采用专用的混凝土拌和站设备进行 SCC 生产制备，并进行拌和物性能测试；然后，通过搅拌输送车运输 SCC 拌和物至灌注试验现场，根据现场的灌注工装和工艺，进行 SCC 拌和物的灌注，对灌注过程中模板上浮、是否存在模板漏浆、灌注结束时间等进行观察和记录。灌注施工完成后约 24h 内，采用揭板方式，调查 SCC 充填层与轨道板之间黏结表面的质量状态，判断最终的充填层灌注施工质量，并分析其与灌注过程、SCC 拌和物性能之间的关系。图 2-30 所示为现场试验过程照片。图 2-31 给出了不同灌注施工条件下 SCC 充填层表面典型质量状态。图 2-31(a)表明灌注施工过程未完成，充填层未能灌注充填饱满，这种情况主要是由于 SCC 拌和物的流动性能过小或发生了严重的离析堵塞现象，当施工人员经过对 SCC 拌和物性能及灌注工艺有较好的认识后，该情况一般不会出现。图 2-31(b)表明充填层表面存在较多的气泡孔或酥松层等，发生这种情况的原因较为复杂，多数情况下是由于 SCC 拌和物性能较差，如拌和物悬浮稳定性不足而产生泌水、气泡逸出等，另外，施工工艺不当也会导致表面气泡孔较多。图 2-31(c)表明充填层表面质量优良，表面密实硬朗，气泡孔等缺陷较少，达到了充填层施工质量要求。当施工人员较好地掌握了相应的施工工艺以及生产出合适工作性的 SCC 拌和物时，通常可以灌注施工得到质量良好的 SCC 充填层。

(a) 灌注准备工作完成   (b) 灌注施工过程中

图 2-30 SCC 充填层灌注施工试验现场

2.3.2 充填层表面质量的影响因素

大量工程实践表明，充填层表面的质量状态与 SCC 拌和物性能及施工工艺存在密切联系。通过试验发现，影响充填层灌注施工质量的主要因素包括以下三个方面：

(a) 充填层未灌注充填饱满

(b) 充填层表面存在较多气泡孔等缺陷

(c) 充填层表面质量优良

图 2-31　充填层表面三种典型质量状态

1. SCC 拌和物的工作性

SCC 拌和物的流动性(坍落扩展度)、T_{500} 对充填层表面质量存在显著影响。当拌和物坍落扩展度过小，T_{500} 时间长，则充填层难以充填饱满；而 SCC 拌和物坍落扩展度过大，T_{500} 时间短，拌和物黏度较小，悬浮稳定性差，易发生离析，从而造成充填层表面气泡孔多、浆体层较厚等缺陷。试验表明，当 SCC 拌和物坍落扩展度为(650 ± 30)mm、T_{500} 为 5s 左右时，充填层表面质量良好。

2. 灌注施工工艺

施工实践表明，当拌和物性能在合适范围时，拌和物的灌注速率以及拌和物料斗出料口至入模口高度等是影响充填层表面质量的重要因素。灌注速率会影响 SCC 拌和物在充填层空腔中的充填速率，若拌和物在模腔中的充填速率过大，在拌和物与轨道板底部之间易裹挟气泡而导致表层气泡孔等缺陷较多，同时也会导致轨道板产生过大的上浮力；若拌和物从料斗出料口至入模口之间高度过小，则会造成拌和物在模腔内向前运动的动能较小而导致充填速率小，从而影响充填层的充盈饱满性等。当充填层充填饱满所用时间在 8min 左右时，该条件下的拌和物灌注充填速率较为合适；拌和物从料斗出料口至入模口之间的高度应不小于800mm。

3. 其他因素

除上述两方面的因素外，还有其他一些因素会造成充填层表面质量较差，包括模板工装准备不到位、模腔内湿度和温度不适当、施工组织不到位、灌注过程中拌和物性能出现异常等。总之，SCC 充填层施工是一个严密的过程，各个环节都需要精细准备，只有这样才能确保充填层施工质量达到要求。

值得注意的是，充填层的灌注施工质量也与 SCC 拌和物在模腔中的充填行为相关，而 SCC 拌和物性能不同、灌注工艺变化则会影响拌和物在模腔中的充填运动特性，从而对充填层表面质量状态产生影响。基于理论分析和试验可知，SCC 拌和物在充填层模腔中主要有两种充填运动模式，即水平面上升型和整体推进型(图 2-32)。当 SCC 拌和物的流动性很大和塑性黏度较小时，拌和物从入模口进入后即在模腔内迅速水平向前流动扩展，随着灌注过程持续进行，拌和物以“水平面上升”的方式充满整个充填层模腔，在拌和物与上部的轨道板底部接触时容易包裹气泡，从而在充填层留下较多的气泡孔等缺陷；当拌和物流动性适中且塑性黏度较大时，进入模腔内的 SCC 拌和物流动速率较小，拌和物整体内聚力较强，在模腔底部的拌和物流动前端与模腔顶部的拌和物后端之间的距离较小，拌和物在模腔中以“整体推进”的方式灌注充填层，这种方式容易把模腔中的气泡赶出，使得与轨道板底部接触的充填层表面的气泡孔等缺陷较少。因此，实际灌注施工中，宜以这种方式对充填层进行施工，从而有利于保证充填层灌注施工质量。

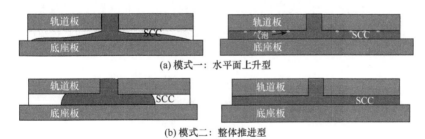

(a) 模式一：水平面上升型

(b) 模式二：整体推进型

图 2-32 SCC 拌和物在充填层模腔中的充填模式断面示意图

2.4 SCC 拌和物灌注充填的数值模拟

2.4.1 方法简介

数值模拟方法已应用于混凝土拌和物性能模拟[5]，为了较好地对新拌 SCC 的流变特性进行离散元模拟，采取合适的模型描述相邻接触颗粒之间的相互作用非常重要[6]。以下采用在线性接触模型[7,8]的基础上添加表示黏性颗粒表面张力的液桥模型来表征体系中相邻颗粒的接触黏结相互作用，同时也考虑了颗粒间滚动阻力的影响。相邻颗粒黏结接触作用原理如图 2-33 所示。根据作用力的方向分为法向力 F_n 和剪切力 F_s 两部分。

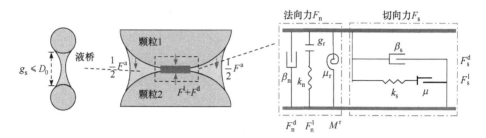

图 2-33　相邻颗粒黏结接触模型作用原理示意图

新拌 SCC 属于一种黏弹性体，采用的接触模型通过线弹性力表示了 SCC 的弹性，并通过黏滞阻尼力来提供颗粒的黏度。黏结接触模型中的接触力 F_c 和力矩 M_c 的计算公式分别如式(2-1)和式(2-2)所示：

$$F_c = F^l + F^d + F^a \tag{2-1}$$

$$M_c = M^r \tag{2-2}$$

式中，F^l 为颗粒间的线弹性力；F^d 为黏滞阻力；F^a 为液桥吸引力；M^r 为滚动阻力力矩。

法向线弹性力和切向线弹性力分别与颗粒间的表面间距 g_s 以及相对剪切位移增量 $\Delta\delta_s$ 有关，法向线弹性力 F_n^l 与切向线弹性力 F_s^l 的公式如式(2-3)～式(2-6)所示：

$$F_n^l = \begin{cases} k_n g_s, & g_s < 0 \\ 0, & g_s \geqslant 0 \end{cases} \tag{2-3}$$

$$F_s^l = \begin{cases} F_s^*, & F_s^* \leqslant F_s^\mu \\ F_s^\mu, & F_s^* > F_s^\mu \end{cases} \tag{2-4}$$

$$F_s^* = (F_s^l)_0 - k_s \Delta\delta_s \tag{2-5}$$

$$F_s^\mu = -\mu F_n^l \tag{2-6}$$

式中，k_n、k_s 分别为黏结键的法向刚度和切向刚度；μ 为颗粒的摩擦系数；F_s^* 为时间步长更新后的剪切力；$(F_s^l)_0$ 为时间步长更新前的线性剪切力；F_s^μ 为滑动摩擦力。

法向黏滞阻尼力和切向黏滞阻尼力主要与法向阻尼比 β_n 和切向阻尼比 β_s 相关，公式如式(2-7)～式(2-9)所示：

$$F_n^d = \left(2\beta_n\sqrt{m_c k_n}\right)\dot{\delta}_n \tag{2-7}$$

$$F_s^d = \left(2\beta_s\sqrt{m_c k_s}\right)\dot{\delta}_s \tag{2-8}$$

$$m_c = \frac{m^{(1)}m^{(2)}}{m^{(1)}+m^{(2)}} \tag{2-9}$$

式中，$\dot{\delta}_n$ 和 $\dot{\delta}_s$ 分别为法向和切向的相对平动速度；$m^{(1)}$ 和 $m^{(2)}$ 分别表示黏结键两端颗粒的质量。

液桥吸引力 F^a 只作用于黏结键的法线方向，并与颗粒间的表面间距 g_s 线性相关。液桥吸引力的计算公式如式(2-10)所示：

$$F^a = \begin{cases} F_0, & g_s \leqslant 0 \\ F_0\left(1-\dfrac{g_s}{D_0}\right), & 0 < g_s < D_0 \\ 0, & g_s \geqslant D_0 \end{cases} \tag{2-10}$$

式中，D_0 为液桥吸引力的极限范围；F_0 为设定的吸引力的最大值。

当表面间距 $0 < g_s < D_0$ 时，液桥吸引力 F^a 随着 g_s 的增大而线性递减，直至 $g_s \geqslant D_0$ 时，液桥断裂，吸引力为 0。

2.4.2　模型构建

为对 CRTSⅢ型板式无砟轨道充填层中 SCC 拌和物的灌注充填过程进行数值模拟分析，并考虑到 SCC 的灌注过程是在重力作用下非牛顿流体的大变形过程，故采用三维离散元法进行体系颗粒流模拟[9]。基于试验采用的充填模具，构建如图 2-34 所示的同等尺寸大小的离散元模型，充填盒的尺寸为 900mm×300mm×90mm，灌注管道的长度为 900mm，直径为 100mm。模拟过程中以一个真实级配的球形颗粒来描述粗骨料，将材料中的其他组分视为在粗骨料颗粒之间流动的均值砂浆。为了减少模拟过程所花费的时间，本节所考虑的粗骨料最小粒径为 2.36mm，将尺寸小于 2.36mm 的细骨料与水泥等粉体材料看作砂浆，总共生成了 106271 个颗粒来表示 SCC 混合料，其中灰色颗粒表示的是砂浆，同时为了区分具有不同代表性尺寸的粗骨料的位置和速度矢量，将这些粗骨料颗粒以深色表示并随机生成。模拟时先在模型上方的 V 型漏斗中随机生成代表 SCC 砂浆和粗骨料的球形颗粒，并根据颗粒的属性分别赋予不同参数的黏性接触模型，然后在重力作用下使其内部的不平衡力小于等于 10^{-4}Pa 时停止循环，如此可生成指定级配和黏结性能的 SCC 混合料。在移除阀门后，SCC 便在重力作用下沿着管道流入充填盒中，直至整个模型中的颗粒大致静止时停止试验。在整个模拟过程中，颗粒的运动都遵循动量守恒方程，以及黏性接触模型的本构关系。为对填充层灌注过程中 SCC 的运动情况进行分析，对模拟过程中所有颗粒的速度矢量进行监测，在灌注孔的四周放置四个测量球来检测孔洞周边的速度变化情况(图 2-35)。

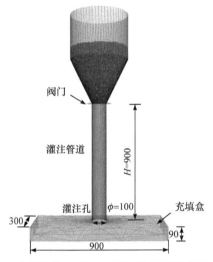

图 2-34　充填盒模型及 SCC 拌和物示意图(单位：mm)

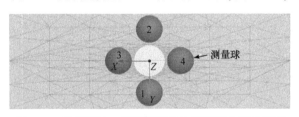

图 2-35　监测灌注口处颗粒运动的测量球布置示意图

2.4.3　参数校准和验证

生成的 SCC 离散元模型主要通过 4 个颗粒参数和 8 个黏性接触模型参数来调控 SCC 的宏观流变特性。参数分别为砂浆和粗骨料的最小粒径 $R_{\min}$ 及粒径比 R_p（$R_{\max}/R_{\min}$，粗骨料最大粒径与粗骨料最小粒径之比）、粗骨料的密度 ρ 和体积分数 V。黏性接触模型参数分别为有效模量 E^*、法向刚度和切向刚度比 k^*、摩擦系数 μ、滚动摩擦系数 μ_r、法向阻尼系数 β_n 和切向阻尼系数和 β_s，以及液桥中的吸引力 F^a、液桥极限长度 D_0。这些细观参数无法通过室内试验直接获得，而需要通过"试错法"以及大量的模拟试验进行匹配，并与 SCC 拌和物坍落扩展试验的坍落扩展度(SF)和扩展速率(以 T_{500} 表征)的结果进行对比，从而对本构接触模型及其参数的合理性进行验证。

为对比不同流变性能 SCC 在充填盒中充填效果的变化，共生成了 5 组 SCC 拌和物，包括坍落扩展度分别为 550mm、650mm 和 700mm 的 SCC 拌和物，以及坍落扩展度为 650mm 时具有不同 T_{500}(2s、4s、6s)的 SCC 拌和物。3 组不同坍落扩展度的 SCC 拌和物在坍落扩展试验和模拟中的最终扩展形状如图 2-36 所示，试验结果与模拟结果基本吻合。根据对黏性接触模型的本构关系以及匹配过程中的细观参数敏感性分析，发现模拟中控制 SCC 拌和物流变性能的主要细观参数为有效模量、法向阻尼系数和切向阻尼系数，所以将以上 3 个参数作为自由变量来改变新拌 SCC 的流变性能。各组不同流变性能的细观参数见表 2-9 和表 2-10。

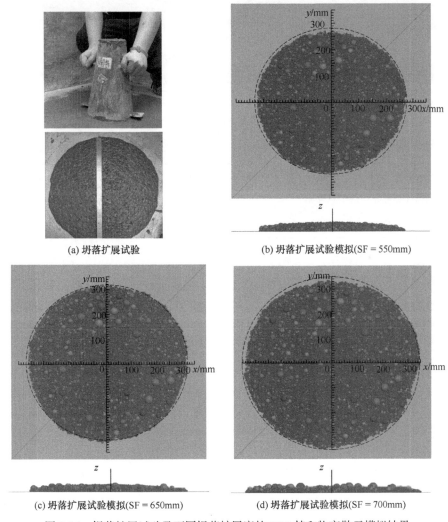

(a) 坍落扩展试验　　　　(b) 坍落扩展试验模拟(SF = 550mm)

(c) 坍落扩展试验模拟(SF = 650mm)　　　　(d) 坍落扩展试验模拟(SF = 700mm)

图 2-36　坍落扩展试验及不同坍落扩展度的 SCC 拌和物离散元模拟结果

表 2-9　SCC 拌和物中颗粒及黏结细观参数

细观参数	参数	砂浆颗粒参数	粗骨料颗粒参数
颗粒参数	最小粒径 R_{min}/m	1.42×10^{-3}	2.36×10^{-3}
	粒径比 R_p	1.66	8.05
	密度 ρ/(kg/m^3)	2236	2700
	体积分数 V/%	40	60
黏结参数	摩擦系数 μ	0.01	0.01
	法向刚度和切向刚度比 k^*	2.0	2.0
	滚动摩擦系数 μ_r	0.1	0.1
	液桥吸引力 F^a/N	2.5×10^{-3}	1.0×10^{-3}
	液桥极限长度 D_0/m	3.5×10^{-4}	1.5×10^{-4}

表 2-10　不同流变性 SCC 关键黏结细观参数

关键黏结细观参数	SF = 550mm	SF = 700mm	SF = 650mm (T_{500} = 2s)	SF = 650mm (T_{500} = 4s)	SF = 650mm (T_{500} = 6s)
有效模量 E^*/GPa	5.0×10^5	0.48×10^5	0.25×10^5	0.8×10^5	1.0×10^5
法向阻尼系数 β_n	0.61	0.32	0.47	0.55	0.60
切向阻尼系数 β_s	0.52	0.25	0.31	0.35	0.57

2.4.4　模拟结果分析

　　为对不同工作性新拌 SCC 的充填性进行模拟分析,分别将以上不同细观参数的 5 组 SCC 进行灌注试验模拟,同时在模拟过程中对时间进行监测。分别对不同时间节点的充填情况进行记录,从而对整个充填过程中不同坍落扩展度和 T_{500} 的新拌 SCC 变化情况进行分析。图 2-37 是坍落扩展度为 650mm、T_{500} 为 4s 的 SCC 在不同时间节点的充填情况。由图可知,整个模拟的流动状态近似于真实 SCC 的流动行为,且该流变性能下的新拌 SCC 在 20s 时能够很好地灌注满整个充填盒。在整个模拟过程中可以观察到粗骨料均匀地分布在混合料中,并没有由于粗骨料的下沉而发生离析。

　　图 2-38 为坍落扩展度分别为 550mm、650mm、700mm 的 SCC 拌和物在整个充填过程中表面轮廓线的变化情况。通过对比可以发现,坍落扩展度为 550mm 的 SCC 拌和物在重力的作用下并不能灌注满整个充填盒,而坍落扩展度为 650mm 和 700mm 的 SCC 有较好的流动性和充填性,并达到很好的充填效果。坍落扩展度

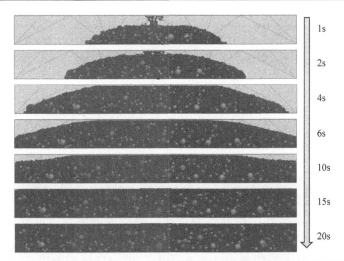

图 2-37   SF = 650mm、T_{500} = 4s 的 SCC 在不同时间节点的充填情况

为 650mm 的 SCC 灌注满整个充填盒大约需要 20s，而坍落扩展度为 700mm 的 SCC 充填速度更快，只需要 7s，但在施工过程中 SCC 的充填速度过快不利于模板内空气的排出。图 2-39 为坍落扩展度为 650mm 时，3 组不同 T_{500} 的 SCC 表面轮廓线随时间的变化情况。可以看出，尽管 T_{500} 增大会导致充填时间的延长，但 3 组 SCC 拌和物均可以灌注充满整个充填盒。

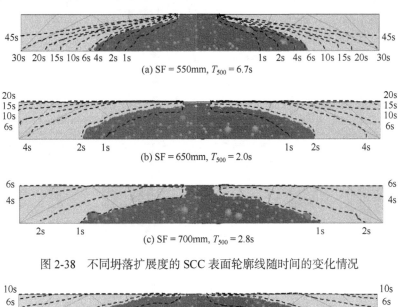

(a) SF = 550mm, T_{500} = 6.7s

(b) SF = 650mm, T_{500} = 2.0s

(c) SF = 700mm, T_{500} = 2.8s

图 2-38   不同坍落扩展度的 SCC 表面轮廓线随时间的变化情况

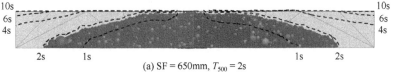

(a) SF = 650mm, T_{500} = 2s

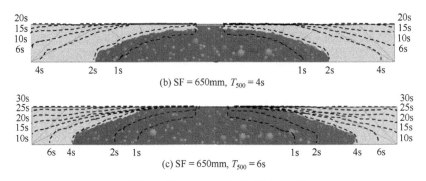

(b) SF = 650mm, T_{500} = 4s

(c) SF = 650mm, T_{500} = 6s

图 2-39　不同 T_{500} 的 SCC 表面轮廓线随时间的变化情况

图 2-40 为在灌注孔四周放置测量球监测得到的颗粒速度变化规律。由图可知，x 轴方向的速度要明显地大于 y 轴方向的速度，这主要是因为当 SCC 拌和物充填至较窄边的模板后，受到约束作用而导致速度迅速下降。同时，可以观察到 SF = 700mm 的 SCC 充填时间最短，在图中表现为速度变为 0 的过程最短。

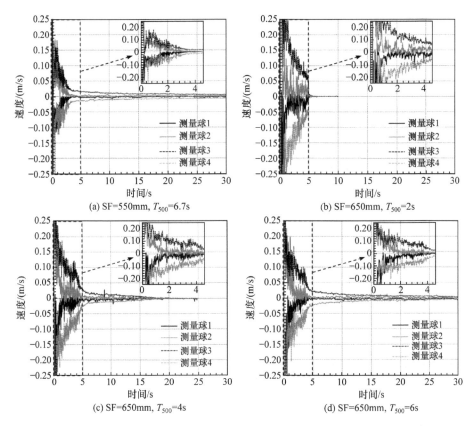

(a) SF=550mm, T_{500}=6.7s　　　　　　　(b) SF=650mm, T_{500}=2s

(c) SF=650mm, T_{500}=4s　　　　　　　(d) SF=650mm, T_{500}=6s

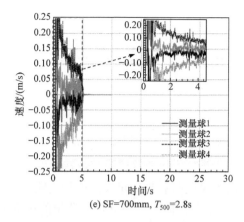

(e) SF=700mm, T_{500}=2.8s

图 2-40　灌注孔四周放置测量球监测得到的颗粒速度变化规律

同时为了进一步对 SCC 拌和物在充填盒中的运动情况做进一步的分析，通过对模型中的所有颗粒的速度进行监测，得到其在不同时间阶段的位移矢量图。图 2-41 为坍落扩展度为 650mm、T_{500} 为 6s 的 SCC 充填过程位移矢量图。可以观察到，当 SCC 充填到较窄边的模板时，模板的摩擦使得速度减小，在侧边模板周围形成一个"八"字形的速度较弱区。当 SCC 填充的高度达到上顶板时，速度进一步减小，灌注孔周围的 SCC 颗粒运动变得杂乱而没有统一的运动规律。

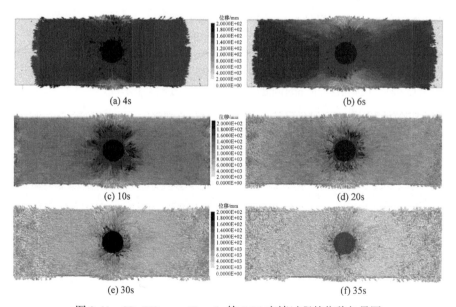

(a) 4s

(b) 6s

(c) 10s

(d) 20s

(e) 30s

(f) 35s

图 2-41　SF=650mm、T_{500}=6s 的 SCC 充填过程的位移矢量图

2.5　本 章 小 结

本章结合轨道充填层的施工工艺特点,运用室内外试验手段和数值分析方法,对 SCC 充填层灌注施工过程进行了模拟,分析了 SCC 拌和物性能对充填层表面质量的影响,总结如下:

(1) 基于充填层结构特点和施工工艺,室内制作了缩尺充填盒装置,分别采用 SCC 及其等效砂浆进行了灌注充填试验,较好地再现了 SCC 在充填层封闭模腔中的运动过程。室内缩尺试验和现场足尺试验均表明充填层表面(充填层与轨道板底部之间的黏结面)气泡等缺陷是影响充填层质量的重要因素。

(2) SCC 拌和物性能对充填层表面气泡等缺陷具有非常大的影响,矿物掺合料类型、外加剂以及水灰(胶)比等均对 SCC 充填层表面气泡等缺陷有明显影响;当选用合适水胶比、外加剂,并掺用适当矿物掺合料后,可得到质量良好的 SCC 充填层。

(3) 采用三维离散元模型对 SCC 拌和物在充填层封闭模腔的灌注充填运动进行了数值模拟,数值方法可较好地分析 SCC 拌和物的坍落扩展度、流动速率(T_{500})对拌和物在模腔中充填运动过程的影响。结合试验和数值方法,可以更好地掌握自密实混凝土充填层灌注施工过程及其质量的变化规律和影响因素。

参 考 文 献

[1] 龙广成, 谢友均. 自密实混凝土[M]. 北京: 科学出版社, 2013.

[2] 樊齐旻, 谭盐宾. CRTS Ⅲ型板式无砟轨道自密实混凝土施工工艺优化及应用[J]. 施工技术, 2016, 45(17): 106-108.

[3] Yuan Q, Long G C, Liu Z Q, et al. Sealed-space-filling SCC: A special SCC applied in high-speed rail of China[J]. Construction and Building Materials, 2016, 124: 167-176.

[4] 李昌宁, 戴宇, 高健. CRTS Ⅲ型板式无砟轨道自密实混凝土揭板试验及质量控制研究[J]. 高速铁路技术, 2015, 6(5): 30-33.

[5] Roussel N, Geiker M R, Dufour F, et al. Computational modeling of concrete flow: General overview[J]. Cement and Concrete Research, 2007, 37(9): 1298-1307.

[6] 李永杰, 崔澂, 戚蓝, 等. 基于离散元法的自密实混凝土工作性能数值模拟[J]. 武汉大学学报(工学版), 2019, 52(1): 33-39.

[7] Gilabert F A, Roux J N, Castellanos A. Computer simulation of model cohesive powders: Influence of assembling procedure and contact laws on low consolidation states[J]. Physical Review E, 2007, 75: 011303.

[8] Gilabert F A, Roux J N, Castellanos A. Computer simulation of model cohesive powders: Plastic consolidation, structural changes and elasticity under isotropic loads[J]. Physical Review E, 2008, 78: 031305.

[9] Zhou X, Xie Y J, Long G C, et al. Simulating passing ability of self-compacting concrete in the J-ring test using cohesive particle liquid bridge model[J]. Powder Technology, 2023, 416: 118218.

第3章 充填层自密实混凝土拌和物的悬浮稳定性

3.1 引　言

前已述及，板式轨道充填层的特殊性，对新拌 SCC 的工作性提出了非常严格的要求，不仅要求新拌 SCC 具有优异的流动性，以确保 SCC 能顺利灌注满充填层封闭空间，形成完整的充填层部件，还要求新拌 SCC 具有良好间隙通过性和抗离析性能，使得硬化后的充填层具有优良的匀质性[1]。第 2 章的实践亦表明，新拌 SCC 工作性能对充填层的表面质量和匀质性有重要影响，尤其是在灌注入模后至凝结前的短暂静置阶段 SCC 拌和物应具有良好的稳定性，即拌和物中的砂石固体颗粒、浆体、水分乃至气泡应保持悬浮稳定，本章将拌和物的这一性质称为悬浮稳定性。

为保障 SCC 充填层的灌注施工质量，有关部门制定了相应的技术规程，对充填层 SCC 拌和物性能进行了规定，主要技术性能指标见表 3-1[2]。可以看出，该表对 SCC 拌和物性能提出了 6 个技术指标要求，除采用传统相关技术规程中对 SCC 拌和物流动性、间隙通过性和抗离析性相同的技术指标外，还给出了泌水率、含气量指标。总体上，表 3-1 所提出的充填层 SCC 拌和物工作性指标是比较全面的。然而，除泌水率指标外，表 3-1 中并没有能直接反映 SCC 拌和物悬浮稳定性的其他技术指标。

针对充填层的特殊性，以下进一步探讨 SCC 拌和物的悬浮稳定性，从而确保 SCC 灌注入模后至凝结前的短暂静置阶段具有良好的稳定性，以便硬化后的充填层表面浆体层厚度小、气泡等缺陷少，充填层在竖向方向上各相分布均一，整体匀质性良好，从而达到设计目标并满足服役要求。

表 3-1　板式轨道充填层用 SCC 拌和物的工作性要求

项目	技术要求
坍落扩展度/mm	≤680mm
坍落扩展时间 T_{500}/s	3~7
J 环障碍高差/mm	<18
L 型仪充填比	≥0.80
泌水率/%	0
含气量(体积分数)/%	3.0~6.0

3.2 拌和物悬浮稳定性的内涵与表征

3.2.1 内涵

混凝土拌和物是一个由固、液、气等性质各异的多相构成的非匀质混合体系，固相包括石子、砂子、胶凝材料粉体等，液相主要是拌和水及液体减水剂等，气相主要是拌和混入的气泡或引气组分引入的气泡等。由于各相受力的不平衡性，这些相在混凝土拌和物凝结前的时间内都存在较大的相对运动趋势，如图 3-1 所示。混凝土拌和物中各相的相对运动趋势无法避免，但可以尽量降低各相相对运动趋势，从而达到各组成相相对稳定(称为非匀质多相混合体系的悬浮稳定性)，确保拌和物体系的匀质性。进一步对图 3-1 中各相进行受力分析可知，混凝土中各相将受到三个作用力，即自重力 G_F、浮力 B_F 以及黏滞力 F_D，结合相关理论知识，可采用式(3-1)～式(3-3)对各相的受力以及运动速度进行计算分析。由于存在密度差，气泡和水做垂直向上的上浮运动，而固体颗粒做向下的沉降运动，且运动速度将持续增大直至达到平衡状态。

$$F_D = 6\pi\eta r v_e \tag{3-1}$$

$$F_D = |B_F - G_F| = \frac{4}{3}\pi r^3 g |\Delta_\rho| \tag{3-2}$$

$$v_e = \frac{2gr^2|\Delta_\rho|}{9\eta} \tag{3-3}$$

式中，v_e 为平衡状态时颗粒的沉降速度；r 为颗粒或气泡的半径；η 为浆体塑性黏度；Δ_ρ 为密度差；g 为重力加速度。

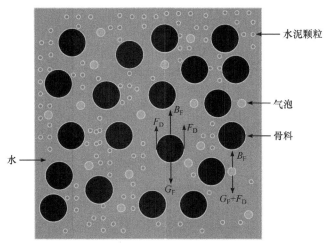

图 3-1 新拌 SCC 各组成相及其受力状态示意图

当 SCC 拌和物各相保持悬浮稳定状态时，颗粒的沉降速度要无限接近零，由式(3-3)可知，SCC 拌和物中骨料颗粒的沉降和气泡的上浮速度与各自半径成正比，而与浆体塑性黏度成反比。由此可见，若使得新拌 SCC 保持稳定状态，浆体就需要具有较高的塑性黏度，从而保证新拌 SCC 中各相的稳定性。拌和物的稳定性与流动性是相互矛盾的统一体，提高拌和物的黏度可以有效提高新拌 SCC 的稳定性，但同时也将导致新拌 SCC 流动性降低。

通过上述分析可知，在 SCC 拌和物灌注入模完成至凝结前的静置过程，SCC 拌和物中各相将发生重新分布，尤其是上部邻近表面区域，各相分布明显，如图 3-2 所示，呈现水膜层、浆体层、砂浆层等多层分布，当 SCC 上部还有其他部件（如轨道板）时，两者之间会形成薄弱的界面区，下部才是 SCC 本体（称为本体区）。显然，当 SCC 拌和物悬浮稳定性良好，则该界面区范围很小，甚至不存在，这是理想情况。实际上，SCC 表面总是会存在一定厚度的浆体层或砂浆层，如何提升 SCC 拌和物的悬浮稳定性，尽量减少薄弱的界面区是研究者努力的目标。这需要运用混凝土材料学、流变学等科学原理，深入剖析混凝土拌和物的流变特征，形成具有高悬浮稳定性 SCC 拌和物的制备技术。

实践表明，当 SCC 拌和物悬浮稳定性较差、工作性不良时，不但会导致 SCC 充填层在垂向形成梯度结构，匀质性不好，而且在充填层表面会产生浮浆层、泡孔酥松层等缺陷，如图 3-3 所示，最终导致充填层与轨道板之间的界面黏结减弱，

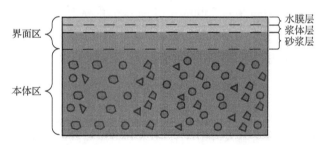

图 3-2　SCC 拌和物静置一定时间后垂向各相分布示意图

(a) 浮浆层　　　　　　　　　　(b) 泡孔酥松层

图 3-3　SCC 拌和物悬浮稳定性不良导致充填层表面缺陷的照片

从而影响服役性能。因此，必须提升 SCC 拌和物的悬浮稳定性，以保障 SCC 充填层乃至整个板式轨道结构的质量。

3.2.2　表征

如何有效测试表征拌和物的悬浮稳定性是科学研究多相体系悬浮稳定性的重要课题。有很多学者对此进行了研究，并获得了大量有益成果。例如，提出了包括泌水率、筛析率、J 环障碍高差等评价拌和物稳定性的参数。这些方法各具特色，但对于充填层这类结构所用 SCC，仍有必要探索更具针对性的测试表征方法。为此，从浆体、砂浆以及混凝土三个层次，分别采用泌水率(表面泡孔率)、浆体层厚度及表面砂浆层厚度指标对充填层 SCC 拌和物的悬浮稳定性进行深入研究。

为有针对性地对 SCC 拌和物悬浮稳定性进行测试表征，作者课题组自行设计开发了混凝土拌和物的悬浮稳定性测试试验装置，该装置由表面浆体厚度测定仪、三脚支架、不锈钢圆柱筒三部分组成，装置示意图如图 3-4 所示。表面浆体厚度测定仪安装在三脚支架的中心位置，不锈钢圆柱筒置于三脚支架底部中央。表面浆体厚度测定仪由带刻度的中心杆和四个测试叶片组成，四个叶片焊接于中心杆下端，互相呈 90°布置，杆底部与叶片底部平齐，叶片和中心杆均由不锈钢组成。中心杆为直径ϕ5mm、长度 180mm 的不锈钢圆柱杆，圆柱杆上部带有刻度，最小刻度为 1mm；测试叶片尺寸为 75mm×10mm×1mm(长×高×厚)。三脚支架的三个脚呈 120°布置，且支架高度为 250mm，上部水平距离为 100mm，支架中央设置长度为 20mm 及孔径为 6mm 的空心导管。不锈钢圆柱筒的几何尺寸为：筒内径ϕ200mm、高度 110mm、壁厚 2mm。

测试步骤如下：

(1) 按照相应原材料与配合比，拌制好被测拌和物。

(2) 安放好不锈钢圆柱筒，然后将拌制好的待测混凝土拌和物连续均匀地装入不锈钢圆柱筒中。当倒入混凝土拌和物上表面离圆柱筒上边缘约 10mm 时停止。

(3) 如图 3-4 所示，安装三脚支架于不锈钢柱筒上方，并将表面浆体厚度测定仪安装于三脚支架中央。调整表面浆体厚度测定仪，使其中心杆底部和叶片底部刚好接触拌和物上表面，同时读取并记录中心杆与导管上端相交处刻度读数 L_1。

(4) 在拌和物装入不锈钢圆柱筒静置 15min 后，开启导管阀门使表面浆体厚度测定仪中心杆沿导管自由下落至拌和物中，30s 后读取中心杆与导管上边缘相交处刻度读数 L_2。

(5) 计算 SCC 拌和物稳定性指数 $L = L_2 - L_1$。当稳定性指数不大于 7mm 时，表明该 SCC 拌和物的悬浮稳定性良好。

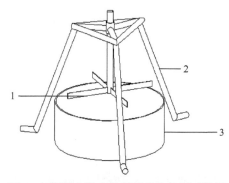

图 3-4　混凝土拌和物悬浮稳定性测试装置
1. 表面浆体厚度测定仪；2. 三脚支架；3. 不锈钢圆柱筒

将 SCC 视为由净浆、细骨料和粗骨料三相构成，净浆包裹在细骨料表面形成砂浆，砂浆均匀包裹在粗骨料表面构成 SCC，其组成如图 3-5 所示。当 SCC 稳定性良好时，浆体包裹粗、细骨料形成分布均匀并稳定存在的均一体系；但当 SCC 体系稳定性较差时，细骨料和粗骨料下沉，导致 SCC 表面浆体层和砂浆层厚度急剧增加，同时浆体中密度较小的组分(拌和水和气泡)迅速上浮，导致拌和物的匀质性差。基于上述考虑，以下从浆体、砂浆及混凝土三个层次探讨充填层 SCC 拌和物悬浮稳定性的调控方法。

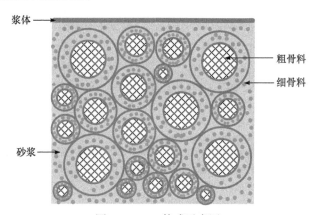

图 3-5　SCC 构成示意图

3.3　浆体的悬浮稳定性调控

浆体是混凝土拌和物具有良好工作性的主要贡献者，具有良好流变性和悬浮稳定性的浆体对充填层 SCC 拌和物的工作性起到决定性作用。

新拌浆体本身是由液、固、气多相组成的复杂体系，如图 3-6 所示，固相主要由水泥、矿物掺合料等胶凝材料粉体组成，液相则包括水和外加剂等。在新拌阶段，浆体包裹骨料表面，赋予混凝土拌和物流动性，对于一定的骨料体系，浆体的黏度、体积分数是决定拌和物工作性的关键因素，同时浆体黏度对于浆体本身的悬浮稳定性具有重要影响。

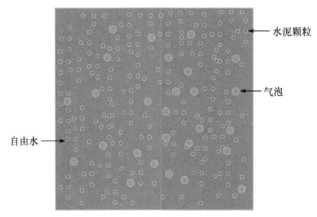

水泥颗粒

气泡

自由水

图 3-6　新拌浆体各相组成

　　黏度是浆体的基本性质，从组成角度而言，影响浆体黏度的主要因素包括水胶比、粉体组成及外加剂等。水胶比增大，浆体黏度降低，粉体颗粒之间的摩擦力减小，浆体的流动性增大；反之，浆体黏度增加，浆体的流动性降低，当水胶比过大、浆体黏度过小时，浆体出现离析、泌水及气泡上浮等现象，因此新拌浆体黏度需要控制在合理的范围内，以保证浆体具有良好的流动性及优异的悬浮稳定性。为了较好地表征浆体的流动性及悬浮稳定性，以下采用泌水率(B)及表面气泡率(θ)两个指标来评价新拌浆体的悬浮稳定性，表面气泡率即为浆体充填后硬化浆体表面一定孔径气泡所占的比例。

3.3.1 新拌浆体的流变特性

　　为探讨新拌浆体流变特性的影响，试验设计 4 个系列净浆试样，各系列试样配合比见表 3-2。表中 C、W、SP 分别表示水泥、水和减水剂。系列 1，分别为纯水泥、粉煤灰(FA)、矿渣(GGBS)单掺，以及 15%FA 和 20%GGBS 复掺取代 35%水泥，同时每组掺入 0.03%增稠剂(MC)；系列 2，以复掺 15%FA 和 20%GGBS 取代水泥为基础，分别采用 2%、3%、4%、5%硅灰(SF)取代水泥；系列 3，以复掺 15%FA 和 20%GGBS 取代水泥为基础，再分别以 5%、10%、15%、20%的石灰石粉(LP)取代水泥；系列 4，以 15%FA 和 20%GGBS 取代水泥为基础，再分别以 2%、3%、4%、5%、6%、7%黏度改性剂(viscosity modifying admixture，VMA)取代水泥，其中减水剂掺量为 1.2%，水胶比均为 0.34。浆体制备后，对上述不同浆体进行流变测试，其剪切速率与剪应力的关系如图 3-7 所示，选用修正宾厄姆模型对剪应力与剪切速率曲线下行段进行拟合，表达式为 $\tau = \tau_0 + \eta\gamma + c\gamma^2$，从而得到新拌浆体流变参数屈服应力和塑性黏度。

表 3-2　新拌净浆试样配合比(质量分数)　　　(单位：%)

编号	C	FA	GGBS	MC	SF	LP	VMA	W	SP
P-1	100	0	0	0.03	0	0	0	34	1.2
P-2	65	35	0	0.03	0	0	0	34	1.2
P-3	65	0	35	0.03	0	0	0	34	1.2
P-4	65	15	20	0.03	0	0	0	34	1.2
P-5	63	15	20	0	2	0	0	34	1.2
P-6	62	15	20	0	3	0	0	34	1.2
P-7	61	15	20	0	4	0	0	34	1.2
P-8	60	15	20	0	5	0	0	34	1.2
P-9	60	15	20	0	0	5	0	34	1.2
P-10	55	15	20	0	0	10	0	34	1.2
P-11	50	15	20	0	0	15	0	34	1.2
P-12	45	15	20	0	0	20	0	34	1.2
P-13	63	15	20	0	0	0	2	34	1.2
P-14	62	15	20	0	0	0	3	34	1.2
P-15	61	15	20	0	0	0	4	34	1.2
P-16	60	15	20	0	0	0	5	34	1.2
P-17	59	15	20	0	0	0	6	34	1.2
P-18	58	15	20	0	0	0	7	34	1.2

对图 3-7(a)进行拟合分析，得到粉煤灰及矿渣对浆体屈服应力及塑性黏度的影响规律如图 3-8 所示。由图可知，相比于纯水泥浆体，采用粉煤灰等质量取代

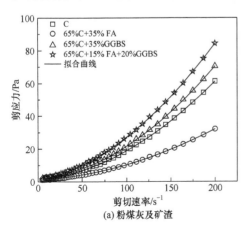

(a) 粉煤灰及矿渣

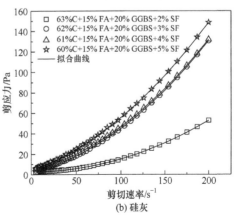

(b) 硅灰

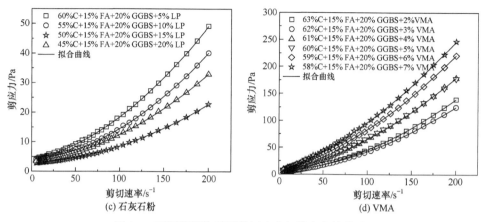

(c) 石灰石粉

(d) VMA

图 3-7　不同胶凝体系下剪切速率与剪应力的关系

35%水泥的复合浆体,其屈服应力下降 4.6%、塑性黏度下降 41.1%;将矿渣以质量分数为 35%取代水泥时,其屈服应力增大 34.1%、塑性黏度增加 8.9%;当以粉煤灰 15%、矿渣 20%等质量取代水泥时,其屈服应力减小 26.8%、塑性黏度增加 100%,由此可以看到,以 15%粉煤灰和 20%矿渣取代水泥形成的复合浆体具有较小的屈服应力和较大的塑性黏度,这样有利于增强浆体的流动性和悬浮稳定性。

以 15%粉煤灰和 20%矿渣取代水泥为基础,复掺不同掺量硅灰后浆体流变参数测试结果如图 3-9(a)所示。可以看到,随着硅灰掺量增加,浆体屈服应力及塑性黏度分别呈现不断增加的趋势。以硅灰掺量 2%为基准,硅灰掺量为 3%、4%及 5%的浆体屈服应力和塑性黏度分别增加 17.3%、54.7%、66.8%以及 78.3%、88.5%和 141.2%,主要原因为硅灰粒径小、比表面积巨大,体系固体颗粒表面水膜层厚度小,使得浆体体系中颗粒之间距离减小,从而引起新拌浆体的屈服应力和塑性黏度不断增加。图 3-9(b)所示为以 15%粉煤灰和 20%矿渣取代水泥为基础,复掺不同掺量石灰石粉对浆体流变性能的影响,表明石灰石粉掺量从 5%增加到

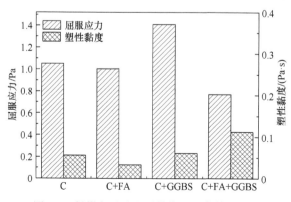

图 3-8　粉煤灰及矿渣对浆体流变参数的影响

15%时，浆体屈服应力和塑性黏度分别降低 26.6% 及 27.4%，而掺量达到 20% 时，浆体屈服应力、塑性黏度有所升高。分析其原因为，当掺量为 5%～15% 时，石灰石粉颗粒作为具有一定细度的粉体颗粒，可发挥较好的物理充填作用，能够充填在体系的空隙中，能够释放出部分自由水，从而使得浆体屈服应力和塑性黏度降低；但当其掺量较大时，石灰石粉的负面作用大于其正面作用效应，从而导致其屈服应力及塑性黏度升高。由图 3-9(c) 可知，随着 VMA 掺量增加，浆体屈服应力、塑性黏度均呈现升高趋势，相比于 VMA 掺量为 2% 时，VMA 掺量为 7% 的浆体其屈服应力及塑性黏度分别升高 58.3% 及 35.8%。

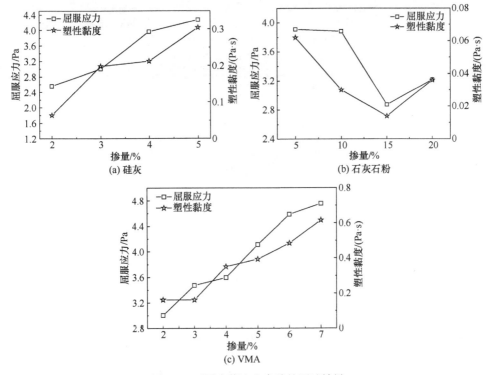

图 3-9　不同净浆流变参数的测试结果

图 3-10 进一步探讨不同掺量的硅灰、石灰石粉及 VMA 在剪切速率 0～200s^{-1} 范围内时，浆体表观黏度的变化。由图 3-10(a) 可知，在同一剪切速率下，随着硅灰掺量的增加，浆体表观黏度不断升高。剪切速率在 0～200s^{-1} 范围内，随着掺量增加，浆体表观黏度整体提高。由图 3-10(b) 可知，石灰石粉掺量从 5% 到 15% 时，浆体表观黏度逐渐下降，但掺量为 20% 时，浆体表观黏度有所提高。由图 3-10(c) 可见，随着 VMA 掺量的增加，浆体表观黏度呈升高趋势，与浆体中掺入硅灰后浆体表观黏度变化规律一致。

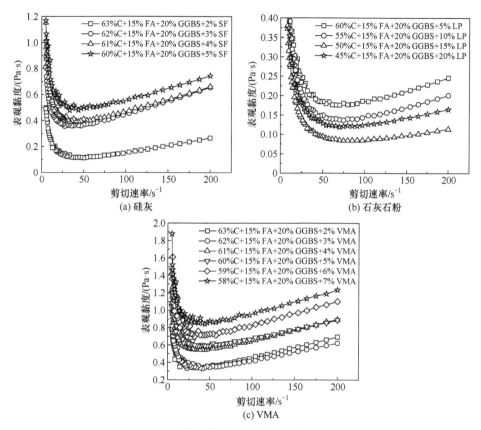

图 3-10　不同浆体表观黏度随剪切速率的变化关系

　　为保持与前文采用的模型一致，进一步采用修正宾厄姆模型 $\tau = \tau_0 + \eta\gamma + c\gamma^2$ 来对浆体剪切增稠性能进行讨论，结合 Maybury 等[3]与黄法礼[4]采用的宾厄姆模型中拟合参数 c 与 η 的比值(表征浆体的剪切增稠效应，比值较大，表明剪切增稠作用明显)对不同胶凝体系的剪切增稠作用进行分析，其结果如图 3-11 所示。由

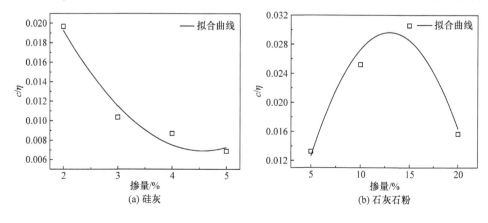

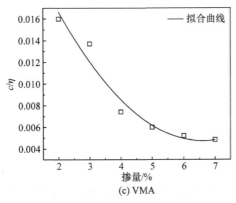

图 3-11　不同组分对浆体剪切增稠性能的影响

图可知，硅灰、VMA 和石灰石粉对浆体呈现出不同的剪切增稠作用。随着硅灰及 VMA 掺量的增加，浆体增稠作用不断减弱；石灰石粉掺量从 5%增加到20%时，浆体剪切增稠作用呈现先增强后减弱的趋势，转折点为石灰石粉掺量为 13%时。

　　由上述可得，当石灰石粉掺量在 5%～15%时，浆体剪切增稠系数值均较高，表明这种浆体受到剪切作用时剪切增稠效果明显，采用这种性能浆体制备的 SCC 受到剪切作用时，将引起浆体黏度不断增加，从而导致混凝土流动性下降。当硅灰掺量为 2%～5%和 VMA 掺量为 2%～7%时，随着掺量增加浆体均表现为剪切增稠作用减弱。由此表明，掺入 VMA 的浆体在较大剪应力的作用下不会出现较为明显的剪切增稠现象，因此采用这种浆体制备的 SCC 在受到剪切作用时不仅能够保证自身的悬浮稳定性，而且还能够避免因剪切增稠作用引起的流动度大幅降低，体系流变性能较佳。

3.3.2　浆体悬浮稳定性与流变性参数间的关系

　　如上所述，采用泌水率、表面气泡率等参数表征新拌浆体悬浮稳定性。基于上述浆体体系，测试得到浆体泌水率与塑性黏度之间的关系如图 3-12 所示。可以看到，浆体泌水率与塑性黏度存在显著的相关性，随着塑性黏度增加，浆体泌水率呈现下降趋势，且当塑性黏度大于 0.3Pa·s 时，浆体泌水率基本为零。

　　通过灌注充填模拟试验，进一步采用表面气泡率对浆体悬浮稳定性进行试验研究，其表面状态如图 3-13 所示，并采用 Image-Pro Plus 软件对试件表面气泡进行分析。不同浆体的表面气泡率分析结果如图 3-14 所示。

　　从图 3-14 中的结果可知，随着塑性黏度的增加，试样表面气泡率呈现下降趋

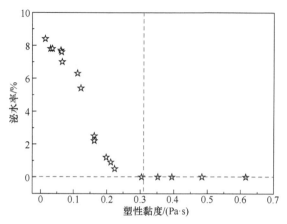

图 3-12　浆体泌水率与塑性黏度之间的关系

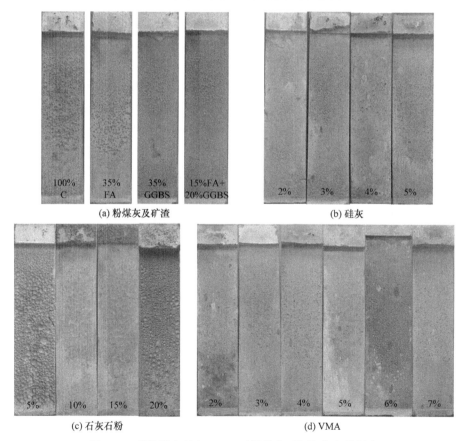

图 3-13　矿物掺合料和 VMA 对浆体表面气泡状态的影响

势，且存在显著的指数关系，决定系数较高，且当塑性黏度大于 0.394Pa·s 时，表面气泡率小于 5%。同时对气泡直径大于 5mm 的气泡数量进行统计，其结果如图 3-15 所示。随着塑性黏度提高，试样表面直径大于 5mm 的气泡显著减少，当塑性黏度大于 0.225Pa·s 时，表面大气泡数量几乎为零。因此，当浆体塑性黏度大于 0.394Pa·s 时，试样表面气泡率及大气泡数量可以得到有效抑制。

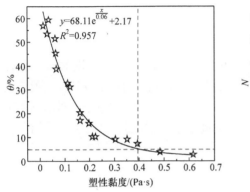

图 3-14　塑性黏度与浆体表面气泡率的关系　　图 3-15　塑性黏度与浆体表面大气泡
　　　　　　　　　　　　　　　　　　　　　　　　(直径大于 5mm)个数的关系

综合浆体泌水率和气泡数量试验结果可知，当浆体黏度大于 0.394Pa·s 时，浆体具有良好的抗泌水性能和气泡稳定性能。进一步分析水胶比(W/B)、VMA 掺量对浆体黏度的影响，可以得到满足上述塑性黏度范围的浆体水胶比、VMA 掺量范围(图 3-16 所示黑色投影部分)，从而可为制备具有合适流变特性的充填层 SCC 奠定技术基础。

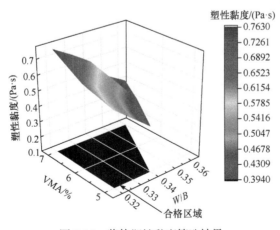

图 3-16　浆体塑性黏度筛选结果

3.4　新拌砂浆的悬浮稳定性调控

3.4.1　砂表面的浆体层厚度

新拌砂浆由砂和新拌浆体组成。砂浆的流变性与浆体流变性、砂子性质和含量密切相关,当浆体流变性确定时,砂浆的流变性就取决于砂子性质及其含量(或浆体含量)。

以坍落扩展试验为例,分析 SCC 中各相的动态稳定性,从而阐述砂表面浆体层厚度的影响。在坍落扩展试验过程中,SCC 不发生离析,则石子及其表面覆盖的砂浆层一起均匀流动,石子之间无相对运动;反之,当 SCC 中石子相对运动距离达到石子间距时发生堆积,导致发生离析,因此砂浆的塑性黏度如式(3-4)所示[5]:

$$\int_0^{T_f} v_e \mathrm{d}t = \int_0^{T_f}\left(\frac{2\Delta_\rho g r^2}{9\eta_{\text{mortar}}}\right)\mathrm{d}t \leqslant \lambda_{\text{ca}} \Rightarrow \eta_{\text{mortar}} \geqslant \frac{2T_f \Delta_\rho g r^2}{9\lambda_{\text{ca}}} \tag{3-4}$$

式中,T_f 为坍落扩展度时间,取值为 18s;v_e 为平衡状态时,颗粒的沉降速度;λ_{ca} 为相邻两粗骨料颗粒之间的间距;η_{mortar} 为砂浆塑性黏度。其中,η_{mortar} 可通过式(3-5)来计算:

$$\eta_{\text{mortar}} = \eta_{\text{paste}}\left(1 - \frac{V_s}{\phi_{\max}}\right)^{-[\eta]\phi_{\max}} \tag{3-5}$$

式中,η_{paste} 为砂浆中浆体的塑性黏度;$[\eta]$ 为特征黏度,对于非圆形颗粒系统取值约为 4.5;V_s 为砂子体积分数;$\phi_{\max}$ 为砂子最大堆积体积分数,其可通过式(3-6)进行计算:

$$\phi_{\max} = \frac{\rho_{\text{bulk}}}{\rho} \tag{3-6}$$

式中,ρ 为砂子的表观密度;ρ_{bulk} 为砂子的堆积密度,采用 Kwan 等[6]以及 Wong 等[7]的三参数堆积模型对砂子堆积密度 ρ_{bulk} 进行计算:

$$\rho_{\text{bulk}} = \cfrac{1}{\displaystyle\sum_{k=1}^n \frac{y_k}{\phi_k} - \sum_{j=1}^{i-1}(1-b_{ij})(1-\phi_j)\frac{y_i}{\phi_j}[1-c_{ij}(2.6^{\sum_{j=1}^{i-1}y_i}-1)] - \sum_{j=i+1}^n(1-a_{ij})\frac{y_j}{\phi_j}[1-c_{ij}(3.8^{y_j}-1)]}$$

$$\tag{3-7}$$

式中,y_i 为第 i 粒级颗粒占细骨料的体积分数;ϕ_j 为第 j 粒级颗粒的堆积密度;a_{ij} 为松散效应参数;b_{ij} 为器壁效应参数;c_{ij} 为楔入效应参数,采用式(3-8)~式(3-10)

进行计算。d 为特征孔径，采用式(3-11)计算，其中，$d_{上}$ 为上层筛孔孔径(mm)；$d_{下}$ 为下层筛孔孔径(mm)。

$$a = 1 - (1-d)^{7.1} - 1.9(1-d)^{3.1} \tag{3-8}$$

$$b = 1 - (1-d)^{2.2} - 0.7(1-d)^{9.3} - 0.2(1-d)^{10.6} \tag{3-9}$$

$$c = 0.335\tan(26.9d) \tag{3-10}$$

$$d = \sqrt{d_{上}d_{下}} \tag{3-11}$$

联立式(3-4)和式(3-5)，可得到式(3-12)，当 η_{paste} 确定时，可通过式(3-12)计算得到保证 SCC 在运动过程中不发生离析时，单位体积砂浆中所需砂子的最小体积。

$$V_s \geqslant \phi_{max}\left[1 - \left(\frac{9\lambda_{ca}\eta_{paste}}{2T_f \Delta_\rho gr^2}\right)^{\frac{1}{[\eta]\phi_{max}}}\right] \tag{3-12}$$

通过式(3-12)可以计算出砂子的最小体积，为考虑不同级配的砂子对砂浆悬浮稳定性的影响，引入浆体层厚度参数(σ_{paste})对不同级配的砂子进行统一量化，目的是得到在不同黏度浆体的条件下，SCC 不发生离析的浆体层厚度限值。在砂浆体系中，浆体首先填充砂子中的空隙，随后剩余浆体包裹在砂子颗粒表面，形成具有一定厚度的浆体层，其示意图如图 3-17 所示。浆体层厚度可通过式(3-13)计算得到。

$$\sigma_{paste} = \frac{V_p - V_s\left(1 - \phi_{max}\right)}{S} \tag{3-13}$$

式中，V_p 为单位体积砂浆中的浆体体积；S 为单位体积砂浆中的砂子总表面积。

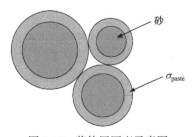

图 3-17　浆体层厚度示意图

假设砂子颗粒形状为圆形，通过得到砂子平均粒径 d_{av} 和等效砂颗粒数量 N，根据式(3-14)可计算得到砂子总表面积：

$$S = 4\pi\left(\frac{d_{av}}{2}\right)^2 \times N \tag{3-14}$$

式中，d_{av} 为砂子平均粒径，通过式(3-15)计算；N 为等效砂颗粒数量，通过式(3-16)

计算。

$$d_{av} = \frac{\sum\limits_{i}^{n} d_i m_i}{\sum\limits_{i}^{n} m_i} \tag{3-15}$$

$$N = \frac{V_s}{\frac{4}{3}\pi\left(\frac{d_{av}}{2}\right)^3} \tag{3-16}$$

其中，d_i 为第 i 粒级颗粒的平均直径(两个连续筛孔直径的平均尺寸)；m_i 为第 i 粒级颗粒的质量分数。

将式(3-13)代入式(3-12)得到式(3-17)，通过式(3-17)可得到不同黏度浆体的条件下，保证 SCC 在流动过程中不发生离析时 σ_{paste} 的最大值。

$$\sigma_{paste} \leqslant \frac{V_p - \phi_{max}(1-\phi_{max})\left[1-\left(\dfrac{9\lambda_{ca}\eta_{paste}}{2T_f\Delta_\rho g r^2}\right)^{\frac{1}{[\eta]\phi_{max}}}\right]}{S} \tag{3-17}$$

3.4.2　砂浆悬浮稳定性与浆体黏度、浆体层厚度的关系

以下通过试验探讨砂浆流动性、浆体层厚度、浆体黏度之间的关系，从而对具有较强流动能力的砂浆的悬浮稳定性进行调控。

从两个方面设计砂浆：一是制备具有不同塑性黏度的浆体；二是改变砂的细度模数(2.3、2.5、2.7、2.8 和 3.0)及砂浆中砂的体积分数(0.40、0.42、0.44、0.45、0.46、0.50)，从而改变砂浆体系中砂表面浆体层厚度 σ_{paste}，然后进行工作性测试，从而得到浆体层厚度和浆体黏度对新拌砂浆流动性的影响规律，结果如图 3-18 所示。从图中可知，当浆体黏度一定时，随着浆体层厚度的减小，砂浆坍落扩展度 (SF)不断减小，拟合得浆体层厚度、浆体黏度与 SF 的关系如式(3-18)所示。

$$SF = 511.7 - 386.7e^{\frac{\sigma_{paste}}{0.29}} \times e^{\frac{\eta_{paste}}{7.3}}, \quad R = 0.76 \tag{3-18}$$

在砂浆体系中，细骨料体积分数及细骨料颗粒级配直接决定浆体层厚度。采用浆体层厚度间接表示细骨料体积分数和级配性质对砂浆性能的影响，而浆体层厚度和浆体黏度决定砂浆性能。为确保砂浆具有良好的流动性及充填能力，新拌砂浆坍落扩展度一般要求大于 280mm；同时，还需要保证砂颗粒在砂浆中的稳定性，从而使得大流动性砂浆不发生离析。为此，综合考虑砂浆坍落扩展度和浆体

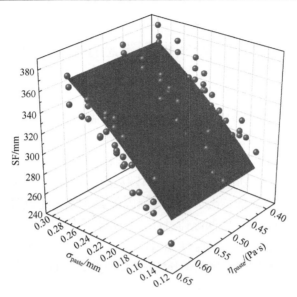

图 3-18　浆体层厚度及浆体黏度与砂浆坍落扩展度的关系

层厚度阈值来对砂浆性能和组成进行优化,结果如图 3-19 所示。由此可知,具有良好流动性和悬浮稳定性的砂浆,其砂表面的浆体层厚度 σ_{paste} 和浆体黏度 η_{paste} 的最优范围为图 3-19 中水平面投影部分,该结果可为充填层自密实混凝土中砂浆组成优化设计提供参考。

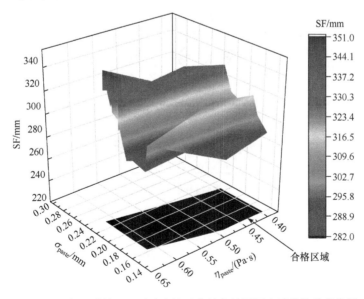

图 3-19　良好流动性和悬浮稳定性砂浆的浆体层厚度及浆体黏度范围

3.5　新拌自密实混凝土悬浮稳定性调控

3.5.1　新拌自密实混凝土构成特征

将新拌混凝土视为粗骨料颗粒与砂浆两相组成。对于性质一定的砂浆和粗骨料,单位体积混凝土中粗骨料和砂浆的相对体积决定了粗骨料的平均间距(λ_{ca}),λ_{ca}越大,粗骨料体积含量越小,砂浆含量越多,新拌混凝土流动性能及间隙通过性能越强。如图 3-20 所示,假设粗骨料颗粒均匀分布在砂浆中,表面砂浆层厚度应为$\lambda_{ca}/2$。若λ_{ca}过大,会造成上表面砂浆层厚度增加及骨料沉降;若λ_{ca}过小,将导致 SCC 流动性能及间隙通过性能大幅度下降,因此选择合适的λ_{ca}值对充填层新拌 SCC 工作性起着决定性作用。

根据 Fullman 平均自由程概念和体视学理论[8],由颗粒分散相和连续相组成的二元复合体系中颗粒间的平均自由程(间距)可由式(3-19)计算得到:

$$\lambda = \frac{4(1-V_{\mathrm{p}})}{S_{\mathrm{p}}} \tag{3-19}$$

式中,V_{p}为单位体积二元体系中颗粒的体积分数;S_{p}为单位体积二元体系中颗粒的体积表面积($\mathrm{m^{-1}}$);λ为粗骨料之间的平均自由程。

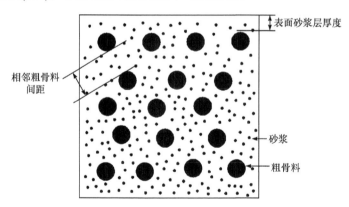

图 3-20　新拌混凝土粗骨料间距及表面砂浆层厚度示意图

对于由砂浆和粗骨料组成的混凝土体系,假定其中粗骨料的最大粒径和最小粒径分别为$D_{\max}$和$D_{\min}$,且其颗粒组成分布符合式(3-20)所示的 Fuller 分布函数:

$$P_{\mathrm{V}}(x) = (\sqrt{x}-\sqrt{D_{\min}})/(\sqrt{D_{\max}}-\sqrt{D_{\min}}) \tag{3-20}$$

式中,$P_{\mathrm{V}}(x)$为粗骨料颗粒的累计体积(或质量)分数;x为对应粒级的粗骨料直径。

进一步假定该粗骨料颗粒的总体积为V_{ca},则该体系中骨料颗粒的总表面积S_{ca}可表示为

$$S_{ca} = \frac{6V_{ca}}{\sqrt{D_{max}D_{min}}} \tag{3-21}$$

联立式(3-19)和式(3-21)，可得到由砂浆和粗骨料组成的混凝土二元体系中相邻粗骨料颗粒表面之间的平均间距表达式：

$$\lambda_{ca} = \frac{2(1-V_{ca})}{3V_{ca}}\sqrt{D_{max}D_{min}} \tag{3-22}$$

为了进一步验证骨料间距模型的有效性，采用粒径范围为 5～16mm 的粗骨料，以 1m³ 中粗骨料的体积分别为 0.28m³ 及 0.32m³，制备 100mm×100mm×100mm 的立方体试件，将其切割成两等份，采用如图 3-21 所示的线条将试件进行分割，并计算每条直线穿过的骨料总个数，并用直线长度除以骨料的总数量，从而得到骨料之间的平均间距 λ_{ca}，然后与式(3-22)计算值进行对比，验证骨料间距模型的有效性。

由图 3-21(a)可知：①号线穿过骨料的数量为 8 个，②号线穿过骨料的个数为 7 个，③号线穿过骨料的数量为 8 个，④号线穿过骨料的数量为 8 个。由此可得，$\lambda_{ca} = (17.6+14.2+17.6+12.5)/4 = 15.5mm$，由式(3-22)计算可得，当 $V_{ca} = 0.28\ m^3$ 时，$\lambda_{ca} = 14.9mm$，误差为 4.0%。图 3-15(b)中，①、②、③及④号线穿过骨料的数量分别为 10 个、7 个、10 个及 9 个，由此可得 $\lambda_{ca} = (14.1+14.3+14.1+11.11)/4 = 13.4mm$，由式(3-22)计算可得，当 $V_{ca} = 0.32m^3$ 时，$\lambda_{ca} = 12.4mm$，误差为 8.1%。由此可见骨料间距模型具有有效性和可行性。

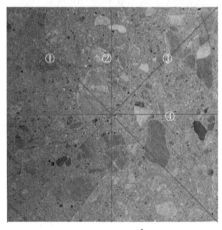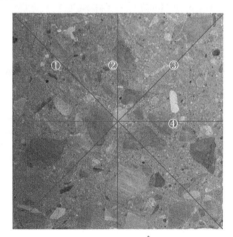

(a) $V_{ca} = 0.28m^3$　　　　　　　　　　(b) $V_{ca} = 0.32m^3$

图 3-21　骨料间距模型验证

采用式(3-22)对不同粗骨料体积的 λ_{ca} 进行计算，当粗骨料在 SCC 中均匀分布时，表面砂浆层厚度为 $\lambda_{ca}/2$，其计算结果如图 3-22 所示。由此可知，合适的粗骨料体积对于控制 SCC 表面砂浆层厚度是行之有效的手段之一。

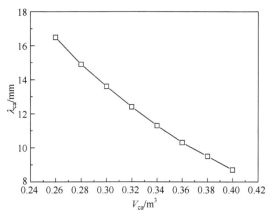

图 3-22　V_{ca} 与 λ_{ca} 的关系

3.5.2　不同组成新拌自密实混凝土的悬浮稳定性

如前所述，采用表面砂浆层厚度测试装置对不同组成新拌自密实混凝土的悬浮稳定性进行测试分析，并将所测砂浆层厚度定义为悬浮稳定性指数 L[9]。试验设计了考虑不同浆体体积(粗骨料体积或间距系数)、浆体稠度(外加剂掺量)等典型参数，制备不同性质的 SCC 拌和物，具体配合比见表 3-3，原材料如前，C、FA、GGBS、W、S、G 分别为水泥、粉煤灰、矿渣粉、水、砂、粗骨料，粗骨料采用 5～10mm、10～16mm 两种粒径；试样 SCC1～SCC5 粗骨料体积分别为 0.35m³、0.33m³、0.32m³、0.30m³ 及 0.28m³，试样 SCC6～SCC10，保持 1m³ 混凝土中粗骨料体积为 0.3m³，试样 SCC6～SCC8 中的减水剂(SP)掺量分别为 1.1%、1.2% 及 1.3%，SCC9 和 SCC10 中膨胀剂(U-type expansive agent for concrete，UEA)、黏度改性剂(VMA)以质量分数分别为 8%、6% 等质量取代水泥。

表 3-3　各试验自密实混凝土配合比及粗骨料间距

编号	C /(kg/m³)	FA /(kg/m³)	GGBS /(kg/m³)	UEA /(kg/m³)	VMA /(kg/m³)	W /(kg/m³)	SP /(kg/m³)	S /(kg/m³)	G(5～10mm) /(kg/m³)	G(10～16mm) /(kg/m³)	λ_{ca} /mm
SCC1	309	71	95	0	0	162	5.7	795	383	575	10.8
SCC2	328	76	101	0	0	172	6.1	795	362	542	11.8
SCC3	348	80	107	0	0	182	6.4	795	340	511	13.0
SCC4	367	85	113	0	0	192	6.8	795	319	479	14.2
SCC5	386	89	119	0	0	202	7.1	795	298	447	15.6
SCC6	338	78	104	0	0	178	5.7	835	324	486	13.9
SCC7	338	78	104	0	0	178	6.3	835	324	486	13.9
SCC8	338	78	104	0	0	178	7.3	835	324	486	13.9

续表

编号	C /(kg/m³)	FA /(kg/m³)	GGBS /(kg/m³)	UEA /(kg/m³)	VMA /(kg/m³)	W /(kg/m³)	SP /(kg/m³)	S /(kg/m³)	G(5~10mm) /(kg/m³)	G(10~16mm) /(kg/m³)	λ_{ca} /mm
SCC9	296	78	104	42	0	178	6.3	835	324	486	13.9
SCC10	266	78	104	42	30.4	178	6.3	835	324	486	13.9

SCC 中浆体体积与 L 的关系如图 3-23 所示,以配合比 SCC1 为基准,配合比 SCC2~SCC5 中浆体体积分别增加 6.3%、12.5%、18.8% 和 25%,引起 L 分别增加 1.04 倍、2.09 倍、3.22 倍和 4.45 倍。减水剂掺量对 L 的影响如图 3-24 所示,减水剂掺量从 1.10%~1.30%,以减水剂掺量为 1.10% 为基准,L 分别增大 0.49 倍及 1.26 倍。综合分析浆体体积及减水剂掺量对 L 的影响,可以得到 L 对 SCC 中浆体体积含量较为敏感。

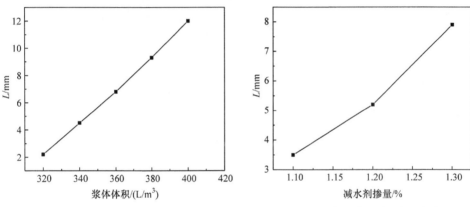

图 3-23　浆体体积对悬浮稳定性指数的影响　　图 3-24　减水剂掺量对悬浮稳定性指数的影响

L 与不同性质 SCC 的坍落扩展度、T_{500} 及 J 环障碍高差的关系分别如图 3-25~

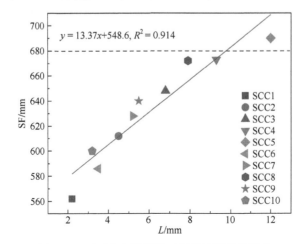

图 3-25　悬浮稳定性指数对坍落扩展度的影响

图 3-27 所示。由图可知，当 L 不断增大时，SCC 的坍落扩展度及 J 环障碍高差不断增大，T_{500} 不断减小，同时工作性指标与 L 呈现较好的线性关系，因此可以进一步验证自主设计的表面砂浆厚度测试装置的有效性。以配合比 SCC7 为基准，当 UEA 以 8%掺量等质量取代水泥后，L 增加 6%，当 UEA 和 VMA 分别以 8%及 6%等质量取代水泥后，L 降低 38%，由此可见 SCC 中掺入 VMA 后能够有效降低 L。

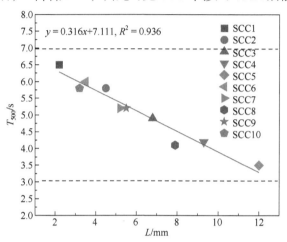

图 3-26　悬浮稳定性指数对 T_{500} 的影响

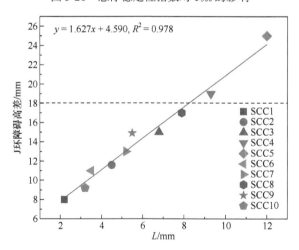

图 3-27　悬浮稳定性指数对 J 环障碍高差的影响

3.5.3　自密实混凝土拌和物悬浮稳定性对表面质量的影响

为分析 SCC 拌和物悬浮稳定性对表面质量的影响，根据高速铁路 CRTS Ⅲ型板式无砟轨道的特点，制作不同 SCC 拌和物，进行灌注充填模拟试验，制作 SCC

与蒸养混凝土(轨道板)黏结试件，测试 SCC 与蒸养混凝土之间界面黏结强度并观测黏结界面气泡孔情况。

根据《高速铁路 CRTS Ⅲ 型板式无砟轨道自密实混凝土》(Q/CR 596—2017)[1]技术条例中规定，SCC 的工作性指标范围为 T_{500} 为 3～7s、SF ≤ 680mm、J 环障碍高差 ＜18mm，由此筛选出悬浮稳定性指数 L 范围为 2～9.5mm。

根据上述初步筛选 L 的范围为 2～9.5mm，选取 L 为 2mm、4mm、7mm、8mm 及 9.5mm 的 SCC 进行灌注充填模拟试验，制备 SCC 与 C60 蒸养混凝土黏结试件，采用作者课题组自主设计的黏结强度测试装置进行测试，两者界面黏结强度测试结果如图 3-28 所示。

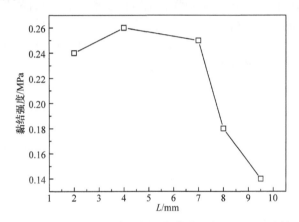

图 3-28　悬浮稳定性指数对自密实混凝土与蒸养混凝土间界面黏结强度的影响

由图 3-28 中的结果可知，当拌和物 2mm ≤ L ≤ 7mm 时，SCC 与 C60 蒸养混凝土之间黏结强度较高，且黏结强度相差不大，但当 L 进一步增加时，黏结试件的黏结强度出现急剧降低。

黏结试件拉伸破坏后，观测到的 SCC 一侧界面状态如图 3-29 所示。由图可见，SCC 拌和物 L 较小时，SCC 一侧界面无显著病害，但当 L 为 9.5mm 时，SCC

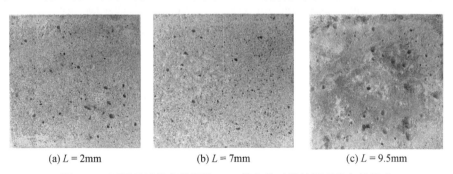

(a) L = 2mm　　　　　(b) L = 7mm　　　　　(c) L = 9.5mm

图 3-29　不同悬浮稳定性指数 SCC 拌和物对黏结界面状态的影响

一侧界面存在较多大气泡和较厚的酥松层，这些缺陷存在会造成界面黏结强度大幅降低。当 SCC 具有良好的工作性，且悬浮稳定性指数 L 不大于 7mm 时，SCC 悬浮稳定性良好，因此进一步优选出 SCC 悬浮稳定性指数 L 范围为不大于 7mm。

3.6　本章小结

本章结合高速铁路 CRTS Ⅲ 型板式无砟轨道结构特点以及 SCC 充填层施工工艺与性能要求，着重对新拌 SCC 的悬浮稳定性及其调控进行了研究，主要结论如下：

(1) 考虑充填层 SCC 高稳定和强黏结特性要求，结合原有相关规范对 SCC 拌和物的流动性、间隙通过性、抗离析性以及泌水率等的要求，进一步明确了 SCC 拌和物悬浮稳定性的重要性，提出了采用表面砂浆层厚度参数来评价新拌 SCC 的悬浮稳定性，并设计制作了相应的试验测试装置。

(2) 结合新拌浆体流变性和浆体泌水率、气泡稳定性指标，探究了新拌浆体的悬浮稳定性，阐明了粉煤灰、矿渣、硅灰、石灰石粉、黏度改性剂等组分对新拌浆体流变性、泌水率的影响规律。采用 15%粉煤灰和 20%矿渣等量取代水泥，可制备得到具有良好流变性的浆体。随硅灰和黏度改性剂掺量增加，浆体屈服应力和塑性黏度有所提高；石灰石粉掺量不大于 15%时，浆体屈服应力和塑性黏度随石灰石粉掺量增加而呈现降低趋势；当石灰石粉掺量超过 15%后，浆体屈服应力和塑性黏度呈现升高趋势。

(3) 随着硅灰和黏度改性剂掺量的提高，浆体剪切增稠效应减弱；石灰石粉掺量不大于 15%时，新拌浆体的剪切增稠效应随石灰石粉掺量提高而呈现增强趋势。

(4) 塑性黏度对新拌浆体中自由水、气泡的稳定性有重要影响；当新拌浆体塑性黏度达到某一阈值后，其中的自由水、气泡较为稳定。本试验条件下，该阈值为 0.394Pa·s，此时浆体泌水率为零，表面气泡率可得到有效抑制。

(5) 浆体层厚度、浆体塑性黏度对砂浆流动性具有重要影响。存在适宜的浆体塑性黏度和浆体层厚度范围，此时砂浆具有良好的流动性和悬浮稳定性。

(6) 相邻粗骨料间距或表面砂浆层厚度可较好表征新拌 SCC 的组成特征。基于表面砂浆层厚度的 SCC 悬浮稳定性指数(L)与坍落扩展度、J 环障碍高差之间存在良好的关联性；当悬浮稳定性指数 L 不大于 7mm 时，SCC 拌和物的工作性良好，悬浮稳定性优异，灌注充填后的表面质量良好。

参 考 文 献

[1] 中国国家铁路集团有限公司. Q/CR 596—2017　高速铁路 CRTS Ⅲ 型板式无砟轨道自密实混

凝土[S]. 北京: 中国铁道出版社, 2017.

[2] Yuan Q, Long G C, Liu Z Q, et al. Sealed-space-filling SCC: A special SCC applied in high-speed rail of China[J]. Construction and Building Materials, 2016, 124: 167-176.

[3] Maybury J, Ho J C M, Binhowimal S A M. Fillers to lessen shear thickening of cement powder paste[J]. Construction and Building Materials, 2017, 142: 268-279.

[4] 黄法礼. CRTS Ⅲ 板式无砟轨道自密实混凝土剪切作用下的流变行为研究[D]. 北京: 中国铁道科学研究院, 2016.

[5] Wu Q, An X. Development of a mix design method for SCC based on the rheological characteristics of paste[J]. Construction and Building Materials, 2014, 53(3): 642-651.

[6] Kwan A K H, Wong V, Fung W W S. A 3-parameter packing density model for angular rock aggregate particles[J]. Powder Technology, 2015, 274: 154-162.

[7] Wong V, Kwan A K H. A 3-parameter model for packing density prediction of ternary mixes of spherical particles[J]. Powder Technology, 2014, 268(1): 357-367.

[8] 陈惠苏, 孙伟, Stroeven P, 等. 计算混凝土中邻近集料表面间距平均值的体视学方法[J]. 哈尔滨工业大学学报, 2005, 37(11): 1511-1514.

[9] 刘赫. CRTS Ⅲ 型板式无砟轨道充填层自密实混凝土制备原理与应用技术[D]. 长沙: 中南大学, 2018.

第4章　充填层自密实混凝土配合比设计

混凝土配合比设计即获取其组成原材料配合比参数的过程，掌握和建立混凝土性能与其组成参数之间的相互关系，才能有效进行配合比设计。国内外学者对 SCC 配合比的设计方法进行了较为深入的研究，并取得了诸多成果[1-5]。本章在既有成果基础上，针对板式轨道充填层对 SCC 性能的特殊要求就充填层 SCC 配合比设计进行进一步探讨，以供实际参考。

4.1　设　计　原　则

与普通混凝土相似，SCC 配合比设计方法应体现技术性、经济性和绿色环保性等原则。

从技术性原则来看，SCC 配合比参数应满足以下要求：

(1) 拌和物工作性要求，即满足拌和物的自密实性要求。

(2) SCC 硬化后的力学性能和耐久性能要求应满足表 4-1 所示的技术指标[6]，包括应达到设计要求的强度等级，并且在设计服役年限内应能经受相应环境条件的侵蚀作用，以便达到工程设计的服役寿命要求。

表 4-1　充填层 SCC 硬化后的力学性能与耐久性能要求

技术参数	指标值
56d 抗压强度/MPa	≥40
56d 抗折强度/MPa	≥6
56d 弹性模量/MPa	$3.0 \times 10^4 \sim 3.8 \times 10^4$
56d 电通量/C	≤1000
56d 抗盐冻性能/(g/m²)	≤1000(严寒和寒冷条件下 ≤500)
56d 干缩值	≤400×10⁻⁶

从表 4-1 可以看到，充填层用 SCC 56d 龄期抗压强度要求不小于 40MPa，抗折强度要求不小于 6MPa，弹性模量为 $3.0 \times 10^4 \sim 3.8 \times 10^4$MPa；同时，要求 56d 龄期的干缩值不大于 400×10^{-6}，要求充填层 SCC 的收缩值不宜过大，主要是为了确保 SCC 充填层与其上部轨道板之间具有良好的变形协调性，保持两者之间良好的

黏结作用；此外，还以电通量和抗盐冻性能两个指标规定其耐久性能。这些性能指标主要是为了满足充填层所需要承担的支撑、传递荷载等功能要求，并达到预定的服役寿命。一般来说，这些性能指标在实验室条件下是比较容易实现的，但是要使实际规模化施工条件下的充填层 SCC 满足上述性能要求，则需要从原材料品质、配合比设计以及适宜施工工艺等方面予以保证。

经济性原则要求所设计得到的 SCC 在满足上述性能要求的前提下应具有较好的经济效益，性价比高。这一点对于直接制造成本相对较高的 SCC 尤其重要。SCC 的配合比设计即在上述原则的指导下采用适当的方法来确定其原材料的组成及其比例参数。

相比于普通混凝土，SCC 在灌注过程中无须依靠额外振捣力，由于仅依靠自身重力就能够完全充填模腔并形成均匀密实的整体，在节约施工成本、改善施工环境等方面具有显著的优越性。绿色性原则还要求所设计的 SCC 能够更多地节约水泥熟料，增加以固体废弃物为原料的矿物掺合料的使用，从而减少环境污染和 CO_2 排放量。

上述原则是对于所有 SCC 配合比设计方法的普遍性要求。鉴于封闭模腔灌注施工的充填层 SCC 性能要求的特殊性，其配合比设计还应重点考虑以下三个方面：

(1) 优良的充填性能，以高铁 CRTS Ⅲ 型板式无砟轨道为例，SCC 拌和物的水平流动距离达 3m 以上，水平充填面积约为 $14m^2$。

(2) 良好的间隙通过性能，SCC 拌和物需在高度约为 90mm 的狭窄空间中流动，且钢筋网片之间的间隙仅约为 40mm，对拌和物的间隙通过能力要求高。

(3) 优异的抗离析性(悬浮稳定性)，不仅要求 SCC 拌和物运输过程、灌注过程具有良好的动态稳定性能，而且要求 SCC 拌和物在灌注后具有优异的静态稳定性，保证灌注完成后，SCC 拌和物中的浆体、水甚至气泡不会发生明显向上运动的趋势，从而确保充填层 SCC 与轨道板蒸养混凝土之间的黏结性能良好。

4.2　设　计　方　法

4.2.1　主要配合比参数

普通混凝土配合比设计通常要确定水灰比、砂率以及单位用水量等三个配合比参数，这些参数可由相对成熟的经验关系式获得。然而，对 SCC 的性能，尤其是拌和物工作性的要求非常高，仅有上述三个参数很难获得满足性能要求的SCC，因此需要对混凝土参数进行更为精细的设计。

从复合材料角度来看，SCC 中浆体性质，砂、石骨料性质以及浆体与骨料颗粒之间的相对体积含量是决定混凝土性能的基本因素。其中,浆体主要由拌和水、胶凝材料以及外加剂组成,在新拌阶段是使得混凝土拌和物具有良好工作性的关键组分,硬化后则起到胶结砂、石骨料的作用,使混凝土体系具有适宜的力学性能和耐久性能,是混凝土中的核心组成;砂、石骨料是混凝土系统的骨架,在新拌阶段对拌和物流动性有阻碍作用,在硬化阶段则起到抑制浆体收缩变形的骨架作用等,对 SCC 而言,砂、石骨料体积含量及其性质对新拌 SCC 的工作性起到关键作用,砂、石骨料体积含量过大或过小都会显著影响拌和物的工作性。因此,砂、石骨料体积含量也是 SCC 中需要精细设计的配合比参数。

国内外相关学者对 SCC 配合比参数进行了诸多研究[7,8],并给出了很多有益的建议,包括日本土木工程学会、美国混凝土协会以及欧洲有关组织等都给出了相关规定。日本土木工程学会给出的 SCC 配合比参数包括粗骨料体积、用水量、水粉比及粉体含量等,美国混凝土协会给出的 SCC 配合比参数则包含粉体含量、粗骨料体积分数、浆体体积分数、砂浆体积分数以及水粉质量比等,而欧洲有关组织给出的 SCC 配合比参数则涵盖粗骨料体积分数、砂率、浆体体积分数、粉体含量、单位用水量以及水粉比等 6 个配合比参数。我国相关的技术规程在结合自身实际的基础上,也对 SCC 配合比参数给出了相应建议,总体上与上述内容相似。值得注意的是,上述 SCC 技术规程中建议的配合比参数存在一个共同点,即都对粗骨料体积参数进行了相应的规定。显然,粗骨料参数在 SCC 配合比设计当中相当重要。

综合上述分析,并结合板式轨道充填层性能要求及国内外关于 SCC 配合比设计的相关实践成果,考虑充填层 SCC 拌和物悬浮稳定性的较高要求,充填层 SCC 配合比设计的关键参数宜包括以下几个方面:

(1) 粗骨料体积含量。

(2) 砂体积及其表面浆体层厚度。

(3) 水胶比。

(4) 胶凝材料组成。

4.2.2　参数设计与确定方法

为了较好地理解主要配合比参数与 SCC 性能之间的关系,设计两个系列的典型组成和配合比的 SCC,见表 4-2 和表 4-3,原材料同前,C、FA、GGBS、VMA、W、SP、S、G 分别为水泥、粉煤灰、矿渣、黏度改性剂、水、减水剂、砂、粗骨料,粗骨料采用 5～10mm、10～16mm 两种粒径的石灰石碎石。表 4-2 所示各试样配合比,主要是为了考察粗骨料体积含量、浆体性质变化对 SCC 拌和物性能的影响,其中设计了 6 个骨料体积含量,即 1m^3 SCC 中粗骨料体积分别为 0.27m^3、0.29m^3、0.30m^3、0.32m^3、0.35m^{3}和 0.37m^3,对应的相邻粗骨料间距分别为

16.5mm、14.9mm、13.6mm、12.4mm、11.3mm、10.3mm；同时，也考虑了 3 个浆体的塑性黏度，共 18 组，分析相应 SCC 拌和物的坍落扩展度 SF、坍落扩展时间 T_{500}、J 环障碍高差及悬浮稳定性指数 L 等的变化关系；表 4-3 所示为考察不同掺量膨胀剂(UEA)对 SCC 早期膨胀率的影响，以确保 SCC 的高体积稳定性以及与轨道板之间良好的黏结作用。

表 4-2　考察粗骨料体积含量、浆体性质变化的典型 SCC 配合比

编号	C /(kg/m³)	FA /(kg/m³)	GGBS /(kg/m³)	VMA /(kg/m³)	W /(kg/m³)	SP /%	S /(kg/m³)	G(5～10mm) /(kg/m³)	G(10～16mm) /(kg/m³)	λ_{ca} /mm
C-1	342	86	114	29	194	1.2	855	281	421	16.5
C-2	334	84	111	28	189	1.2	827	302	454	14.9
C-3	326	81	109	27	185	1.2	799	324	486	13.6
C-4	317	79	106	26	180	1.2	771	346	518	12.4
C-5	309	77	103	26	175	1.2	743	367	551	11.3
C-6	300	75	100	25	170	1.2	716	389	583	10.3
C-7	337	86	114	34	194	1.2	855	281	421	16.5
C-8	328	84	111	33	189	1.2	827	302	454	14.9
C-9	320	81	109	33	185	1.2	799	324	486	13.6
C-10	312	79	106	32	180	1.2	771	346	518	12.4
C-11	304	77	103	31	175	1.2	743	367	551	11.3
C-12	295	75	100	30	170	1.2	716	389	583	10.3
C-13	331	86	114	40	194	1.2	855	281	421	16.5
C-14	323	84	111	39	189	1.2	827	302	454	14.9
C-15	315	81	109	38	185	1.2	799	324	486	13.6
C-16	307	79	106	37	180	1.2	771	346	518	12.4
C-17	299	77	103	36	175	1.2	743	367	551	11.3
C-18	290	75	100	35	170	1.2	716	389	583	10.3

表 4-3　考虑不同掺量膨胀剂的 SCC 配合比　　　　　　（单位：kg/m³）

编号	C	FA	GGBS	UEA	VMA	W	SP	S	G(5～10mm)	G(10～16mm)
SCC1	308	78	104	0	30	178	6.3	835	324	486
SCC2	266	78	104	42	30	178	6.3	835	324	486
SCC3	256	78	104	52	30	178	6.3	835	324	486
SCC4	235	78	104	73	30	178	6.3	835	324	486

1) 粗骨料用量

粗骨料的体积含量影响 SCC 拌和物中相邻粗骨料颗粒之间的间距 λ_{ca}，并最终影响 SCC 拌和物的流动性和悬浮稳定性，因此合理的骨料间距对 SCC 流动性和悬浮稳定性具有重要意义。

　　SCC 拌和物性能及悬浮稳定性测试结果如图 4-1 所示。结果表明，随着 λ_{ca} 增大，SF 及 L 不断增大，T_{500} 及 J 环障碍高差逐渐减小。基于 SCC 拌和物性能指标要求，即 T_{500} 为 3～7s，J 环障碍高差<18mm，坍落扩展度 SF≤680mm，悬浮稳定性指数 L<7mm，可得到相邻粗骨料间距 λ_{ca} 的适宜范围为 12.6mm< λ_{ca} <14.1mm。根据充填层所用 SCC 要求，粗骨料粒径相对固定，由此根据粗骨料体积与相邻粗骨料间距，可以容易地得到充填层 SCC 中的粗骨料用量。

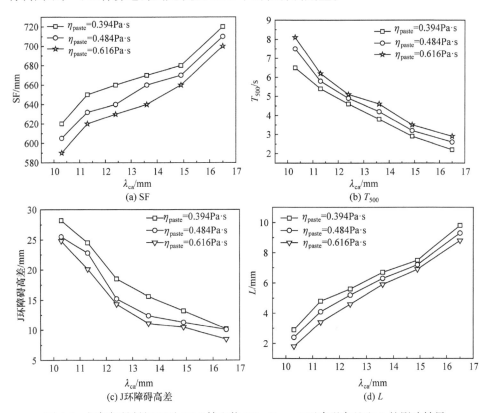

图 4-1　相邻粗骨料间距对 SCC 拌和物 SF、T_{500}、J 环障碍高差和 L 的影响结果

　　2) 砂用量及表面浆体层厚度

　　确定了粗骨料体积后，可以得到 SCC 中的砂浆体积。砂浆体积是砂体积和浆体体积(包括含气量)之和。

　　式(3-13)给出了砂表面浆体层厚度 σ_{paste} 与单位体积砂浆中砂子的最小体积 V_s、砂的最大堆积密实度 ϕ_{max}、单位体积砂浆中砂子的总表面积 S、单位体积砂浆中浆体体积 V_p 之间的含量关系；结合砂的级配、表观密度、堆积密度等基本性质参数，不难确定砂的最大堆积密度、比表面积等参数，从而可以获得更为明确的砂表面浆体层厚度与砂体积、浆体体积之间的关系。

通过第 3 章的研究结果，即对于具有良好流动性和悬浮稳定性的新拌浆体(塑性黏度不小于 0.394Pa·s)，砂表面浆体层厚度为 0.14～0.22mm 时，砂浆体系具有良好的流动性和悬浮稳定性。由此，可选定适宜的砂表面浆体层厚度，从而获得砂浆中砂和浆体的体积含量。

3) 水胶比、胶凝材料及外加剂参数

水胶比、胶凝材料和外加剂是混凝土(或浆体)的重要组成参数，不仅影响新拌混凝土的工作性，还是硬化 SCC 力学性能、耐久性能的关键影响因素。为了满足相应的目标性能，需要对 SCC 的上述组成参数进行精心设计。

对于普通混凝土，水灰(胶)比与混凝土 28d 龄期抗压强度之间存在良好的对应关系，在其配合比设计中广泛采用经典保罗米公式，也是确定满足目标设计强度等级的普通混凝土中水胶比参数的重要依据。然而，实践表明，对粗骨料体积、水泥石体积都与普通混凝土存在较大差异的 SCC 而言，其设计强度等级与水胶比之间的关系变得更为复杂，难以沿用既有的保罗米公式进行水胶比计算，需要结合实际情况进行确定。

为此，综合现有的大量实践成果和相关文献报道，建立如式(4-1)所示的充填层 SCC 配制抗压强度与水胶比、胶凝材料等相关参数之间的数学关系。

$$f_{cu} = k_1 f_b \frac{b(1-\beta)+b\beta\alpha}{W} + k_2 \tag{4-1}$$

式中，f_{cu} 为 SCC 配制抗压强度，MPa；f_b 为胶凝材料实测抗压强度，MPa，当不能进行实测时，可参考如下：当掺用粉煤灰、矿渣粉等辅助性胶凝材料时，$f_b = \gamma_f \gamma_s f_{ce}$，其中，$\gamma_f$、$\gamma_s$ 和 f_{ce} 分别是粉煤灰、矿渣粉的强度影响系数和水泥的 28d 龄期实测抗压强度(或水泥强度等级值与富余系数 1.1 的乘积)，若还采用了其他辅助性胶凝材料，则应采用实测数据或可靠数据。k_1、k_2 为经验常数，若没有实测值，可按 $k_1 = 0.40$ 和 $k_2 = 3.4$ 选取。b 为 SCC 的胶凝材料用量，包括水泥以及矿物掺合料、膨胀剂、黏度改性剂等辅助性胶凝材料，kg/m³；α 为辅助性胶凝材料的胶凝系数，对于 I 级或 II 级粉煤灰(掺量不大于 30%)、S95 级矿渣粉(掺量不大于 40%)可分别取 0.4 和 0.9；当膨胀剂掺量为 8%～12%时，可取 0.7；黏度改性剂掺量为 5%～7%时，可取 0.9。β 为辅助性胶凝材料占胶凝材料总量的质量分数，多种辅助性胶凝材料掺入时，可表示为 $\beta_1, \beta_2, \cdots$，表示在式(4-1)中进行累积计算；W 为 SCC 的单位用水量，kg/m³。

根据式(4-1)并结合具体选用的胶凝材料信息，可获得相应的水胶比参数。当然，该水胶比仅是根据 SCC 强度性能得到的，还要依据相应的耐久性要求对水胶比进行校验。

值得注意的是，充填层 SCC 在硬化后也需要有良好的体积稳定性，以保证 SCC 在凝结硬化后与上部蒸养混凝土轨道板之间的变形协调性，从而不造成充填层与轨道板之间发生界面开裂与脱黏等问题。为此，充填层 SCC 要求选用膨胀剂组分，相应膨胀剂组分对 SCC 早期膨胀率、收缩变形的影响结果如图 4-2 和图 4-3 所示，各试样配合比见表 4-3。

由图 4-2 可知，随着膨胀剂组分掺量的增加，试件竖向膨胀率显著增加，当膨胀剂组分掺量为 4%时，SCC 的竖向膨胀率为 0.25%。以此为基准，当膨胀剂组分掺量增加至 8%、10%及 14%时，SCC 的竖向膨胀率分别增加 69.6%、102.4%及 293.2%。由此可知，掺入适宜掺量的膨胀剂组分确保了 SCC 在灌注充填后可与上部轨道板之间产生紧密黏结，而不会产生因沉降变形而导致的离缝、脱黏等缺陷。

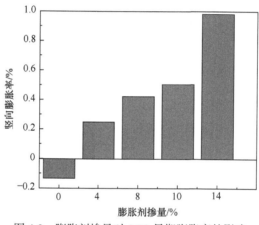

图 4-2　膨胀剂掺量对 SCC 早期膨胀率的影响

从图 4-3 所示的 SCC 的干缩变形结果(成型后 24d 开始测试)可知，掺入膨胀剂组分的 SCC 试件的干缩变形随着龄期延长而逐渐增大，且试件干缩值随着膨胀剂组分掺量的增加而呈现降低的趋势，相对于未掺膨胀剂组分的基准组，膨胀剂组分掺量分别为 4%、8%、10%及 14%时，试件干缩值分别下降 7.9%、27.0%、28.7%及 29.3%。结果表明，膨胀剂组分的掺入能够有效降低 SCC 试件的干缩变形。因此，对于充填层 SCC，掺入适宜掺量的膨胀剂组分，有利于调控其变形性能，提升 SCC 充填层与蒸养混凝土轨道板之间的黏结性能，基于本试验结果，膨胀剂组分的适宜掺量为 8%~10%。

同时，黏度改性剂和胶凝材料组分对新拌 SCC 的流变性，抑或是对新拌 SCC 的流动性、悬浮稳定性有重要影响。为满足充填层 SCC 拌和物较低屈服应力和较高塑性黏度(如塑性黏度不小于 0.394Pa·s)的要求，保证充填层用新拌 SCC 的大流动性、高悬浮稳定性要求，需要掺入 VMA，通常的掺量为 5%~7%(以占胶凝材料总质量计)。

另外，采用水泥与粉煤灰、矿渣粉等形成的复合胶凝材料，不但有利于调节胶凝材料的水化行为、强度发展以及耐久性能，而且也有利于改善新拌浆体的流变性能。因此，在 SCC 体系中，粉煤灰、矿渣粉等辅助性胶凝材料也是必备组分，具体组合则可根据相应材料组分的性质以及外加剂等通过试验确定。

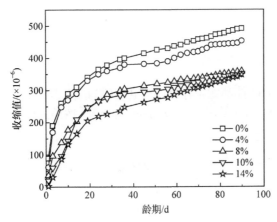

图 4-3　不同掺量膨胀剂条件下 SCC 的收缩值随龄期的变化曲线

4.3　设 计 步 骤

4.3.1　选定基本原材料

1) 胶凝材料选择

充填层 SCC 所用的胶凝材料通常包括普通硅酸盐水泥以及品质优良的辅助性胶凝材料，包括粉煤灰、矿渣粉、石灰石粉等。采用这些颗粒较细的辅助性胶凝材料有助于改善新拌混凝土的流变性，有利于提升拌和物的流动性、黏聚性和保水性；同时，也有利于降低混凝土的水化放热、体积变形，从而保障相应强度持续增长并提高耐久性能。

2) 外加剂选择

为了满足相应的性能要求，SCC 采用的外加剂较多，包括膨胀剂、黏度改性剂(黏度改性材料)、减水剂以及其他功能外加剂。膨胀剂推荐采用 II 型，其可以更好地保障 SCC 在凝结硬化后具有持续膨胀性能，使 SCC 充填层与上部轨道板之间产生紧密黏结。掺入黏度改性剂主要作用是进一步提升新拌 SCC 流变性，增强拌和物在灌注入模静置时间内的悬浮稳定性，从而改善凝结硬化后的 SCC 充填层的匀质性。另外，有时为调节凝结时间、气泡稳定性会分别掺入缓凝剂、消泡剂等。

3) 骨料选择

砂、石骨料对充填层 SCC 拌和物性能有重要影响，需要选择粒径和级配合适的优良品质的砂、石骨料，以形成紧密堆积和稳定性良好的骨架系统。通常为了保障新拌 SCC 能够在封闭充填层中顺利充填，宜选用级配合格的 II 区级配河砂，粒径范围为 5～16mm 的碎石作为粗骨料。

另外，还需要选择合格的拌和用水。值得注意的是，上述所有的原材料应满足《高速铁路 CRTS III 型板式无砟轨道自密实混凝土》(Q/CR 596—2017)中的相关要求。

4.3.2　计算粗骨料体积及质量

根据充填层 SCC 拌和物工作性及硬化 SCC 的体积稳定性要求，得到相邻粗骨料间距的范围为 $12.6\text{mm} < \lambda_{\text{ca}} < 14.1\text{mm}$，然后，按照式(4-2)和式(4-3)可计算得到粗骨料体积及质量。

$$V_{\text{ca}} = \frac{2\sqrt{D_{\max}D_{\min}}}{3\lambda_{\text{ca}} + 2\sqrt{D_{\max}D_{\min}}} \tag{4-2}$$

$$m_{\text{ca}} = V_{\text{ca}}\rho_{\text{ca}} \tag{4-3}$$

式中，V_{ca} 为粗骨料体积；$D_{\max}$ 为粗骨料最大粒径；$D_{\min}$ 为粗骨料最小粒径；ρ_{ca} 为粗骨料表观密度；m_{ca} 为粗骨料质量。

4.3.3　确定砂体积及浆体体积

首先根据前述确定的粗骨料体积，可计算得到砂浆的体积。砂和浆体组成砂浆。浆体在填充满砂颗粒之间的空隙后，包裹在砂颗粒表面形成一定厚度的浆体层，对式(3-13)进一步展开，得到浆体体积与砂体积之间的关系如式(4-4)所示；同时，SCC 体积等于砂、石、浆体及含气量的体积之和，故有式(4-5)成立。由此，根据浆体层厚度、砂级配以及含气量等参数，由式(4-4)和式(4-5)可得到 SCC 中砂体积 V_{s}，并由式(4-6)得到每立方米 SCC 中砂的质量 m_{s}，并进一步可由式(4-7)得到浆体体积 V_{p}。

$$V_{\text{p}} = N \times \frac{4}{3}\pi\left[\left(\frac{d_{\text{av}}}{2} + \sigma_{\text{paste}}\right)^3 - \left(\frac{d_{\text{av}}}{2}\right)^3\right] + V_{\text{s}}(1 - \phi_{\max}) \tag{4-4}$$

$$V_{\text{p}} + V_{\text{s}} + V_{\text{ca}} + V_{\text{a}} = 1 \tag{4-5}$$

$$m_{\text{s}} = V_{\text{s}}\rho_{\text{s}} \tag{4-6}$$

$$V_{\text{p}} = 1 - V_{\text{s}} - V_{\text{ca}} - V_{\text{a}} \tag{4-7}$$

式中，$\phi_{\max}$ 为砂的最大堆积体积分数；N 为等效颗粒个数；d_{av} 为砂平均粒径；V_{p} 为每立方米自密实混凝土中的浆体体积；V_{a} 为每立方米 SCC 中的空气体积。

4.3.4 计算其他参数

在计算得到了粗骨料体积、砂体积以及浆体体积后，其他需要确定的参数主要是浆体的各组成参数、外加剂用量以及用水量等，这些参数的确定同样需要考虑 SCC 在新拌阶段和硬化阶段两方面的性能要求。

1) 水胶比的计算

水胶比是确定 SCC 强度、耐久性能的重要参数。在没有相关测试数据的条件下，可根据前述研究结果，按照式(4-1)计算得到相应的水胶比，同时结合相关耐久性要求，选定合适的水胶比。

2) 胶凝材料和其他矿物添加剂的确定

通常，SCC 中胶凝材料和其他矿物添加剂包括水泥(C)、粉煤灰(FA)、矿渣(GGBS)、膨胀剂(UEA)、黏度改性剂(VMA)等，由此通过式(4-8)可计算得出混合胶凝材料的表观密度。

$$\rho_b = 1 \bigg/ \left(\frac{1 - \beta_{FA} - \beta_{GGBS} - \beta_{UEA} - \beta_{VMA}}{\rho_C} + \frac{\beta_{FA}}{\rho_{FA}} + \frac{\beta_{GGBS}}{\rho_{GGBS}} + \frac{\beta_{UEA}}{\rho_{UEA}} + \frac{\beta_{VMA}}{\rho_{VMA}} \right) \quad (4\text{-}8)$$

式中，ρ_b 为胶凝材料的表观密度；β_{FA}、β_{GGBS}、β_{UEA}、β_{VMA} 分别为粉煤灰、矿渣、膨胀剂和黏度改性剂取代水泥的质量分数；ρ_C、ρ_{FA}、ρ_{GGBS}、ρ_{UEA}、ρ_{VMA} 分别为水泥、粉煤灰、矿渣、膨胀剂和黏度改性剂的表观密度。

根据计算得到的胶凝材料的表观密度及确定的水胶比，采用式(4-9)~式(4-15)可以得到每立方米胶凝材料总质量 m_b 及各胶凝材料的质量和用水量(m_w)。

$$m_b = \frac{V_p}{\dfrac{1}{\rho_b} + \dfrac{m_w / m_b}{\rho_w}} \quad (4\text{-}9)$$

$$m_w = \frac{m_w}{m_b} \times m_b \quad (4\text{-}10)$$

$$m_C = m_b(1 - \beta_{FA} - \beta_{GGBS} - \beta_{UEA} - \beta_{VMA}) \quad (4\text{-}11)$$

$$m_{FA} = m_b \beta_{FA} \quad (4\text{-}12)$$

$$m_{GGBS} = m_b \beta_{GGBS} \quad (4\text{-}13)$$

$$m_{UEA} = m_b \beta_{UEA} \quad (4\text{-}14)$$

$$m_{VMA} = m_b \beta_{VMA} \quad (4\text{-}15)$$

式中，ρ_w 为水的密度；m_C、m_{FA}、m_{GGBS}、m_{UEA}、m_{VMA} 分别为每立方米 SCC 中 C、FA、GGBS、UEA 和 VMA 的质量；m_w/m_b 为水灰比。

进一步确定高效减水剂的掺量。通常可根据高效减水剂的减水率及推荐掺量初步选定其掺量，并经试验最终确定减水剂掺量。

4.4 设计实例及验证

以下选取典型原材料，对高速铁路 CRTS Ⅲ 型板式无砟轨道充填层所用 C40 自密实混凝土配合比设计方法进行实例计算和验证。所用原材料包括粒径为 5～16mm 的石灰石碎石粗骨料，细度模数为 2.62 的河砂等，各原材料均满足相应规范要求。配合比具体计算过程如下。

(1) 粗骨料体积及质量计算。

根据试验结果，选定 $\lambda_{ca}=14.1mm$，则 $1m^3$ SCC 中粗骨料体积 V_{ca} 和质量 m_{ca} 可分别由式(4-2)和式(4-3)计算得到：

$$V_{ca}=\frac{2\sqrt{D_{max}D_{min}}}{3\lambda_{ca}+2\sqrt{D_{max}D_{min}}}=\frac{2\times\sqrt{16\times5}}{3\times14.1+2\times\sqrt{16\times5}}=0.296(m^3)\approx0.3(m^3)$$

$$m_{ca}=V_{ca}\rho_{ca}=0.3\times2700=810(kg)$$

(2) 砂体积及质量计算。

根据砂级配曲线对其平均粒径 d_{av} 进行计算：

$$d_{av}=\frac{\sum\limits_{i}^{n}d_im_i}{\sum\limits_{i}^{n}m_i}$$

$$=\frac{0.055\times7.125+0.07\times3.555+0.175\times1.77+0.215\times0.89+0.295\times0.45+0.14\times0.225}{0.055+0.07+0.175+0.215+0.295+0.14}$$

$$=1.375(mm)=0.001375(m)$$

根据图 3-19 选择浆体层厚度为 0.00015m，通过式(3-6)计算得到砂的最大堆积体积分数 ϕ_{max} 为 0.6763，假定每立方米 SCC 中的空气体积 V_a 为 4%，从而计算得到每立方米 SCC 砂体积 V_s 和质量 m_s，具体计算如下：

由式(4-4)和式(4-5)得

$$N\times\frac{4}{3}\pi\left[\left(\frac{d_{av}}{2}+\sigma_{paste}\right)^3-\left(\frac{d_{av}}{2}\right)^3\right]+V_s(1-\phi_{max})+V_s+V_{ca}+V_a=1$$

将 $\sigma_{paste}=0.00015m$，$\phi_{max}=0.6763$，$V_{ca}=0.3m^3$，$V_a=0.04$ 代入上式，得

$$\frac{V_s}{\frac{4}{3}\times3.14\times\left(\frac{0.001375}{2}\right)^3}\times\frac{4}{3}\times3.14\times\left[\left(\frac{0.001375}{2}+0.00015\right)^3-\left(\frac{0.001375}{2}\right)^3\right]$$

$$+V_s(1-0.6763)+V_s+0.3+0.04=1$$

经计算，得到：

$$V_s = 0.31\text{m}^3$$

$$m_s = V_s \rho_s = 0.31 \times 2650 = 822(\text{kg})$$

(3) 浆体体积 V_p 计算。

$$V_p = 1 - V_s - V_{ca} - V_a = 1 - 0.31 - 0.3 - 0.04 = 0.35(\text{m}^3)$$

(4) 水胶比初选。

根据前述塑性黏度和强度设计要求，初选水胶比取值为 0.34。

(5) 胶凝材料质量及水质量计算。

若选用 42.5 级普通硅酸盐水泥，掺用 15% I 级粉煤灰、20% S95 矿渣、8% 膨胀剂和 6% 黏度改性剂，通过下式计算混合胶凝材料表观密度，进而可以确定水泥、粉煤灰、矿渣、膨胀剂和黏度改性剂等的用量。

$$\rho_b = 1 \left/ \left(\frac{1 - \beta_{FA} - \beta_{GGBS} - \beta_{UEA} - \beta_{VMA}}{\rho_C} + \frac{\beta_{FA}}{\rho_{FA}} + \frac{\beta_{GGBS}}{\rho_{GGBS}} + \frac{\beta_{UEA}}{\rho_{UEA}} + \frac{\beta_{VMA}}{\rho_{VMA}} \right) \right.$$

$$= 1 \left/ \left(\frac{1 - 0.15 - 0.2 - 0.08 - 0.06}{3120} + \frac{0.15}{2450} + \frac{0.2}{2870} + \frac{0.08}{2950} + \frac{0.06}{2310} \right) = 2881(\text{kg/m}^3) \right.$$

胶凝材料总质量为

$$m_b = \frac{V_p}{\dfrac{1}{\rho_b} + \dfrac{m_w / m_b}{\rho_w}} = \frac{0.35}{\dfrac{1}{2881} + \dfrac{0.34}{1000}} \approx 509(\text{kg})$$

拌和水质量为

$$m_w = \frac{m_w}{m_b} \times m_b = 0.34 \times 509 \approx 173(\text{kg})$$

水泥质量为

$$m_C = m_b(1 - \beta_{FA} - \beta_{GGBS} - \beta_{UEA} - \beta_{VMA}) = 509 \times (1 - 0.15 - 0.2 - 0.08 - 0.06)$$
$$= 260(\text{kg})$$

粉煤灰质量为

$$m_{FA} = m_b \beta_{FA} = 509 \times 0.15 = 76(\text{kg})$$

矿渣质量为

$$m_{GGBS} = m_b \beta_{GGBS} = 509 \times 0.2 = 102(\text{kg})$$

膨胀剂质量为

$$m_{UEA} = m_b \beta_{UEA} = 509 \times 0.08 = 41(\text{kg})$$

黏度改性剂质量为

$$m_{\text{VMA}} = m_{\text{b}} \beta_{\text{VMA}} = 509 \times 0.06 = 31(\text{kg})$$

(6) 根据自密实混凝土强度与水胶比的关系, 计算相应的水胶比, 并进行水胶比的强度检验校核。

$$f_{\text{cu}} = k_1 f_{\text{ce}} \frac{b(1-\beta) + b\beta\alpha}{W} + k_2 \Rightarrow W = 178\text{kg}$$

故可得基于强度检验的 $W/b = 0.35$。

综合黏度准则和强度准则, 最终确定水胶比为 0.34, 用水量为 173kg/m³。

(7) 外加剂选择。

根据高效减水剂的推荐掺量, 取减水剂掺量(质量分数)为 1.2%, 则减水剂质量 $m_{\text{Sp}} = 509 \times 0.012 = 6.1\text{kg/m}^3$, 最终掺量由试验试配来确定。

同时, 为了便于比较, 根据上述计算步骤, 选取其他的粗骨料含量(如粗骨料间距取值为 13.1mm)和浆体层厚度(如浆体层厚度为 0.00017m), 计算得到另外一组配合比, 得到的两组 SCC 配合比结果见表 4-4。通过试配试验, 对两组配合比的 SCC 坍落扩展度(SF)、T_{500}、J 环障碍高差及悬浮稳定性指数 L 进行测试, 其坍落扩展度测试照片如图 4-4 所示, 测试结果见表 4-5。

表 4-4　计算得到的 SCC 配合比　　　　　　(单位: kg/m³)

编号	C	FA	GGBS	UEA	VMA	W	SP	S	G
1	260	76	102	41	31	173	6.1	822	810
2	271	80	107	43	32	176	6.4	769	845

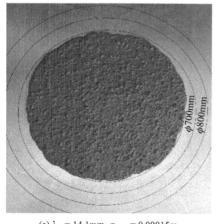 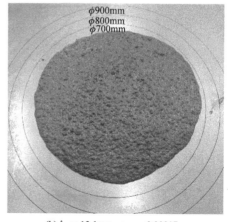

(a) $\lambda_{\text{ca}} = 14.1\text{mm}, \sigma_{\text{paste}} = 0.00015\text{m}$　　　　(b) $\lambda_{\text{ca}} = 13.1\text{mm}, \sigma_{\text{paste}} = 0.00017\text{m}$

图 4-4　SCC 坍落扩展度测试照片

表 4-5　所设计的 SCC 拌和物工作性测试结果

编号	SF/mm	T_{500}/s	J 环障碍高差/mm	L/mm
1	645	4.5	14	3.8
2	660	3.9	10	4.1

从图 4-4 和表 4-5 可以看出，按照本节两种配合比设计的充填层 SCC 满足相应的拌和物工作性要求；同时，粗骨料体积含量、砂表面浆体层厚度等参数对 SCC 配合比及拌和物工作性均有较大影响。测试结果验证了上述配合比设计方法的有效性。

4.5　本 章 小 结

本章对充填层 SCC 配合比设计的原则、方法以及步骤进行了较为详细的阐述，总结如下：

(1) 基于充填层结构特点、服役要求，明确了充填层 SCC 的技术性能，确立了充填层 SCC 配合比设计的关键参数包括单位体积砂浆中粗骨料体积、砂体积与砂表面浆体层厚度以及水胶比、胶凝材料组成等。

(2) 基于粗骨料间距模型，确立 SCC 中相邻粗骨料间距范围为 12.6～14.1mm，为计算粗骨料含量提供了依据。

(3) 在砂性质一定的条件下，明确了单位体积砂浆中砂体积、浆体体积以及砂表面浆体层厚度之间的数学计算关系，通过前述砂表面浆体层厚度与新拌砂浆悬浮稳定性之间的关系确立的砂表面浆体层厚度范围，可以计算得到单位体积砂浆中砂体积、浆体体积参数。

(4) 确立了 SCC 抗压强度与水胶比、胶凝材料组分之间的数学关系，结合黏度准则和抗压强度设计要求，可得到 SCC 的水胶比参数。

(5) 充分考虑浆体流变性、充填层的体积稳定性和耐久性，明确了 SCC 中胶凝材料以及其他添加剂的复杂组成，包括普通硅酸盐水泥、粉煤灰、矿渣粉、膨胀剂、黏度改性剂等。

参 考 文 献

[1] Domone P L. Self-compacting concrete: An analysis of 11 years of case studies[J]. Cement and Concrete Composites, 2006, 28(2): 197-208.

[2] Long G C, Gao Y, Xie Y J. Designing more sustainable and greener self-compacting concrete[J]. Construction & Building Materials, 2015, 84: 301-306.

[3] 于婧, 雷实满, 梁兴文, 等. 一种新型混杂钢纤维增强自密实混凝土的配合比设计方法[J].

建筑材料学报, 2017, 20(4): 611-615, 629.

[4] 魏子程. 超高强自密实混凝土配合比设计及性能研究[D]. 北京: 北京建筑大学, 2023.

[5] 龙武剑, 罗盛禹, 程博远, 等. 机器学习算法用于自密实混凝土性能设计的研究进展[J]. 材料导报, 2024, 38(11): 22110224.

[6] 中国国家铁路集团有限公司. Q/CR 596—2017　高速铁路 CRTS Ⅲ 型板式无砟轨道自密实混凝土[S]. 北京: 中国铁道出版社, 2017.

[7] 龙广成. 自密实混凝土[M]. 北京: 科学出版社, 2013.

[8] 刘赫. CRTS Ⅲ 型板式无砟轨道充填层自密实混凝土制备原理与应用技术[D]. 长沙: 中南大学, 2018.

第5章 充填层自密实混凝土的物理力学性能

为满足板式轨道的设计功能要求,充填层 SCC 应具有适当的物理力学性能,包括新拌阶段的工作性、硬化后的膨胀性能、变形性能以及满足设计荷载要求的力学性能等,研究人员对此开展了诸多研究[1-5]。本章结合最新技术成果,通过试验较详细地研究充填层 SCC 的物理力学性能特征,分析各性能与其组成材料之间的影响关系,为工程实践提供技术支持。

5.1 试 验 概 况

5.1.1 主要原材料

1. 水泥

采用 42.5 级普通硅酸盐水泥,其比表面积为 $344m^2/kg$,表观密度为 $3.12g/cm^3$,水泥组成、凝结时间及抗压强度见表 5-1,水泥颗粒粒径分布如图 5-1 所示。

表 5-1 水泥主要氧化物组成及技术指标

质量分数/%							凝结时间/min		抗压强度/MPa	
SiO_2	Fe_2O_3	Al_2O_3	CaO	MgO	Na_2O	SO_3	初凝	终凝	3d	28d
24.3	4.8	3.8	55.6	4.2	0.65	2.2	149	211	25.1	46.8

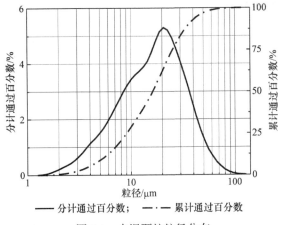

图 5-1 水泥颗粒粒径分布

2. 辅助性胶凝材料组分

1) 粉煤灰

粉煤灰(FA)的比表面积为 486m²/kg，表观密度为 2.45g/cm³，粉煤灰主要氧化物组成及技术指标见表 5-2，粉煤灰颗粒粒径分布如图 5-2 所示。

表 5-2　粉煤灰主要氧化物组成及技术指标

质量分数/%							需水量比	含水量	烧失量
SiO_2	Fe_2O_3	Al_2O_3	CaO	MgO	Na_2O	SO_3	(质量分数)/%	(质量分数)/%	(质量分数)/%
53.2	10.1	21.5	2.9	—	0.9	1.4	97	0.3	3.39

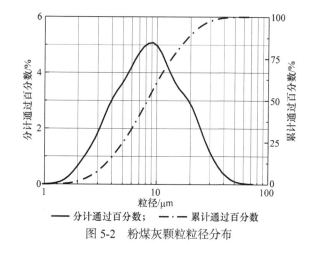

图 5-2　粉煤灰颗粒粒径分布

2) 矿渣

矿渣(GGBS)的比表面积为 450m²/kg，表观密度为 2.87g/cm³，矿渣主要氧化物组成及技术指标见表 5-3，矿渣颗粒粒径分布如图 5-3 所示。

表 5-3　矿渣主要氧化物组成及技术指标

质量分数/%							需水量比	含水量	烧失量
SiO_2	Fe_2O_3	Al_2O_3	CaO	MgO	Na_2O	SO_3	(质量分数)/%	(质量分数)/%	(质量分数)/%
26.1	14.2	13.8	33.8	8.1	0.9	—	98	0.2	2.41

3) 硅灰

硅灰(SF)的比表面积为 17800m²/kg，表观密度为 2.1g/cm³，SiO_2 含量(质量分数)为 94.2%，烧失量(质量分数)为 1.8%。

4) 石灰石粉

石灰石粉(LP)，采用湖南益阳桃江产石灰石粉，比表面积为 573m²/kg，表观

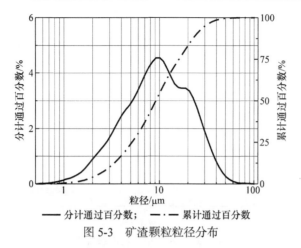

图 5-3　矿渣颗粒粒径分布

密度为 2.63g/cm³, 石灰石粉颗粒粒径分布如图 5-4 所示。

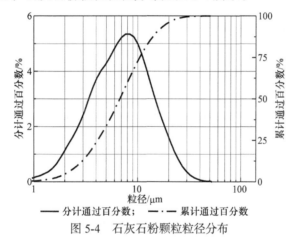

图 5-4　石灰石粉颗粒粒径分布

3. 细骨料和粗骨料

细骨料采用普通河砂(S), 其表观密度为 2.65g/cm³, 细度模数为 2.62, 满足中砂级配要求; 粗骨料(G)采用 5~10mm、10~16mm 两级配石灰石碎石混合而成, 表观密度为 2.70g/cm³, 细骨料及粗骨料级配曲线如图 5-5 所示。

4. 水

水(W), 采用清洁自来水。

5. 高效减水剂

高效减水剂(SP), 采用聚羧酸系高效减水剂, 减水率为 30%, 含固量(质量分数)为 33%。

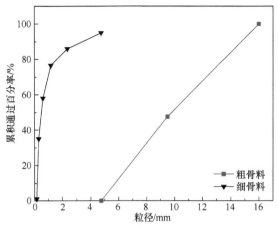

图 5-5　细骨料和粗骨料的级配曲线

6. 专用外加剂

1) 黏度改性剂

黏度改性剂(VMA)由有机材料及超细粉体组成,其表观密度为 2.31g/cm³,黏度比为 317%。

2) 膨胀剂

膨胀剂(UEA)主要氧化物组成及技术指标见表 5-4,其比表面积为 320m²/kg,表观密度为 2.95g/cm³。

表 5-4　膨胀剂主要氧化物组成及技术指标

质量分数/%							烧失量
SiO₂	Al₂O₃	Fe₂O₃	CaO	MgO	SO₃	Na₂O	(质量分数)/%
4.2	9.5	1.1	51.2	3.3	27.4	0.8	6.6

5.1.2　试样拌制、成型与养护

针对充填层 SCC 的组成特点,重点探讨黏度改性剂、膨胀剂等组分对 SCC 强度、干缩与徐变变形性能的影响。

按照上述配合比,采用 60L 容量强制式搅拌机进行混合料拌和,拌和时首先将干料预混合 15s,然后加入 60%的拌和水混合 30s,最后将剩余水和减水剂加入,并继续拌和 90s。搅拌均匀的拌和物首先测试其工作性,然后对其进行成型及养护。

5.1.3　试验方法

1. 拌和物性能测试

根据 Q/CR 596—2017《高速铁路 CRTSⅢ型板式无砟轨道自密实混凝土》规定

对新拌 SCC 的拌和物性能(坍落扩展度(SF)、T_{500}、J 环障碍高差)进行测试，按第 3 章提出的混凝土拌和物悬浮稳定性测试装置对拌和物悬浮稳定性指数 L 进行测试。

2. 干缩及徐变试验

制备尺寸为 100mm×100mm×400mm 的长方体试件，以备干缩及徐变性能测试，试件成型 1d 后，拆模进行干缩试验测试，干缩试验采用立式千分表进行测试。将试样置于温度(20±2)℃和相对湿度大于 95%的养护室中养护至 28d，根据 GB/T 50082—2009《普通混凝土长期性能和耐久性能试验方法标准》中徐变及干缩试验方法进行试验，其中徐变试验设计荷载等级分别为 30%、40%和 50%极限荷载，进行徐变试验的同时进行干缩试验。

3. 应力-应变关系测试

按照 GB/T 50081—2019《混凝土物理力学性能试验方法标准》测试混凝土抗压强度、劈裂强度及弹性模量。应力-应变曲线试验采用试件尺寸为 100mm×100mm×300mm 的长方体，采用 Instron 万能试验机进行测试，试验加载方案为第一级别加载速率 5kN/s，加载到试件峰值荷载的 80%左右，改为位移加载，位移加载速率为 0.15mm/min，加载到过峰值点后试件荷载降为峰值的 85%时试验停止，测试龄期为 56d。

4. 断裂性能试验

采用尺寸为 100mm×100mm×515mm 带缺口的梁试件进行测试，相对切口深度 $a/h = 0.5$，试件 1d 拆模，置于标准条件下养护至 56d。采用 Instron 万能试验机通过三点弯曲试验进行测试，试验采用位移加载方式，加载速率控制为 0.075mm/min，裂隙口张开位移(crack mouth open displacement，CMOD)通过 Instron 公司生产的夹式引伸仪测得，试验测试照片如图 5-6 所示。

图 5-6　切口梁三点弯曲试验测试混凝土断裂能照片

5.2　拌和物工作性

充填层 SCC 拌和物的工作性对保证其施工质量、满足 CRTS Ⅲ 型板式无砟轨道结构的设计功能起到非常关键的作用。SCC 工作性的研究成果已有很多,本节主要针对充填层 SCC 的组成特点,结合室内试验和现场试验,有针对性地研究充填层 SCC 拌和物工作性与其组成材料参数之间的关系,分析 SCC 拌和物工作性与灌注施工质量之间的对应关系,获得合适的工作性参数,为工程应用实践提供指导。

5.2.1　单位用水量的影响

当胶凝材料组成、骨料含量及减水剂掺量一定时,单位用水量与 SCC 工作性密切相关。为探讨单位用水量与 SCC 工作性的关系,基于实际工程应用实践,设计如表 5-5 所示的配合比,分析单位用水量与 SCC 工作性参数及充填层灌注施工质量的关系。

表 5-5　试验 SCC 组成与配合比　　　　　　(单位: kg/m³)

编号	C	FA	GGBS	UEA	VMA	S	G(5～10mm)	G(10～16mm)	W	SP
1	325	70	60	45	30	807	323	484	170	7.72
2	325	70	60	45	30	807	323	484	172	7.72
3	325	70	60	45	30	807	323	484	174	7.72
4	325	70	60	45	30	807	323	484	176	7.72
5	325	70	60	45	30	807	323	484	178	7.72
6	325	70	60	45	30	807	323	484	180	7.72
7	325	70	60	45	30	807	323	484	182	7.72

图 5-7 所示为单位用水量对试样主要工作性参数坍落扩展度 SF、坍落扩展时间 T_{500}、J 环障碍高差、悬浮稳定性指数 L 等的影响结果。由图可知,随着单位用水量的增加,各拌和物的 SF 及 L 显著增加,T_{500} 和 J 环障碍高差显著降低。当单位用水量为 170kg/m³ 时,SCC 状态略显干涩,T_{500} 及 J 环障碍高差较大,且其坍落扩展度较小。当单位用水量增加时,SCC 坍落扩展度有所增加,且 T_{500} 和 J 环障碍高差减小,SCC 拌和物性能较好,但随着单位用水量的进一步增加,L 增幅显著,SCC 表现出离析现象;同时,通过灌注施工试验发现,单位用水量过大时,会导致充填层不能充填饱满的现象、板面大气泡及浮浆层的出现,如图 5-8 所示。由此可见,适量增加单位用水量可以较好地改善 SCC 的工作性,

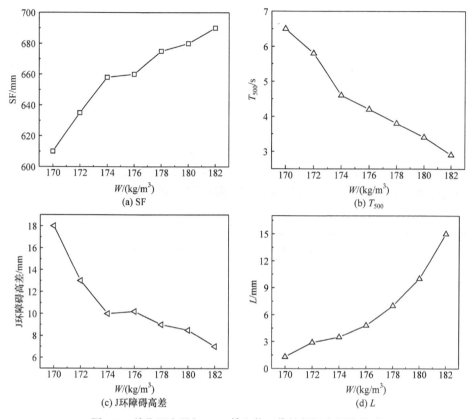

图 5-7　单位用水量与 SCC 拌和物工作性指标之间的关系

但过大的单位用水量会导致 SCC 抗离析性显著下降，从而影响充填层灌注质量，因此需要综合考虑减水剂掺量与单位用水量以达到改善 SCC 工作性的目的。

图 5-8　单位用水量过大时 SCC 充填层表面出现大量气泡孔

5.2.2　砂率的影响

　　新拌 SCC 中砂浆对拌和物的流动性能和变形性能具有重要作用。当浆体性质一定时，砂子与浆体的相对体积比直接决定砂浆的工作性，当砂子体积含量增加时，砂子表面的浆体层厚度减小，润滑层变薄，流动过程中砂子颗粒之间的摩擦力增大，从而导致砂浆的流动性能及变形性能变差；反之，则砂浆的流动性能及变形性能有所提高。但砂子体积含量过小时，会导致砂浆体系中浆体含量过剩，砂浆体系稳定性减弱，从而影响 SCC 体系的悬浮稳定性。因此，砂率对 SCC 的工作性影响显著。以下研究砂率变化(47%～54%)对 SCC 工作性及充填层灌注施工质量的影响(表 5-6)，为配合比设计和工程应用提供指导。

表 5-6　SCC 试样配合比及砂率

编号	C /(kg/m³)	FA /(kg/m³)	GGBS /(kg/m³)	UEA /(kg/m³)	VMA /(kg/m³)	S /(kg/m³)	G(5～10mm) /(kg/m³)	G(10～16mm) /(kg/m³)	W /(kg/m³)	SP /(kg/m³)	砂率 /%
1	335	40	80	45	30	759	428	428	174	7.42	47
2	335	40	80	45	30	791	412	412	174	7.42	49
3	335	40	80	45	30	807	404	404	174	7.42	50
4	335	40	80	45	30	839	388	388	174	7.42	52
5	335	40	80	45	30	872	371	371	174	7.42	54

　　图 5-9 给出了不同砂率 SCC 拌和物的主要工作性指标测试结果。从图 5-9 可以看出，随着砂率的增加，拌和物坍落扩展度 SF 和悬浮稳定性指数 L 逐渐减小，而 T_{500} 和 J 环障碍高差则不断增大。分析其原因，主要是由于砂子体积含量增加，砂表面浆体层厚度减小，从而导致砂浆体系黏度和屈服应力增大，使得 SCC 坍落扩展度减小，T_{500} 增大，J 环障碍高差增大，但同时悬浮稳定性指数 L 显著减小，

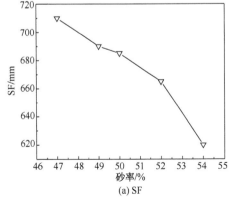

(a) SF

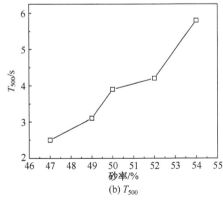

(b) T_{500}

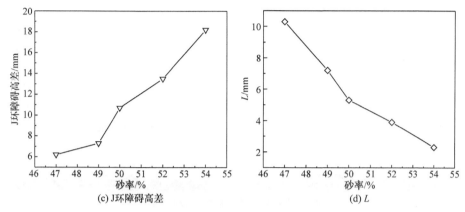

图 5-9　砂率与 SCC 拌和物工作性指标之间的关系

表明 SCC 拌和物悬浮稳定性有所增强，SCC 拌和物流动性与悬浮稳定性存在相对矛盾，选择适宜的砂率有利于 SCC 拌和物获得优良的流动性和悬浮稳定性。

　　合适的 SCC 拌和物工作性指标有利于提高充填层灌注施工质量，尤其有利于提高充填层与轨道板之间的界面质量，从而实现充填层与轨道板形成复合板的设计理念。结合现场工艺性试验，对砂率为 47%的 SCC 拌和物进行充填层灌注试验，分析灌注过程中排气孔附近 SCC 状态及灌注后充填层 SCC 与轨道板之间的界面质量，如图 5-10 所示。

　　由图 5-10(a)可见，采用砂率为 47%的 SCC 拌和物进行充填层灌注，其排气孔流出的 SCC 拌和物中粗骨料含量较少，表明拌和物发生了离析，砂浆未能包裹粗骨料一起向前流动。这主要是由于砂率过低，造成浆体剩余，砂表面浆体层厚度过大，砂浆体系黏聚性过低，使得砂浆包裹石子粗骨料的能力减弱，从而造成排气孔流出的 SCC 石子较少，此现象会导致充填层 SCC 的整体不均匀性，影响其服役性能；同时，石子分布的不均匀性造成混凝土收缩应力的分布不均，从而

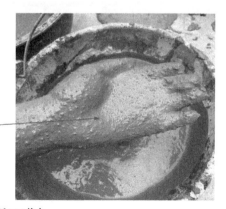

(a) 排气孔附近SCC状态

(b) 充填层SCC与轨道板之间的界面质量

图 5-10　47%砂率对排气孔附近 SCC 状态及充填层 SCC 与轨道板之间的界面质量的影响

产生应力集中，进一步发展会导致充填层 SCC 收缩开裂。从图 5-10(b)所示充填层 SCC 与轨道板之间的界面质量照片亦可见，充填层 SCC 表层存在沿混凝土流向的气泡，气泡直径较大且数量较多，板面存在较为松散的浮浆层。这将显著影响充填层与轨道板之间的黏结界面质量。

图 5-11 进一步给出了砂率为 50%时的 SCC 拌和物灌注施工过程中排气孔附近混凝土状态和灌注后的充填层 SCC 与轨道板之间的界面质量。从图 5-11(a)可知，灌注施工过程中排气孔流出的混凝土拌和物匀质性良好，砂浆包裹石子均匀流出，充填层充填饱满后排气孔(排浆孔)终端流出的混凝土与初始拌和物基本一致，表明 SCC 拌和物在灌注过程中未发生明显的离析现象，灌注匀质性良好。这也可以从揭板试验后观察到的充填层与轨道板界面处的状态看到，界面良好，无大气泡和浮浆层出现(图 5-11(b))。由此可见，砂率的提高能够有效改善 SCC 拌和物的悬浮稳定性。同时，SCC 拌和物体系中砂率不宜过大，当砂率过大时，虽然 SCC 悬浮稳定性能良好，但由于砂表面浆体层厚度减小，拌和物流动性降

 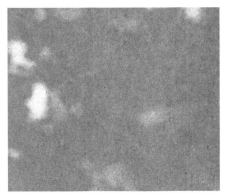

(a) 排气孔附近SCC状态　　　　　　　　(b) 充填层SCC与轨道板之间界面质量

图 5-11　50%砂率对排气孔附近 SCC 状态及充填层 SCC 与轨道板之间界面质量的影响

低，充填能力降低，同样会造成灌注施工后的充填层表面出现大的气泡孔等缺陷。

综上所述，适宜的砂率对 SCC 拌和物流动性和悬浮稳定性(抗离析性)具有重要作用。综合拌和物工作性试验结果及灌注施工试验的充填层表面质量状态可得出，当砂子的细度模数为 2.4～2.6 时，充填层 SCC 拌和物的砂率宜选择在49%～52%。

5.2.3 外加剂的影响

为满足现代混凝土较高的性能要求，外加剂已成为其必备组分，如减水剂、引气剂、消泡剂、增稠剂、凝结时间调节剂等。

在工程实践中发现，当多种外加剂同时使用时，需要合理确定各外加剂的用量和相互之间的相容性。例如，为满足 SCC 拌和物的悬浮稳定性，通常需要采用减水剂、消泡剂、增稠剂等对 SCC 拌和物塑性黏度和含气量进行适当调控，但当消泡剂掺量不合适或过大时，SCC 拌和物会出现较多气泡上浮至表面，即冒泡的现象(图 5-12(a))，这将使得充填层 SCC 表面出现过多的气泡孔等缺陷(图 5-12(b))。尽管引气剂和消泡剂联合使用可以调控拌和物的含气量，但需要选用适宜的种类和掺量，适宜的消泡剂掺量可将 SCC 拌和物中的一些气泡排出，消除大气泡，并确

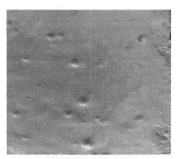

(a) 拌和物出现冒泡

(b) 充填层SCC表面气泡孔

(c) 拌和物气泡稳定性好

(d) 充填层SCC表面质量佳

图 5-12　外加剂对 SCC 拌和物气泡稳定性及充填层表面质量的影响

保引气剂引入的大量微小气泡能够在拌和物中稳定存在,使得 SCC 拌和物中的气泡稳定性得到改善(图 5-12(c)),相应灌注施工后的充填层表面气泡较少,整体质量佳(图 5-12(d))。显然,合理确定外加剂的类型和掺量对充填层 SCC 有重要作用。

5.3　变形性能

为便于对比,采用设计强度等级同为 C40 的三组 SCC 及一组普通混凝土(NC)两个系列试件,原材料组成配合比见表 5-7。其中,三组 SCC 中,FA、GGBS 掺量相同,UEA、VMA 分别等质量取代水泥,粗骨料和细骨料用量相同,总体积约为 615L/m³;NC 组中 FA、GGBS 占总胶凝材料质量分数与 SCC1 相同,分别是为 15%和 20%,骨料总体积约为 660L/m³。

按照相应配合比进行混凝土搅拌,首先测试其拌和物工作性,测试结果见表 5-8。然后进行混凝土收缩徐变变形试件的成型,按照相应要求进行养护和性能测试。

表 5-7　各试验混凝土配合比　　　　　　　　　(单位:kg/m³)

编号	C	FA	GGBS	UEA	VMA	W	SP	S	G (5~10mm)	G (10~20mm)
SCC1	338	78	104	0	0	178	6.3	835	324	486
SCC2	296	78	104	42	0	178	6.3	835	324	486
SCC3	266	78	104	42	30	178	6.3	835	324	486
NC	292	68	90	0	0	169	2.7	720	420	630

表 5-8　各混凝土拌和物工作性测试结果

编号	坍落度/mm	T_{500}/s	坍落扩展度/mm	悬浮稳定性	悬浮稳定性指数 /mm
SCC1	255	4.8	670	好	6.5
SCC2	265	5.9	680	好	6.1
SCC3	250	6.2	630	优	4.3
NC	153	—	410	好	—

5.3.1　干缩变形

各试样干缩性能测试结果如图 5-13 所示,由图中结果可知,未掺入黏度改性剂 VMA 及膨胀剂 UEA 的 SCC1 试样,其 360d 龄期干缩值为 277μm/m。以 SCC1 试样为基准组,UEA 掺量为 8%的 SCC2 组试样,其 360d 龄期干缩值减小 9.6%;VMA 和 UEA 双掺的 SCC3 组试样,其 360d 龄期干缩值为 227μm/m,相比于 SCC1 试样,干缩值下降 18%,特别值得注意的是,SCC3 试样组 360d 干缩值低于同强度等级的 NC。这表明联合采用黏度改性剂和膨胀剂可显著降低充填层 SCC 的干缩变形性能,有利于改善充填层的抗裂性能和体积稳定性。

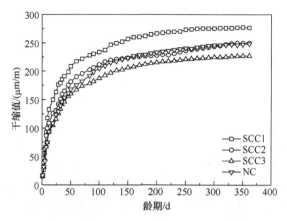

图 5-13　不同组成 SCC 和 NC 试样干缩变形随龄期的变化曲线

5.3.2　徐变性能

在调查试验干缩变形的同时,对同批试样进行了徐变变形试验(加载应力水平为 40%),测试结果如图 5-14 所示。从图中所示结果可知,SCC1 试样的徐变值为所测试四组试样中最大的,相比于同强度等级的 NC 试样,SCC1 试样的徐变值增加了 16.3%,该测试结果与文献[1]中试验结果基本一致。以 SCC1 试样为基准,SCC2 试样、SCC3 试样徐变值分别下降了 5.9%和 9.8%。同时,也可以看到 SCC3 试样的徐变值稍高于同强度等级的 NC 试样。

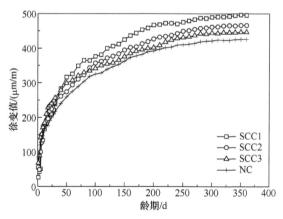

图 5-14　在 40%极限荷载作用下不同龄期 SCC 试样徐变值

试验结果表明,掺入 VMA 及 UEA 能够有效减小 SCC 的徐变变形,甚至使得 SCC 与同强度等级 NC 的徐变变形相接近。分析各组成可知,NC 试样中粗骨料含量为 660L/m³,SCC 中粗骨料含量为 615L/m³(与 NC 相比少 7%左右),粗骨料在混凝土中起抑制变形的作用,粗骨料含量减少则会增加混凝土的变形。通过合理掺入黏度改性剂和膨胀剂可以改善 SCC 中水泥石的性能,有效弥补粗骨料含量降低带来的不利影响,使得 SCC 的长期变形性能(徐变、干缩)较小。

以下进一步探讨上述 SCC1～SCC3 试样的徐变变形机理。根据黏流理论,混凝土中骨料为稳定相,在荷载的作用下变形可忽略不计;在水泥石层面,水化产物中的晶体和未水化的水泥颗粒亦可视为稳定相,而水化产生的水化硅酸钙(C-S-H)凝胶体和无定形产物则视为变形相,其在荷载的作用下可产生流动和变形。为分析各相对体系变形性能的贡献,以下采用热重分析/差示扫描量热法(thermogravimetric analysis/differential scanning calorimetry,TG/DSC)及 X 射线衍射(X-ray diffraction,XRD)定量分析测试方法,测试 SCC1～SCC3 试样 28d 龄期水泥石中各物相含量,从而获取水泥石中水化硅酸钙凝胶体和无定形产物含量。XRD 扫描制度为:扫描范围 5°～65°,步长 0.0167°,每步扫描时间 59.69s。TG/DSC 试验制度为:升温速率 10℃/min,测试温度范围为室温至 1050℃,为防止升温过程中产生碳化现象,采用 N_2 气氛进行测试。通过 TG/DSC 测试各试样中氢氧化钙含量对 XRD 测试结果进行标定,采用软件对 XRD 测试结果进行拟合分析,最终得到试样中各晶体含量,从而计算出水泥石中水化硅酸钙凝胶体和无定形产物含量。各试样的 TG/DSC 测试曲线如图 5-15 所示。根据此测试结果,计算得到 SCC1～SCC3 试样的 CH 含量分别为 9.41%、8.14% 及 6.34%。

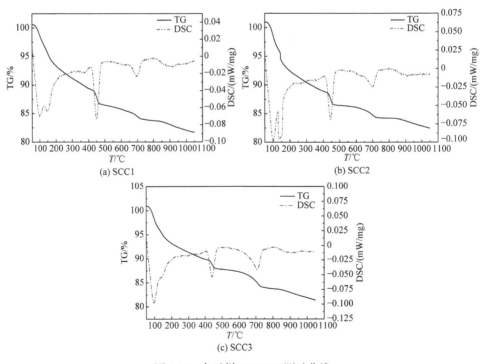

图 5-15　各试样 TG/DSC 测试曲线

通过 XRD 分析结果可知，SCC1～SCC3 试样中水泥石内包含的物相种类为石英(quartz，Qu)、莫来石(mullite，Mu)、铁铝酸四钙(C₄AF)、钙矾石(ettringite，Ett)、单碳型水化碳铝酸钙(monocarboaluminate，Mc)、碳酸钙(calcite，Cc)、氢氧化钙(portlandite，CH)、半碳铝酸钙(hemicarboaluminate，Hc)、硅酸三钙(C₃S)、硅酸二钙(C₂S)、无定形相(amorphous，Am)等。各种物相具体含量如图 5-16 所示。

由图 5-16 中的结果可知，相比于 SCC3 试样，SCC1 试样和 SCC2 试样的无定形相 Am 含量分别增加 21.1%和 9.2%，而其中的晶体数量则降低，这将导致 SCC1 试样和 SCC2 试样的徐变值高于 SCC3 试样。

为了进一步了解不同荷载等级下充填层 SCC3 试样与同强度等级 NC 试样的徐变行为，设计荷载等级分别为 30%、40%和 50%极限荷载进行徐变试验，其测试结果如图 5-17 所示。由图中结果可知，在不同荷载等级的作用条件下，SCC3 试样的徐变值均高于 NC 试样，且 SCC3 试样在荷载等级为 50%应力水平时，其

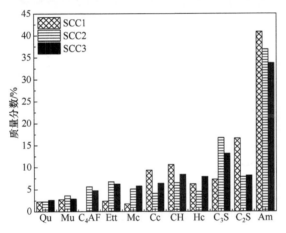

图 5-16　各试样 XRD 测试结果

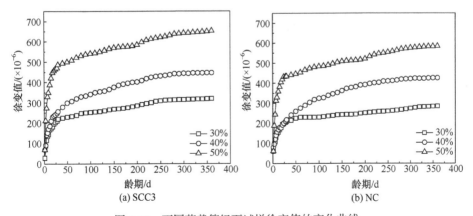

图 5-17　不同荷载等级下试样徐变值的变化曲线

徐变值显著增大，表明此时混凝土内部水泥石发生了较大的黏性流动和变形。因此，为控制充填层的徐变变形，不应过早使充填层承受外部荷载，且应控制荷载水平。

为了进一步对比不同荷载等级下，SCC3 试样与同强度等级 NC 试样的徐变变形特性，采用等时应力-应变曲线对其进行分析，等时应力-应变曲线为一簇在不同应力水平的徐变曲线，表示同一龄期下混凝土试样表现出的徐变变形与应力之间的相互关系。通过图 5-17 所示不同荷载等级下 SCC3 和 NC 试样的徐变曲线，选择相应的龄期作一条与 X 轴垂直的直线，使其与不同荷载等级下的徐变曲线相交，得到混凝土试样的应力水平和徐变值，进而得到试样徐变变形的等时应力-应变关系曲线，如图 5-18 所示。

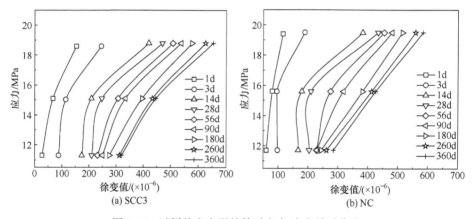

图 5-18　试样徐变变形的等时应力-应变关系曲线

由图 5-18 可知，龄期从 1d 增加到 360d，SCC3 试样与 NC 试样的等时应力-应变曲线偏向于 X 轴，当应力水平较低时，曲线之间的间距较小，随着应力水平的提高，曲线之间的间距逐渐增大。由此可以看出，SCC3 试样与 NC 试样在徐变变形过程中具有明显的非线性特征，同时在此过程中应力-应变行为的时间效应增强。相比于 NC 试样，随着荷载等级的增加，SCC3 试样的曲线更加偏向于 X 轴，每个转折点的斜率均小于 NC 试样，说明 SCC3 试样随荷载的增加，其变形能力大于 NC 试样，这主要是由于 SCC3 试样中浆体含量较高。因此，相比于 NC 试样，SCC3 试样的变形性能对荷载具有更高的敏感性。

S.3.3　变形协调性能

本节基于高速铁路 CRTS Ⅲ型板式无砟轨道结构特点，阐述 SCC 充填层与轨道板的变形协调性能。在该型轨道结构中，设计要求 SCC 充填层与轨道板之间形成复合板结构(充填层与轨道板之间设置门型钢筋连接)，充填层与轨道板之间产生相互黏结作用。显然，为使得充填层与轨道板之间保持良好的黏结作用，除保证灌注后的 SCC 与轨道板之间紧密接触外，还需要两者在灌注后的长期服役期间内保持变形的协调性。然而，轨道板为蒸养混凝土预制构件，其在制造完成及铺设施工后的收缩变形非常小，而 SCC 则是在现场现浇而成的，随着龄期的延长很可能会产生较大的收缩变形，从而导致轨道板与 SCC 充填层在黏结界面处产生不一致的变形，影响两者之间的黏结作用。为此，在上述研究充填层 SCC 变形性能的基础上，进一步探讨 SCC 充填层与轨道板之间的变形协调性，以确保其良好的持续黏结作用。

考虑混凝土收缩变形，分析充填层 SCC 收缩应力与收缩变形之间的关系。当混凝土处于自由收缩状态时，其本身不会产生收缩应力，但当 SCC 收缩变形受到轨道板的限制或约束时，将在 SCC 上产生拉力 $F_1(t)$ ，而在轨道板上产生反向力 $F_2(t)$ ，当拉应力大于 SCC 抗拉强度或界面黏结强度时，就会不可避免地产生裂缝或者 SCC 充填层与轨道板黏结面裂开，如图 5-19 所示，其中力的平衡方程如式(5-1)所示。

$$F_1(t) = -F_2(t) \tag{5-1}$$

根据力的等效合成原理，充填层 SCC 上产生的拉力与轨道板底面产生的反向力将会在各自的截面形心处产生拉力弯矩和压力弯矩，从而在各自的截面处产生与之对应的应力分布，如式(5-2)所示。

$$e_1(t) = \frac{F_1(t)}{A_1} + \frac{M_1(t)y_n}{I_1} \tag{5-2}$$

式中，$e_1(t)$ 为 SCC 截面上的应力，Pa；$F_1(t)$ 为 SCC 截面上的拉力，N；A_1 为 SCC 截面面积，m^2；$M_1(t)$ 为充填层 SCC 截面上的弯矩，N·m；I_1 为充填层 SCC 截面的惯性力矩；y_n 为与充填层 SCC 截面形心轴的距离，m。

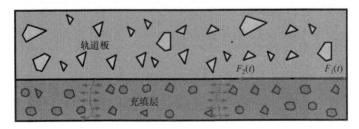

图 5-19　充填层 SCC 与轨道板变形约束受力示意图

轨道板截面上的应力为

$$e_2(t) = \frac{F_2(t)}{A_2} + \frac{M_2(t)y_0}{I_2} \tag{5-3}$$

式中，$e_2(t)$ 为轨道板截面上的应力，Pa；$F_2(t)$ 为轨道板截面上的拉力，N；A_2 为轨道板截面面积，m^2；$M_2(t)$ 为轨道板截面上的弯矩，N·m；y_0 为与轨道板截面形心的距离，m；I_2 为轨道板截面的惯性力矩。

$$M_1(t) = F_1(t)y_1 \tag{5-4}$$

$$M_2(t) = F_2(t)y_2 \tag{5-5}$$

式中，y_1 为黏结面与 SCC 截面形心轴的距离，m；y_2 为黏结面与轨道板截面形心轴的距离，m。

将式(5-4)和式(5-5)分别代入式(5-2)和式(5-3)可得

$$e_1(t) = \frac{F_1(t)}{A_1} + \frac{F_1 y_1 y_n}{I_1} = F_1(t)\left(\frac{1}{A_1} + \frac{y_1 y_n}{I_1}\right) \tag{5-6}$$

$$e_2(t) = \frac{F_2(t)}{A_2} + \frac{F_2 y_2 y_0}{I_2} = F_2(t)\left(\frac{1}{A_2} + \frac{y_2 y_0}{I_2}\right) \tag{5-7}$$

令 $g_1 = 1/A_1 + y_1 y_n / I_1$ 和 $g_2 = 1/A_2 + y_2 y_0 / I_2$，则式(5-6)和式(5-7)分别变为

$$e_1(t) = F_1(t)g_1 \tag{5-8}$$

$$e_2(t) = F_2(t)g_2 \tag{5-9}$$

由以上各式可知，$e_1(t)$、$e_2(t)$ 都是随时间变化的，在考虑徐变对应力产生应变的影响时，得到混凝土在 t 时刻的应变：

$$X_{(t)} = \frac{e(t)}{E_c(t)}[1 + x(t,t_0)h(t,t_0)] + X_{sh}(t) \tag{5-10}$$

式中，$e(t)$ 为开始加载时刻 t_0 以后任意时刻 t 的应力；$E_c(t)$ 为任意时刻 t 混凝土的弹性模量；$x(t,t_0)$ 为混凝土松弛系数；$h(t,t_0)$ 为混凝土的徐变系数；$X_{sh}(t)$ 为混凝土在 t 时刻的自由收缩值。在界面处，SCC 与轨道板的应变是协调的，可以得到

$$X_{1(t)} + X_{SCC,(t,t_0)} = X_{2(t)} + X_{C60,(t,t_0)} \tag{5-11}$$

式中，$X_{1(t)}$ 为 SCC 的应变；$X_{SCC,(t,t_0)}$ 为 SCC 从时刻 t_0 到 t 的自由收缩应变值；$X_{2(t)}$ 为轨道板的应变；$X_{C60,(t,t_0)}$ 为轨道板所用 C60 蒸养混凝土从时刻 t_0 到 t 的自由收缩应变值。

界面净拉力 $F(t)$ 如式(5-12)所示：

$$F(t) = \frac{X_{SCC,(t,t_0)} - X_{C60,(t,t_0)}}{[1 + x_1(t,t_0)h_1(t,t_0)]g_1 / E_{SCC} + [1 + x_2(t,t_0)h_2(t,t_0)]g_2 / E_{C60}} \tag{5-12}$$

式中，E_{SCC} 为 SCC 弹性模量；E_{C60} 为轨道板所用强度等级为 C60 的蒸养混凝土

弹性模量。

　　因轨道板为预制构件，在轨道板铺设时其收缩基本完成，故 $X_{\mathrm{C60},(t,t_0)}$ 取值为零；根据试验实测，E_{SCC} 为 SCC 56d 龄期弹性模量，取值为 34.8GPa；E_{C60} 为 C60 蒸养混凝土弹性模量，取值为 40.3GPa；$h_1(t,t_0)$ 为 SCC 56d 龄期徐变系数，取值为 0.6；$h_2(t,t_0)$ 为 C60 蒸养混凝土徐变系数，取值为 0.5；$x_1(t,t_0)$ 与 $x_2(t,t_0)$ 分别为 SCC 和 C60 蒸养混凝土的松弛系数，取值均为 0.8。通过式(5-12)计算得到随充填层 SCC 产生的收缩变形后，其界面产生的净拉力为 $F(t)$。充填层 SCC 的收缩值与界面应力的关系如图 5-20 所示。同时，模拟灌注试验制备的叠合试件和直接拉伸试验，测试得到充填层 SCC 56d 龄期的黏结拉伸强度为 2.55MPa，由图 5-20 可知，当收缩值为 360με 时，界面拉应力为 2.55MPa。因此，得到充填层 SCC 收缩极限应变值为 360με，当大于该值时，拉应力将大于 SCC 本身抗拉强度而发生破坏。根据上文可知，所制备的 SCC3 的收缩应变为 225με，因此此条件下充填层 SCC 与轨道板界面不会产生因变形不协调而导致的黏结面界面开裂，其满足充填层 SCC 设计要求。

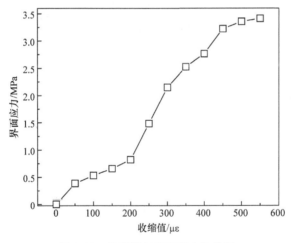

图 5-20　收缩值与界面应力的关系

5.4　力　学　性　能

5.4.1　抗压强度

　　图 5-21 给出了表 5-7 所示的四组混凝土不同龄期的抗压强度测试结果。由图可知，随着龄期的增加，SCC 试样与 NC 试样的立方体抗压强度逐渐增大，NC 试样在龄期为 1d、7d、28d 和 56d 时的强度值均略高于 SCC 试样。与 SCC1

试样相比，SCC2 试样和 SCC3 试样在龄期为 1d 和 7d 分别降低 31.2%、14.1%和 22.6%、9.6%，至 28d 及 56d 龄期时，三组 SCC 试件的抗压强度基本相同。这表明膨胀剂 UEA、黏度改性剂 VMA 的加入对 SCC 早期强度的发展有一定的延迟作用，这主要是由于上述两组分的掺入减少了体系水泥熟料的含量，从而降低了早期水化进程，随着龄期增加，UEA、VMA 分别参与水化作用，优化了体系的水化产物组成和微结构，特别是 UEA 水化生成的膨胀性钙矾石晶体的膨胀密实作用以及黏度改性剂的密实增强作用，改善了水泥石基体微结构和性能。SCC 试样和 NC 试样 28d 及 56d 龄期的立方体抗压强度基本相似，可以满足预期强度设计要求。

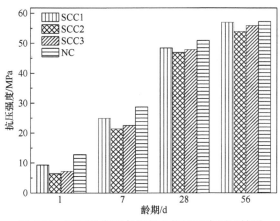

图 5-21　不同龄期下各混凝土抗压强度测试结果

5.4.2　压缩应力-应变关系

试验测试得到的各试样应力-应变曲线如图 5-22 所示。为便于讨论，将图 5-22 中的各应力-应变曲线进行标准化处理，X、Y 坐标均采用无量纲坐标(式(5-13))，并进一步采用过镇海模型[6]进行拟合分析，得到标准化后的应力-应变曲线如图 5-23 所示，曲线拟合公式如式(5-14)和式(5-15)所示，根据上述曲线得到拟合方程中的参数 α 和 p，列于表 5-9 中。

$$x = \frac{\varepsilon}{\varepsilon_c}, \quad y = \frac{\sigma}{f_c} \tag{5-13}$$

式中，f_c 为混凝土轴心抗压强度；ε_c 为 f_c 对应的峰值应变。

上升段：

$$y = \alpha x + (3 - 2\alpha)x^2 + (\alpha - 2)x^3, \quad 0 \leqslant x < 1 \tag{5-14}$$

下降段：

$$y = \frac{x}{p(x-1)^2 + x}, \quad x \geqslant 1 \tag{5-15}$$

　　单轴受压作用下，混凝土应力-应变曲线能够反映其变形能力及吸能特性。过镇海模型中上升段用独立参数 α 反映混凝土弹性模量大小，α 值越小，塑性变形占总变形的比例越小。下降段采用独立参数 p 反映混凝土的脆性和破坏的快慢，p 值越大，应力-应变曲线下降段越陡，表明混凝土峰后变形能力越差，脆性越大，破坏过程越急速。

　　图 5-22 和图 5-23 所示的应力-应变曲线表明，三组 SCC 试样与 NC 试样表现出的力学特征稍有不同，而从表 5-9 中各应力-应变曲线特征参数的变化进一步可知，相比于 NC 试样，各 SCC 试样的峰值应变 ε_c、p 及 α 值均大于 NC 试样，表明 NC 试样的弹性变形大于 SCC 试样，而 NC 应力-应变曲线下降段的塑性变形大于 SCC 试样，NC 试样的脆性小于 SCC 试样。同时也可以看到三组 SCC 试样的应力-应变曲线呈现一定的不同，以 SCC1 试样为基准组，SCC2 试样、SCC3 试样的 α 值与 p 值分别提高 10.5%、32.3%与 3.7%、10.8%。这表明掺入 UEA 和

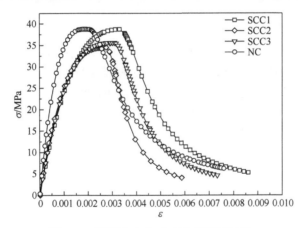

图 5-22　混凝土应力-应变曲线测试结果

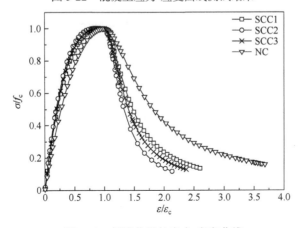

图 5-23　标准化后的应力-应变曲线

VMA，使得 SCC 应力-应变曲线在上升段呈现较大的塑性变形，且塑性变形与弹性变形比例增大，而应力-应变曲线下降段下降迅速，脆性有一定的增加，其中单掺 UEA 的 SCC2 下降段脆性增加最大，而同时掺入 UEA 和 VMA 的 SCC3 则与 SCC1 基本接近，可见 VMA 的掺入一定程度上弥补了 UEA 对混凝土脆性增加的不利影响。

表 5-9　长方体试件应力-应变曲线基本特征参数

编号	f_c /MPa	ε_c /($\times 10^{-6}$)	α	p
NC	38.7	2062	2.20	2.71
SCC1	36.9	3308	2.95	6.50
SCC2	34.5	2755	3.26	8.60
SCC3	35.6	3093	3.06	7.20

5.4.3　断裂性能

为了解充填层用 SCC 的断裂特性，以下基于缺口梁三点弯曲试验测试得到 SCC 的荷载-位移曲线(P-δ)和荷载-裂隙口张开位移(P-CMOD)曲线，结果如图 5-24 和图 5-25 所示，并分析其断裂性能参数，包括断裂能、特征长度和延性指数等。断裂能是指试件裂缝扩展单位面积所需消耗的总能量，特征长度则反映材料的脆性；延性指数反映材料抵抗变形的能力，延性指数越大，材料抵抗变形的能力就越好。基于图 5-24 和图 5-25 的曲线试验数据，并根据徐世烺等提出的双 K 断裂准则计算断裂参数[7-10]，对混凝土起裂韧度(K_{IC}^Q)、失稳韧度(K_{IC}^S)、断裂能(G_f)、特征长度(L_{ch})和延性指数(D_u)进行计算，G_f、L_{ch}、D_u 计算公式分别如式(5-16)～式(5-18)所示，抗拉强度(f_t)计算如式(5-19)所示，各参数计算结果见表 5-10。

$$G_f = \frac{\int_{\delta_{max}}^{\infty} p \mathrm{d}\delta_{max}}{A_{lig}} = \frac{W_0 + mg\delta_{max}}{B(D - a_0)} \tag{5-16}$$

$$L_{ch} = \frac{G_f E}{f_t^2} \tag{5-17}$$

$$D_u = \frac{G_f}{P_{max}} \tag{5-18}$$

$$f_t = 0.3 f_c^{2/3} \tag{5-19}$$

式中，G_f 为断裂能；A_{lig} 为断裂带净面积；W_0 为 P-δ 曲线下的面积；mg 为试件支点之间的重量；δ_{max} 为梁最终破坏时的加载点位移；L_{ch} 为特征长度；E 为弹性模量；f_t 为抗拉强度；f_c 为抗压强度；D_u 为延性指数；P_{max} 为峰值荷载。

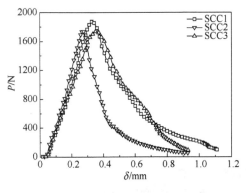
图 5-24　三组 SCC 试样的 P-δ 曲线

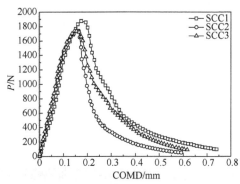
图 5-25　三组 SCC 试样的 P-CMOD 曲线

表 5-10　各混凝土的断裂参数结果

编号	P_{max}/N	弯拉强度/MPa	K_{IC}^{Q} /(MPa·m$^{1/2}$)	K_{IC}^{S} /(MPa·m$^{1/2}$)	G_{F}/(J/m^{2})	L_{ch}/cm	D_{u}
SCC1	1877	4.20	0.63	1.38	174.5	34.5	0.092
SCC2	1739	4.12	0.57	0.91	109.9	20.6	0.063
SCC3	1738	4.16	0.61	1.25	156.5	29.2	0.090

从图 5-24 所示 SCC 缺口梁三点弯曲试验得到的 P-δ 曲线可以看到,三组 SCC 试样的应力-应变特征存在一定的不同,特别是当荷载超过峰值后的曲线下降段明显不同,掺加 UEA、VMA 的 SCC 试样曲线下降段更陡,下降速率更大。同时,根据图 5-25 中 P-CMOD 曲线计算得到起裂韧度和失稳韧度。由表 5-10 可知,以 SCC1 为基准组,掺入 UEA 及 VMA 后,SCC 试样的起裂韧度和失稳韧度有所下降;从断裂能、特征长度及延性指数分析可知,相对于基准组,掺入 UEA 的 SCC2 试样断裂能下降 37.0%、特征长度下降 40.3%、延性指数下降 31.5%;对于双掺 UEA 与 VMA 的 SCC3 试样,其断裂能下降 10.3%、特征长度下降 15.4%、延性指数下降 2.2%。这表明,相比于 SCC1,单掺 UEA,使混凝土脆性特征明显增强,断裂能显著降低,双掺 UEV 及 VMA 的 SCC3 的断裂能、特征长度及延性指数也有稍许降低。另外,根据文献[11]所给出的针对相似条件 NC(C40)的断裂性能研究结果可知,除 SCC2 试样外,本节所讨论的高速铁路 CRTSⅢ型板式无砟轨道充填层 SCC 的断裂性能与 NC 相比基本相当(仅有稍许降低),断裂能和延性指数的降低率不超过 10%。

基于混凝土的组成、结构与性能及其相互关系原理可知,混凝土是由水泥石、骨料及骨料与水泥石之间界面组成的,其承载能力、变形性能以及断裂特性均取决于各相的性质及其相互作用。从上述结果可知，SCC 与 NC 应力-应变曲线呈现一定的不同，特别是 NC 峰值应变要小于 SCC，而 SCC 峰后曲线下降速率大于 NC。分析其原因主要是 SCC 与 NC 的组成及微结构不同，充填层 SCC 的典型配合比表明，每立方米 SCC 中粗骨料的体积为 615L，而每立方米 NC 中粗骨料的体积为 660L，SCC 粗骨料体积含量明显小于 NC，粗骨料在混凝土中起到骨架作用，抑制变形并限制裂缝扩展，粗骨料的增加一定程度上导致混凝土在峰值荷载前的变形较小；同时，骨料体积较大也导致混凝土中的浆体与骨料界面数量增多，C40 混凝土裂缝主要沿浆体与骨料界面扩展，裂缝在 NC 中扩展会消耗更多的能量，从而导致 NC 应力-应变曲线峰后延性优于 SCC。

另外，在骨料数量和级配相同的情况下，水泥石性质及界面黏结强度成为影响混凝土断裂特性的主导因素。分析三组 SCC 试样，掺入 UEA 的 SCC2 试样脆性特征最为明显，与 SCC3 试样相比，SCC2 试样延性有所提高，其断裂能、特征长度及延性指数与 SCC1 试样较为接近。分析其原因认为，UEA 等量取代水泥后，体系中水泥含量降低，生成的 C-S-H 凝胶数量减少，且改变了水泥石物相组成及其与骨料之间的界面结构。一定程度上削弱了水泥石与骨料的界面黏结作用[12]。同时，UEA 取代部分水泥颗粒，UEA 参与水化后生成钙矾石晶体，减少 C-S-H 凝胶的生成，钙矾石晶体为针状六面体且长细比较大，造成水泥石本体的断裂能较低，脆性特征明显；而试验采用的 VMA 可有效减小孔隙率并增强保水性能，优化水泥石的微结构以及水泥石与骨料的界面黏结作用，因而有利于改善混凝土的断裂性能。

图 5-26 所示为按照 SCC 试样及 NC 试样配合比制备的水泥石试样孔径分布测试结果，表 5-11 为试样不同孔径范围的分布统计结果。

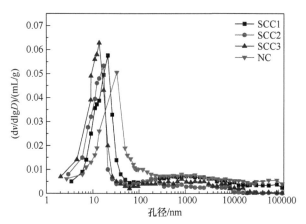

图 5-26　按照 SCC 试样及 NC 试样配合比制备的水泥石试样孔径分布测试结果

表 5-11　不同组成混凝土不同孔径范围的分布统计结果

编号	总孔体积分数/%	孔径体积分布/%			
		>1000nm	100~1000nm	50~100nm	10~50nm
SCC1	9.72	13.3	21.2	18.0	47.5
SCC2	9.21	8.2	18.5	20.7	52.6
SCC3	8.75	6.4	13.1	26.3	54.2
NC	11.60	14.2	24.6	15.3	45.9

由图 5-26 和表 5-11 所示孔隙结构试验结果可知，SCC3 试样的中值孔径为 14.4nm，同时 SCC3 试样的孔隙率相比于 SCC1 下降 10%，且 SCC3 试样中大孔隙所占比例显著降低，且向小孔转移。由此可见，同时掺入 VMA 及 UEA 能够有效优化 SCC 的孔隙结构。

SCC3 试样 56d 龄期的扫描电子显微镜(scanning electron microscope，SEM) 照片如图 5-27 所示。由图可见，同时掺入 UEA 和 VMA 的 SCC3 试样水泥石内部微观形貌均匀一致且结构致密，UEA 生成的钙矾石能够充填水泥石中的孔隙，同时 VMA 能进一步优化水泥石孔隙结构。这种密实的微观结构与前述测试得到的 SCC3 试样徐变值较低的结果具有一致性。

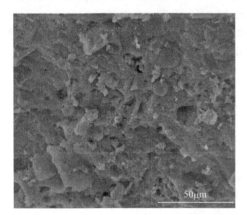

图 5-27　SCC3 试样 56d 龄期的 SEM 照片

5.5　本　章　小　结

本章讨论了典型充填层 SCC 的物理力学性能及其与组成参数之间的关系，主要结论如下：

(1) 单位用水量、砂率及外加剂对充填层 SCC 拌和物工作性和灌注施工后的充填层质量影响显著。选用合适的单位用水量、砂率、减水剂品种及掺量有利于改善 SCC 拌和物性能。充填层用 C40 SCC 的单位用水量宜不大于 170kg/m³，中砂砂率宜为 49%～52%，并选用减水率较高、气泡稳定性较高的高效减水剂。

(2) 膨胀剂 UEA 和黏度改性剂 VMA 能够有效降低 SCC 的收缩及徐变变形，其 360d 龄期的收缩值在 300με 左右；其干缩变形和徐变变形与同强度等级 NC 相差不大，且 SCC 充填层与蒸养混凝土轨道板之间具有较好的变形协调性能。

(3) 与同强度等级普通混凝土相比，单掺 UEA 及双掺 UEA 和 VMA 的 SCC 在 7d 龄期前的抗压强度稍低，而 28d 龄期后的抗压强度发展基本相似。

(4) 相比于相同强度等级普通混凝土，SCC 的单轴压缩应力-应变曲线峰值应变有所增大，而峰后曲线下降迅速，脆性较大，破坏较为迅速。

(5) 与基准组 SCC 相比，单掺 UEA 将使得 SCC 的起裂韧度、失稳韧度、断裂能、特征长度以及延性指数均呈现降低趋势；而双掺 UEA 和 VMA 时，SCC 断裂性能仅有稍许降低，其断裂能及延性指数的降低率均不大于 10%，表现出与普通混凝土相当的断裂性能。

参 考 文 献

[1] Leemann A, Lura P, Loser R. Shrinkage and creep of SCC — The influence of paste volume and binder composition[J]. Construction and Building Materials, 2011, 25(5): 2283-2289.

[2] 马昆林, 龙广成, 谢友均. CRTS Ⅲ型板式无砟轨道充填层自密实混凝土碳化及力学性能演变的研究[J]. 铁道科学与工程学报, 2012, 9(6): 42-47.

[3] 龙广成, 刘赫, 刘昊. 充填层自密实混凝土力学性能[J]. 硅酸盐通报, 2017, 36(12): 3964-3970.

[4] 龙广成, 李宁, 谢友均, 等. 板式轨道充填层自密实混凝土的动态力学特性[J]. 铁道科学与工程学报, 2018, 15(6): 1363-1372.

[5] 刘赫. CRTS Ⅲ型板式无砟轨道充填层自密实混凝土制备原理与应用技术[D]. 长沙: 中南大学, 2018.

[6] 过镇海. 混凝土的强度和本构关系: 原理与应用[M]. 北京: 中国建筑工业出版社, 2004.

[7] 徐世烺. 混凝土断裂试验与断裂韧度测定标准方法[M]. 北京: 机械工业出版社, 2009.

[8] Xu S L, Reinhardt H W. A simplified method for determining double-K fracture parameters for three-point bending tests[J]. International Journal of Fracture, 2007, 104(2): 181-209.

[9] 徐世烺, 赵国藩. 混凝土结构裂缝扩展的双 K 断裂准则[J]. 土木工程学报, 1992, 25(2): 32-38.

[10] 张君, 刘骞. 基于三点弯曲实验的混凝土抗拉软化关系的求解方法[J]. 硅酸盐学报, 2007, 35(3): 268-274.

[11] 韩宇栋, 张君, 高原. 粗骨料体积含量对混凝土断裂参数的影响[J]. 工程力学, 2013, 30(3): 191-197, 205.

[12] Hu S G, Li Y. Research on the hydration, hardening mechanism and microstructure of high performance expansive concrete[J]. Cement and Concrete Research, 1999, 29(7): 1013-1017.

第6章　充填层自密实混凝土的抗冻耐久性能

冻融环境是我国基础设施结构面临的重要严酷服役条件之一。结合 SCC 的结构特点，研究冻融环境下充填层 SCC 耐久性能具有重要的现实意义。国内外关于 SCC 的冻融耐久性能开展了较多研究，形成了诸多成果[1-5]。本章结合相关成果，通过对比试验的方法，重点探讨冻融循环作用、冰冻-荷载共同作用等典型严酷环境下充填层 SCC 的耐久性能，以期为冻融等严酷作用条件下 CRTS Ⅲ 型板式无砟轨道的长期可靠服役提供技术支撑。

6.1　抗冻融循环性能

6.1.1　外观变化

为获得冻融循环作用下充填层 SCC 外观与性能的演变规律，采用快冻法对三组 SCC(SCC1、SCC2、SCC3)和一组相同强度等级的普通振捣密实混凝土(normal vibrated concrete，NC/NVC)进行冻融循环试验，其原材料配合比及工作性详见 5.1.1 节和表 5-7、表 5-8。各试样经过不同冻融循环次数作用后的外观形貌如图 6-1 所示。从图中可知，试样在冻前和分别经 100 次、200 次及 300 次冻融循环后的外观相差较大，经不同次数的冻融循环后，各试件外观均发生了不同程度的剥落现象，特别是 NC 试样，经过 200 次和 300 次冻融循环后，表层粗骨料出现了明显的裸露现象，而掺用 VMA 的 SCC3 试件相对于其他组而言，经 300 次冻融循环作用后的外观相对较好，表明该试样具有较好的抗冻融剥落性能。

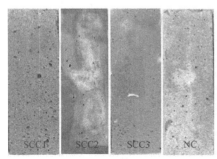

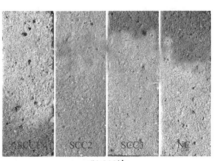

(a) 100次　　　　　　　　　　　　　　　(b) 200次

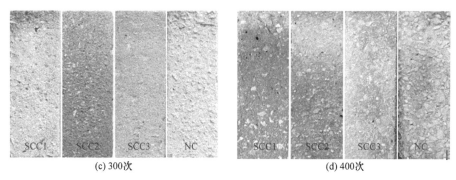

(c) 300次　　　　　　　　　　　　　(d) 400次

图 6-1　各混凝土在不同冻融循环次数作用后的外观形貌

6.1.2　动态弹性模量及质量损失率

　　图 6-2 和图 6-3 分别给出了各混凝土试样相对动态弹性模量损失率、质量损失率随冻融循环次数的变化。由图 6-2 可知，经冻融循环 300 次后，SCC1～SCC3 和 NC 四组混凝土试样的相对动态弹性模量分别下降了 27.1%、24%、14.4%及 34.4%，不同试样的动态弹性模量损失率相差较大；进一步由图 6-3 的结果可知，四组混凝土试样的质量损失率分别为 4.6%、4.0%、2.2%及 5.1%。试样的相对动态弹性模量损失率和质量损失率的测试结果表明，三组 SCC 的抗冻性能均优于 NC 试样。分析原因可知，相比于 NC，SCC 中掺入了 UEA 及 VMA，优化了混凝土内部微观结构，同时 SCC 试样中具有较高的含气量，使得混凝土能够抵抗冻融循环的破坏作用。

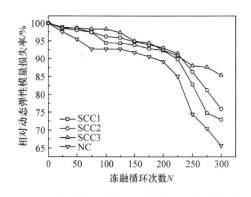

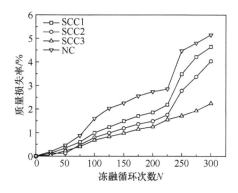

图 6-2　各混凝土试样相对动态弹性模量损失率　　　图 6-3　各混凝土试样质量损失率

6.1.3　应力-应变关系

　　图 6-4 显示了经受不同冻融循环次数作用后，NC 试样与三组 SCC 试样的

应力-应变曲线测试结果，图中 NC、SCC 表示混凝土类型，后面数字表示各试样经受的冻融循环作用次数，如 NC-100 表示 NC 经受 100 次冻融循环作用，以此类推。

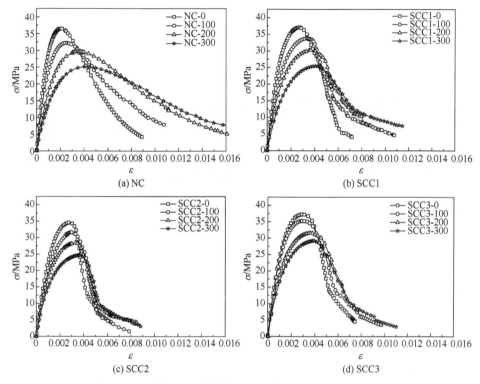

图 6-4 不同冻融循环次数作用后混凝土试样应力-应变曲线

从图 6-4 可知，经冻融循环作用后，各试样的应力-应变曲线出现了明显变化。随着冻融循环次数的不断增加，各试样的应力-应变曲线形状呈现偏向 X 轴方向的趋势，峰值应力显著降低，峰值应变逐渐增加。进一步对图 6-4 所示各试样的应力-应变曲线特征指标进行分析，所得相应峰值应力(f_{cp})、峰值应变(ε_f)及弹性模量(E)列于表 6-1，其中采用 $\sigma = 0.3f_{cp}$ 时的割线模量作为混凝土的静弹性模量。从表 6-1 中的结果可得到，经受冻融循环作用 300 次后，NC 试样及 SCC1～SCC3 试样的峰值应力分别下降了 34.0%、31.3%、28.6%及 21.5%，相应峰值应变增加了 98.5%、47.3%、35.9%及 27.3%，相应弹性模量分别下降了 52.0%、39.5%、37.6%及 30.8%。结果表明，经受冻融循环作用后，同强度等级 NC 试样比 SCC 试样的力学性能衰减更为显著。经过 300 次冻融循环作用后，NC 试样出现了明显的冻融破坏，但 SCC3 试样则表现出较好的抗冻融能力。

表 6-1　不同冻融循环作用下各混凝土应力-应变曲线特征参数

编号	特征指标	冻融循环次数			
		0	100	200	300
NC	f_{cp}/MPa	36.5	32.2	29.7	24.1
	ε_f	0.00203	0.00259	0.00341	0.00403
	E/GPa	37.1	32.5	24.6	17.8
SCC1	f_{cp}/MPa	37.10	33.86	30.21	25.47
	ε_f	0.00275	0.00333	0.00365	0.00405
	E/GPa	33.9	31.9	27.3	20.5
SCC2	f_{cp}/MPa	34.60	31.68	28.48	24.7
	ε_f	0.00273	0.00299	0.00330	0.00371
	E/GPa	31.9	28.9	24.7	19.9
SCC3	f_{cp}/MPa	37.20	35.10	31.60	29.20
	ε_f	0.00308	0.00333	0.00377	0.00392
	E/GPa	32.1	29.4	25.4	22.2

6.2　冻融循环作用下的损伤本构模型

6.2.1　模型建立

由 Lemaitre 应变等价性假说可知[6]，全应力 σ 作用在损伤材料上产生的应变与有效应力作用在无损伤材料上引起的应变等价。因此，冻融循环作用下混凝土的损伤本构关系可用式(6-1)和式(6-2)表示：

$$E_n = E_0(1 - D_n) \tag{6-1}$$

$$\sigma_n = E_0\varepsilon(1 - D_n) \tag{6-2}$$

式中，σ_n 为冻融损伤后的应力；E_0 为混凝土初始静态弹性模量；D_n 为冻融循环 N 次后的损伤变量；ε 为应变；E_n 为冻融 N 次后的混凝土静弹性模量。

将混凝土冻融损伤作为第一阶段损伤状态，将冻融循环作用后的混凝土所受荷载作用作为第二阶段损伤状态，应用应变等价原理可知冻融循环作用后的混凝土在荷载作用下的损伤本构关系，如式(6-3)所示：

$$\sigma = E_n\varepsilon(1 - D_c) \tag{6-3}$$

式中，D_c 为荷载作用引起的损伤变量。

将式(6-1)代入式(6-3)，可得冻融循环作用后混凝土在荷载作用下的本构关系，如式(6-4)所示：

$$\sigma = E_0(1-D)\varepsilon \tag{6-4}$$

式中，D 为冻融混凝土受荷载后的总损伤变量，$D = D_c + D_n + D_cD_n$。

根据宏观唯象损伤力学，混凝土宏观物理力学性能的响应能够代表内部的劣化程度[7]，则混凝土冻融循环 N 次后的损伤变量 D_n 可以表示为

$$D_n = 1 - \frac{E_n}{E_0} \tag{6-5}$$

宏观上，混凝土可视作由无数细小微元组成的整体，每一个微元的力学性能直接影响混凝土的整体性能。当混凝土承受荷载时，其损伤程度与各细小微元有关，假设微元强度分布符合韦布尔(Weibull)分布，则其概率密度函数可表示为[8]

$$P(F) = \frac{a}{b}\left(\frac{F}{b}\right)^{a-1}\exp\left[-\left(\frac{F}{b}\right)^a\right] \tag{6-6}$$

式中，F 为微元强度分布的分布变量；a、b 为 Weibull 分布参数。

在一定单轴压缩应变条件下，混凝土中破坏微元数 N_d 与总微元数 N_t 可用式(6-7)表示为

$$N_d = N_t\int_0^{\varepsilon}P(F)\mathrm{d}F = N_t\left\{1-\exp\left[-\left(\frac{\varepsilon}{a}\right)^b\right]\right\} \tag{6-7}$$

则荷载作用下的损伤变量 D_c 可用破坏微元数与总微元数的比值表示，如式(6-8)所示：

$$D_c = \frac{N_d}{N_t} = 1 - \exp\left[-\left(\frac{\varepsilon}{a}\right)^b\right] \tag{6-8}$$

因此，冻融循环后混凝土在荷载作用下的总损伤变量 D 可用式(6-9)表示：

$$D = 1 - \frac{E_n}{E_0}\exp\left[-\left(\frac{\varepsilon}{a}\right)^b\right] \tag{6-9}$$

将式(6-9)代入式(6-4)，可得经冻融循环作用 N 次后混凝土受荷本构关系如式(6-10)所示：

$$\sigma = E_n\varepsilon\exp\left[-\left(\frac{\varepsilon}{a}\right)^b\right] \tag{6-10}$$

6.2.2　模型参数的物理意义

为讨论式(6-10)本构模型中参数 a、b 的物理意义，图 6-5 分别给出了在保持 E_n、b 值不变时，参数 a 对试样应力-应变曲线的影响，以及保持 E_n、a 值不变时，参数 b 对试样应力-应变曲线的影响。

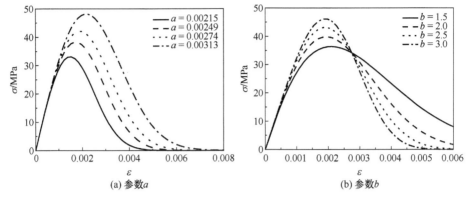

图 6-5　模型参数 a、b 对试样应力-应变曲线的影响

由图 6-5(a)可知，随着参数 a 取值不断增大，相应应力-应变曲线形状基本无明显变化，但应力-应变曲线峰值应力、峰值应变均不断增大；由图 6-5(b)可知，随着参数 b 取值不断增大，相应应力-应变曲线上升段的弹性变形所占比例不断增加，而曲线下降段越陡，破坏速度越快，脆性越高。由此可知，模型参数 a 反映峰值应变大小，a 越大表示相应的峰值应变越大；而参数 b 则反映试样的脆性特征，b 值越大表明其脆性越大、极限应变越小。

6.2.3　模型参数计算及验证

将式(6-10)取对数可得式(6-11)：

$$\ln \sigma = \ln(E_n \varepsilon) - \left(\frac{\varepsilon}{a}\right)^b \tag{6-11}$$

将式(6-11)两边取对数可得式(6-12)：

$$\ln\left(-\ln \frac{\sigma}{E_n \varepsilon}\right) = b \ln \frac{\varepsilon}{a} = b \ln \varepsilon - b \ln a \tag{6-12}$$

令 $Y = \ln\left(-\ln \dfrac{\sigma}{E_n \varepsilon}\right)$，$X = \ln \varepsilon$，则式(6-12)可以转化为式(6-13)：

$$Y = bX - C \tag{6-13}$$

式中，$C = b \ln a$，通过数据变换并线性拟合可得到 b 和 C，即得到式(6-14)：

$$a = \exp\left(\frac{C}{b}\right) \tag{6-14}$$

结合试验测试得到的应力-应变曲线结果，计算得到的本构模型参数及相关系数，列于表 6-2，并将由模型计算得到的应力-应变曲线结果与试验结果绘于图 6-6。

表 6-2　本构模型的参数及决定系数

编号	参数 $a/(\times 10^{-4})$	参数 b	决定系数 R^2
NC-0	26.6	1.26	0.992
NC-100	28.6	1.05	0.979
NC-200	32.7	0.92	0.998
NC-300	36.8	0.89	0.998
SCC1-0	28.6	1.45	0.968
SCC1-100	28.8	1.22	0.940
SCC1-200	29.8	1.13	0.947
SCC1-300	32.7	1.06	0.940
SCC2-0	26.9	1.61	0.937
SCC2-100	28.3	1.48	0.917
SCC2-200	29.4	1.50	0.930
SCC2-300	31.9	1.43	0.947
SCC3-0	30.2	1.49	0.967
SCC3-100	31.4	1.38	0.981
SCC3-200	32.9	1.30	0.948
SCC3-300	34.7	1.29	0.957

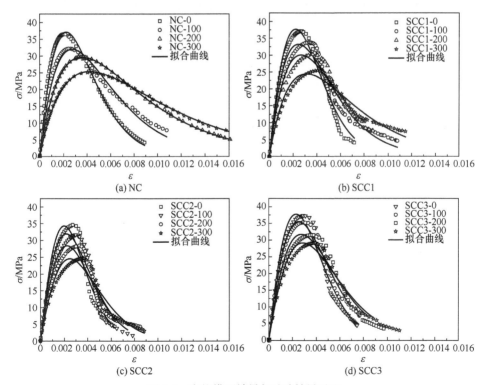

图 6-6　本构模型结果与试验结果对比

由表6-2可知,冻融循环300次,四组混凝土的模型参数 b 值分别降低29.4%、26.9%、11.2%和13.4%。可以看出,冻融循环作用下,NC 峰值应变和极限应变大幅提高,其次为SCC1,SCC2与SCC3不明显,其与图6-4应力-应变曲线形状变化规律一致,且冻融循环作用下混凝土的脆性特征减弱。由表6-2及图6-6可知,本构模型拟合结果与试验结果的相关系数均在0.91以上,且峰后应力-应变曲线相关性较好,表明所建立的本构模型能够对 NC 及 SCC 冻融循环后承受荷载的应力-应变关系进行准确预测。

6.2.4 损伤变量演化特性

根据损伤力学可知,材料内部损伤不断累积是其强度降低的主要原因。为进一步揭示不同冻融循环次数作用后混凝土力学损伤机制。根据式(6-9)对冻融循环后混凝土承受荷载作用的损伤变量 D 进行计算,四组试样不同冻融循环次数作用下损伤变量 D 随应变 ε 的变化关系如图6-7所示,由图6-7可以看到,在各冻融循环次数下损伤变量 D 随应变 ε 呈 S 形单调递增,当各试样应变达到0.004时,各自损伤变量基本都超过0.8,且随着混凝土试样的应变值 ε 和冻融循环作用次数的增

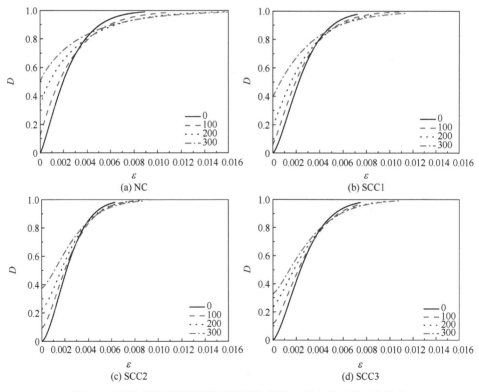

图6-7 不同冻融循环次数作用下损伤变量 D 随应变 ε 的变化关系

加，混凝土试样损伤变量 D 的增长速率不断下降；同时，随着冻融循环次数的增加，应变为零所对应的初始损伤值不断增加。另外，还可发现，四组试样的损伤变量随应变、冻融循环次数的变化趋势相似，但 NC 试样在峰值应变后其损伤变量的发展速率低于 SCC 试样。分析其原因可知，由于 C40 强度等级的 NC 试样自身组成的特点，其骨料体积含量较高，导致其混凝土内部骨料与浆体的界面数量较多，其裂缝主要沿骨料与浆体的界面处进行扩展，从能量的角度出发，裂缝在 NC 中扩展会消耗更多的能量，另外，由于 NC 的粗骨料体积含量较高，在单轴压缩过程中，NC 试样中碎块之间的机械咬合力和碎块之间的摩阻力均大于 SCC 试样，导致 NC 试样在峰后的损伤变量发展速率低于 SCC 试样，且极限应变较大。随着冻融循环次数的增加，混凝土内部产生的微裂缝不断增多，孔隙不断增大，冻融损伤越来越严重；单轴压缩作用会使得冻融损伤产生的微裂缝出现闭合现象，消耗一部分能量，从而使损伤变量发展速率随着冻融循环次数的增加而不断下降。综上所述，所提出的本构模型中损伤变量 D 可较好地描述冻融循环作用下混凝土力学损伤的演变规律。

结合图 6-7，可得到四组试样在未承受荷载时(应变为零)的冻融损伤变量 D_n 随冻融循环次数 N 的变化结果如图 6-8 所示。表明随着冻融循环次数 N 的增加，四组试样的冻融损伤变量不断增加，冻融循环作用 300 次后，NC 试样及 SCC1～SCC3 试样损伤变量值分别为 0.52、0.40、0.38 及 0.32，表明 SCC 抗冻性能优于 NC，相比于基准组 SCC1 试样，掺入 UEA 能够提高 SCC2 试样抗冻性能，同时掺入 UEA 和 VMA 对 SCC3 试样抗冻性能有进一步的提升作用。混凝土损伤变量 D_n 与冻融循环次数 N 之间符合指数函数关系，对图 6-8 数据进行拟合，得到 NC 及 SCC 损伤变量 D_n 与冻融循环次数 N 之间的经验关系，如式(6-15)～式(6-18)所示，其相关系数分别为 0.998、0.996、0.998 和 0.984。

NC：
$$D_n = 0.248e^{\frac{N}{267.5}} - 0.244 \tag{6-15}$$

SCC1：
$$D_n = 0.098e^{\frac{N}{185.3}} - 0.102 \tag{6-16}$$

SCC2：
$$D_n = 0.398e^{\frac{N}{448.9}} - 0.399 \tag{6-17}$$

SCC3：
$$D_n = 1.891e^{\frac{N}{1941.2}} - 1.894 \tag{6-18}$$

将 NC 和 SCC 试样的 D_n 与 N 的关系式对 N 进行求导，得到 D_n 增长速率随冻融循环次数 N 的发展规律，其结果如图 6-9 所示。分析可知，NC 试样的 D_n 增长速率随冻融循环次数的增加发展最为迅速，且均高于 SCC 试样。相比于基准组 SCC1 试样，掺入 UEA 的 SCC2 试样的 D_n 增长速率有所降低，而双掺 UEA 和 VMA 的 SCC3 试样的 D_n 增长速率进一步降低。主要原因是，相比于 NC，SCC 中浆体含量较多，骨料体积含量减小，浆体与骨料之间的界面数量减少，且 SCC 界面强度高于 NC，对于冻融循环作用产生的破坏应力有较好的抵抗作用，使得 SCC 在冻融循环作用下的损伤程度较小，从而其 D_n 增长速率有所降低。相比于基准组 SCC1 试样，SCC2 试样中掺入的 UEA 水化形成了较多的膨胀性产物——钙矾石，其填充至水泥石中的孔隙，使得体系总孔隙率减小，水泥石结构更加紧密，从而使得 D_n 发展速率得到抑制。SCC3 试样同时掺入 UEA 及 VMA，使体系的微结构进一步优化，且具有适量的含气量，有效抵抗了冻融膨胀破坏作用，从而最终导致 SCC3 试样的冻融损伤变量 D_n 发展速率较低。

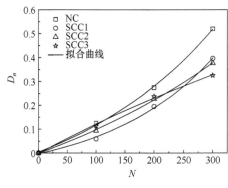

图 6-8　不同冻融循环次数作用下 D_n 的变化规律

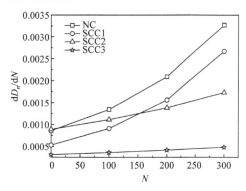

图 6-9　不同冻融循环次数作用下 D_n 增长速率变化规律

6.3　冻融循环作用下的服役寿命预测

6.3.1　室内冻融循环次数与实际循环次数换算

混凝土寿命预测的关键问题是如何建立实际冻融环境对混凝土作用程度的量化指标，同时建立室内冻融循环作用与实际冻融循环作用的换算关系。冻融循环作用的指标主要包括冻融循环次数、降温速率、最低冰冻温度、冰冻时间及混凝土的饱和吸水率等。由于室内加速试验制度与实际环境的差异，许多冻融试验数据难以直接进行实际环境下的混凝土耐久性预测。因此，需要建立室内冻融损伤与室外冻融损伤之间的关系，将室内加速试验的冻融循环次数等效换算到室外等效冻融循环次数，从而确立室内与现场环境的相互关系。

对室内冻融循环作用的主要指标进行讨论并综合分析室内加速试验与实际冻

融环境的区别，建立室内冻融循环次数与现场实际环境下的冻融循环次数的等效换算关系，基于表 6-3 所示的我国主要城市路面混凝土年冻融循环次数，对充填层 SCC 在寒冷地区的服役性能进行预测，为充填层 SCC 服役性能提供技术支持。对表 6-3 中最冷月平均气温与年冻融循环次数的数据进行分析，如图 6-10 所示，并对其进行拟合，得到两者的关系，如式(6-19)所示。

表 6-3　我国主要城市路面混凝土年冻融循环次数[9]

城市	最冷月平均气温/℃	年冻融循环次数	城市	最冷月平均气温/℃	年冻融循环次数
哈尔滨	−19.7	129	郑州	−0.3	58
牡丹江	−18.8	126	武汉	2.8	47
沈阳	−12.7	114	合肥	2.4	45
长春	−16.8	119	南昌	4.4	44
延吉	−14.7	112	重庆	6.7	43
西宁	−8.9	110	杭州	3.6	26
乌鲁木齐	−10.6	111	上海	3.30	23
兰州	−7.3	107	宁波	4.9	32
呼和浩特	−13.2	123	长沙	4.6	32
太原	−7.0	100	贵阳	4.9	31
拉萨	−2.3	100	南京	3.1	25
石家庄	−3.1	78	成都	5.6	15
北京	−4.7	84	福州	10.4	5
银川	−9.2	80	厦门	12.6	1
大连	−5.3	79	南宁	12.6	0
天津	−4.2	77	广州	13.4	0
济南	−1.7	70	海口	17.1	0
西安	−1.3	68	昆明	7.8	0
青岛	−2.6	67			

$$y = 56.9 - 4.33x, \quad R^2 = 0.882 \tag{6-19}$$

基于文献[10]和[11]，采用 N_{eq} 表示某地区的年平均等效室内冻融循环次数，其计算式为

$$N_{eq} = kN_{act}/S \tag{6-20}$$

式中，S 为室内外损伤比例系数；k 为室内外混凝土含水量的比例系数；N_{act} 为实际环境下的冻融循环次数。

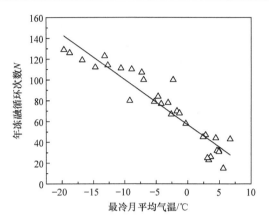

图 6-10 最冷月平均气温与年冻融循环次数的关系

对于与水接触较为频繁的混凝土结构，k 值一般可以近似取值为 1，而对于一般处于空气环境中的混凝土结构，混凝土内部含水量小于饱和吸水量，应考虑降雨或降雪对暴露面的影响，k 值一般需要根据所处的实际环境情况进行确定。

以实际环境中最冷月平均降温速率来表征现场冻融环境的降温速率，可采用式(6-21)计算室内外损伤比例系数 S。

$$S = \left(\frac{\theta_0}{\theta'}\right)^{\xi} = \left(\frac{\Delta\theta_0 / t_0}{\Delta\theta' / t}\right)^{\xi} \tag{6-21}$$

式中，θ' 为实际环境中最冷月平均降温速率；θ_0 为室内加速试验的降温速率；ξ 为与材料相关的参数；$\Delta\theta'$、$\Delta\theta_0$ 和 t、t_0 分别为室内试验及现场实际环境中温差与降温时间间隔。

6.3.2 计算实例

以东北某线路为例，查阅近 50 年的气温资料，得到该地区的平均降温速率为 0.913℃/h，室内试验采用常规快冻法进行冻融试验，温度范围控制在 –18～5℃，每次冻融循环时间为 3.5h，因此室内平均降温速率为 13.1℃/h。根据文献[12]，ξ 取 0.946，根据气象资料可得该地区最冷月平均气温为 –13.3℃，将其代入式(6-19)可得，其年冻融循环次数为 114.5 次。由此将上述参数代入式(6-21)可得室内外损伤比例系数 S，如式(6-22)所示：

$$S = \left(\frac{\theta_0}{\theta'}\right)^{\xi} = \left(\frac{13.1}{0.913}\right)^{0.946} = 12.4 \tag{6-22}$$

通过现场取样并对充填层 SCC 含水量进行测试,同时与试样饱和吸水量进行对比分析,得到 k 取值为 0.5,将计算所得的 S 代入式(6-20),可得年平均等效室内冻融循环次数 N_{eq},如式(6-23)所示:

$$N_{eq} = \frac{kN_{act}}{S} = \frac{0.5 \times 114.5}{12.4} = 4.62 \tag{6-23}$$

基于室内快速冻融试验结果,充填层 SCC 可经受室内冻融循环次数为 300 次,按照式(6-23)的计算结果,可预测充填层 SCC 在寒冷地区服役 65 年期间的性能演化规律,服役年限 T 与 SCC 强度损失率、峰值应变增长率、弹性模量损失率及冻融损伤变量的关系如图 6-11～图 6-14 所示,且通过数学拟合分析,各自符合较好的线性数学关系。所得服役年限与 SCC 力学性能指标及冻融循环损伤变量的关系,可以为充填层 SCC 运营和维护提供指导。

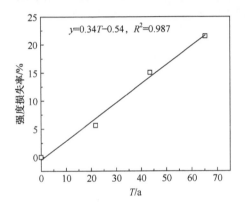

图 6-11　服役年限与强度损失率的关系

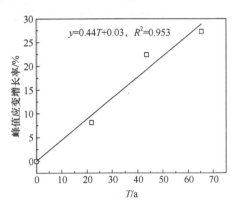

图 6-12　服役年限与峰值应变增长率的关系

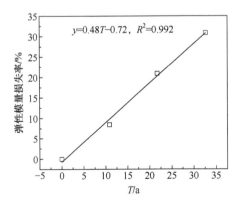

图 6-13　服役年限与弹性模量损失率的关系

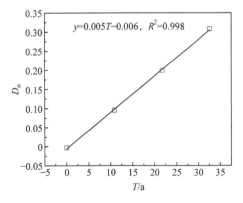

图 6-14　服役年限与冻融损伤变量的关系

6.4　抗冰冻-弯拉性能

在我国北方严寒地区(如黑龙江),负温时间较长,包括轨道结构在内的基础结构长时间暴露在冰冻环境中,在营运条件下混凝土结构将遭受冰冻-荷载的反复作用。调查表明,此条件下混凝土劣化加速。为此,结合轨道充填层的特点,以下进一步探讨充填层 SCC 在冰冻-弯拉荷载共同作用下的性能劣化规律。

6.4.1　试验概况

为调查 SCC 的冰冻-弯拉荷载共同作用下的性能,采用 5.1.1 节原材料和表 5-7 所示试样配合比,进行了强度等级均为 C40 的 3 组 SCC 和 1 组普通混凝土 NC 制备,各拌和物基本性能见表 6-4。

表 6-4　各混凝土拌和物基本性能

编号	坍落扩展度/mm	T_{500}/s	容重/(kg/m³)	含气量(体积分数)/%
NC	120	—	2390	2.7
SCC1	640	3.5	2360	3.8
SCC2	645	4.2	2370	3.0
SCC3	640	6.5	2280	7.0

拌和物性能测试完成后,立即将新拌混凝土灌入 100mm×100mm×100mm(抗压强度试验)及 100mm×100mm×300mm(抗折强度试验)塑料试模中,对新拌 NC 需要在振动台上振捣 20s 左右直至拌和物达到密实状态。试件成型 24h 后拆模并放入水中养护至 56d,养护温度为(20±2)℃。对于常温测试试样,水中养护完成后取出,在室温下将表面晾干后进行测试;对于冰冻条件下测试的试样,水中养护完成后取出,擦至饱和面干状态,立即放入低温环境箱中,温度设定为-20℃,3d 后取出进行测试。

重复加载测试采用美国 MTS 有限公司生产的高频疲劳试验机。试验夹具为改进的四点弯加载装置,其加载位置与抗折强度试验完全相同。冰冻条件下的重复加载在低温环境箱中完成,重复荷载加载试验如图 6-15 所示。

四点弯重复荷载采用正弦波加载,加载频率为 12Hz,重复加载次数为 $1.0×10^4$ 次。加载峰值荷载 S_{max} 为该状态下试件峰值荷载的 60%。为保证加载过程中试样的稳定性,荷载最小值设为 0.05MPa,重复荷载加载制度如图 6-16 所示。试样重复加载完成后立即进行抗折强度试验。

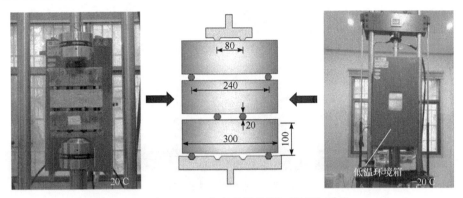

图 6-15　20℃和−20℃四点弯重复荷载加载试验(单位：mm)

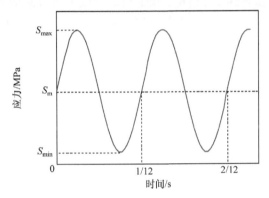

图 6-16　重复荷载加载制度

抗折强度测试采用英国英斯特朗公司生产的 Instron 材料试验机(Instron 1346)。试样采用四点弯重复荷载加载方式，试样尺寸为 100mm×100mm×300mm，加载跨度为 240mm，试样支座和加载头采用直径为 20mm 的硬钢圆柱。加载速率为 0.075MPa/s。对于冰冻条件下测试的试样，为防止表面融化对试验结果的影响，试样从低温环境箱取出后需在 3min 内完成测试，环境温度为 10~15℃。抗折强度试样上下表面几何中心沿纵向均粘贴应变片并连接应变采集仪，以收集加载过程中的应变信号，抗折强度测试如图 6-17 所示。

四点弯抗折强度 f_t 采用式(6-24)计算：

$$f_t = \frac{FL}{bh^2} \tag{6-24}$$

式中，F 为试样破坏荷载，N；L 为支座间跨度，mm；b 为试样截面宽度，mm；h 为试样截面高度，mm。

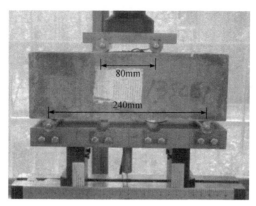

图 6-17　四点弯抗折强度测试

　　试验还测试了试样的动态性能，动态性能测试包括动态弹性模量(E_d)和阻尼比
(ζ)测试。采用 E-modumeter 测试系统来测试棱柱体试样的动态弹性模量，如图 6-18
所示。在测试过程中可得到如图 6-19 所示的衰减曲线，可用于计算阻尼比，如式(6-25)
所示。

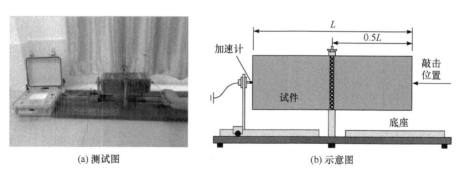

(a) 测试图　　　　　　　　　　　　　　　　　(b) 示意图

图 6-18　动态弹性模量测试

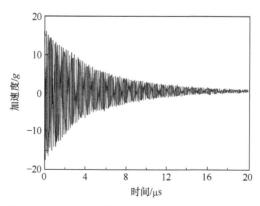

图 6-19　动态性能测试中获得的加速度衰减曲线

$$\zeta = \frac{1}{2\pi n}\ln\frac{A_1}{A_n}\qquad\qquad(6\text{-}25)$$

式中，A_1 和 A_n 分别为第 1 个和第 n 个重复中的峰值。

6.4.2　力学性能衰变规律

1. 应力-应变曲线

温度(20℃和−20℃)和重复荷载(10 万次)对四种混凝土试样的抗折应力-应变曲线的影响结果如图 6-20 所示(应力水平为 0.6)。

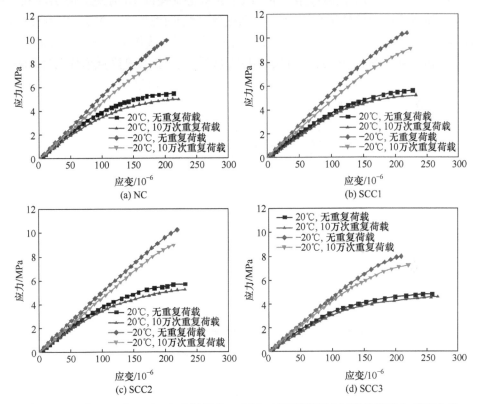

图 6-20　温度(20℃和−20℃)和重复荷载(10 万次)对四种混凝土试样抗折应力-应变曲线的影响结果

由图 6-20 可知，四个混凝土试样的峰值应力与其组成、加载条件密切相关。在 20℃条件下，NC、SCC1 及 SCC2 等三组混凝土试样的峰值应力无明显差异，SCC3 的峰值应力比其他三个混凝土试样低约 15%。这与 SCC3 中具有较高的含气量有关。当温度从 20℃降低到−20℃时，四个混凝土试样的抗折强度都有较大幅度的提高，提高率分别为 83.5%(NC)、79.2%(SCC1)、87.0%(SCC2)和 65.6%(SCC3)。

另外，重复荷载对不同温度下的抗折强度影响不同。在常温 20℃下，经 10 万次重复荷载作用后 NC、SCC1 和 SCC2 试样的抗折强度分别降低了 9.6%、7.9%和8.2%，而 SCC3 试样的抗折强度降低了 5.2%；在低温−20℃下，尽管混凝土的抗折强度较高，但其各自在经历弯拉重复荷载作用后的抗折强度下降率要大于常温，NC、SCC1、SCC2 和 SCC3 等四个试样的抗折强度下降率分别为 15.0%、12.6%、14.2%和 8.6%。由此可知，冰冻和重复荷载耦合作用加速了混凝土的性能劣化。经 10 万次重复荷载作用后，四个试样中 SCC3 在常温和冰冻条件下具有最小的抗折强度降低率，表明 SCC3 试样具有优异的抵抗冰冻和重复荷载的能力。

图 6-21 所示为负温冰冻条件下 SCC3 试样分别经过 10 万次、20 万次和 40万次弯拉疲劳作用后的抗折应力-应变曲线测试结果(温度为−20℃，应力水平为0.6)。由图 6-21 可知，SCC3 试样的抗折强度随重复荷载作用次数的增加而减小。经冰冻和弯拉作用 10 万次、20 万次和 40 万次后，其抗折强度降低率分别为 8.6%、14.0%和 33.1%。另外，从图 6-21 中还可以看出，SCC3 试样的极限应变随着重复荷载作用次数的增多而略有增大。

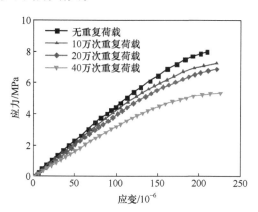

图 6-21　负温冰冻下 SCC3 在不同弯拉疲劳作用后抗折应力-应变曲线

SCC3 试样在不同重复荷载作用次数下抗折应力-应变曲线与加载过程中的损伤发展密切相关。为了定量描述冰冻和重复荷载耦合作用下 SCC3 试样的损伤演化，以下引入损伤变量的概念。根据 Lemaitre 的应变等效假说，损伤变量的定义如式(6-26)所示。SCC3 试样的损伤变量随重复荷载作用次数增加的变化规律及其拟合曲线如图 6-22 所示，相应的拟合公式如式(6-27)所示。

$$D_n = 1 - \frac{E_n}{E_0} \tag{6-26}$$

式中，D_n 和 E_n 分别为经历 n 次重复荷载作用后的损伤变量和弹性模量；E_0 为初始弹性模量。

$$D_n = 0.374\left[\exp(1.36n)-1\right], \quad R^2 = 0.95 \tag{6-27}$$

由图 6-22 可知，SCC3 试样的损伤变量随重复荷载作用次数的增加呈指数增长规律，说明冰冻和重复荷载耦合作用下 SCC3 试样损伤呈加速趋势。经历 40 万次重复荷载作用后，损伤变量可达 0.287，此时 SCC3 试样的抗折应力峰值损失率为 33.1%(图 6-21)。

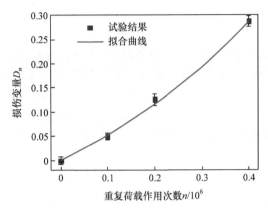

图 6-22　SCC3 试样损伤变量随重复荷载作用次数增加的变化规律及其拟合曲线

2. 应力水平的影响

图 6-23 为应力水平(加载应力与极限应力之比)分别为 0(表示未经受疲劳荷载)、0.6 和 0.75 时 SCC3 试样的抗折应力-应变曲线(温度–20℃，重复荷载作用次数 10 万次)的测试结果。由图 6-23 可以看出，在 0.6 和 0.75 应力水平下 SCC3 试样的抗折强度分别降低了 8.6%和 12.4%，表明增加弯拉疲劳荷载的应力水平，将明显加剧 SCC3 试样在冰冻-重复荷载作用下的力学性能衰减和内部结构损伤。由图 6-23 还可以看出，SCC3 试样的极限应变随疲劳荷载应力水平的增加而略有增大。

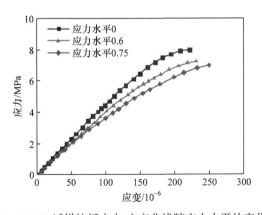

图 6-23　SCC3 试样抗折应力-应变曲线随应力水平的变化规律

3. 动态弹性模量

图 6-24 给出了不同条件下四种混凝土试样的动态弹性模量变化规律。如图 6-24 所示,在常温 20℃下,NC、SCC1 和 SCC2 试样的动态弹性模量非常接近,为 48.9～49.5GPa,要明显大于 SCC3 试样的弹性模量(仅 41.1GPa)。同时,可以发现在-20℃条件下,NC、SCC1、SCC2 和 SCC3 试样的动态弹性模量较常温分别增大了 9.90%、7.98%、6.52% 和 4.87%。常温 20℃下经 10 万次重复荷载作用后,NC、SCC1、SCC2 和 SCC3 试样的动态弹性模量较无重复荷载时分别下降了 4.65%、3.89%、3.67% 和 2.43%;而在-20℃下经 10 万次重复荷载作用后,其各自弹性模量下降率则分别为 8.09%、6.44%、5.93% 和 4.41%,明显大于常温下的降低率。以上结果表明,冰冻和重复荷载耦合作用加速了混凝土试样的劣化。另外,在冰冻-20℃下,SCC3 试样的动态弹性模量下降率随着重复荷载作用次数的增加而增大,当重复荷载作用次数为 10 万次、20 万次、40 万次时,SCC3 试样的动态弹性模量衰减率分别为 4.41%、8.35% 和 14.39%。

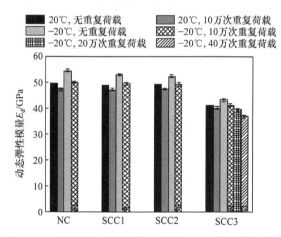

图 6-24　不同条件下各混凝土试样的动态弹性模量变化

4. 阻尼比

阻尼性能是材料的内在特性,可用内部的能量耗散来表征。阻尼比 ζ 是表征混凝土类固体材料阻尼特征的关键参数。不同条件下四种混凝土的阻尼比测试结果如图 6-25 所示。

从图 6-25 所示的结果可知,在 20℃常温无重复荷载条件下,SCC3 试样的阻尼比比其他三组混凝土试样高出 11%～23%,说明 SCC3 试样具有较好的能量耗散能力。当温度从 20℃降低到-20℃时,无重复荷载条件下 NC、SCC1、SCC2 和 SCC3 试样的阻尼比分别降低了 15.7%,14.1%,10.1% 和 6.35%;常温下经 10 万次重复荷载作用后,NC、SCC1、SCC2 和 SCC3 试样的阻尼比分别提高了

7.32%、6.77%、5.87%和 5.22%。冰冻条件下经 10 万次重复荷载作用后的阻尼比提高率分别为 8.68%、7.58%、6.52%和 5.81%。冰冻条件下经 10 万次、20 万次、40 万次重复荷载后 SCC3 的阻尼比分别提高了 5.81%、7.51%和 12.8%。测试结果表明，由于 SCC3 具有较高的含气量，其阻尼性能要好于其他三组混凝土试样。

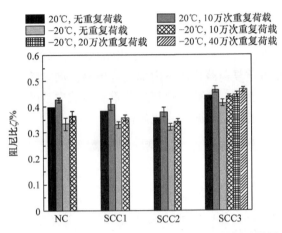

图 6-25　不同条件下各混凝土试样的阻尼比测试结果

6.4.3　机理探讨

上述结果表明，冰冻和弯拉重复荷载共同作用对 NC 和 SCC 的静态力学性能和动态力学性能都有显著影响，特别是常温和负温冰冻条件下混凝土性能的变化规律存在较明显的不同。以下将运用材料科学基本原理，初步探索其性能变化的发生机制。

图 6-26 分别展示了常温和负温冰冻条件下，受弯拉荷载作用时混凝土断裂过程示意图。由图可以得知，常温加载时，逐渐增大的拉应力很容易在试样底部将微裂缝打开并形成主裂缝；随着外部荷载的增大，主裂缝沿着最薄弱的界面过渡区方向扩展，直至试样破坏。而在冰冻条件下，试样内部的水分结冰并填充了微裂缝。另外，在冰晶和裂缝壁之间存在一个黏结力，而这个黏结力的强度比冰本身的强度要大得多。因此，要想使裂缝张开并扩展，需要更多的能量(或者更大的外部荷载)，这是负温冰冻条件下混凝土抗拉强度较常温下要更大的主要原因。另外，水结成模量更大而变形更小的冰晶，裂缝及开口孔隙处被冰晶填充，使得混凝土的变形能力降低。在主裂缝形成之前，外部能量很难通过裂缝扩展的方式被吸收，大量的应变能被累积。一旦主裂缝形成，巨大的应变能被瞬间释放，因此主裂缝扩展的方向相对固定。

同时，前述试验也表明，经 10 万次弯拉重复荷载作用后混凝土的抗折强度呈现较大降低，且–20℃负温冰冻条件下混凝土抗折强度下降率高于常温条件。这显然与冰冻条件下混凝土内部冰晶作用等微观结构的变化有关。图 6-27 给出了常温、–20℃负温以及负温与弯拉荷载共同作用等三种不同条件下混凝土内部孔缝发展变化示意图。通常，混凝土的孔隙系统分为充满水分的开口孔和不含水的封闭孔。当温度降低时，孔隙系统发生变化。一方面，开口孔中的水分结冰并填充孔隙。另一方面，水结冰产生的体积膨胀会在孔隙周围产生新的微裂缝。这些新的缺陷非常微小，相比冰的填充增强作用可以忽略不计，这也就解释了为什么混凝土在冰冻条件下强度会大幅提升。另外，水结冰同样降低了混凝土的变形能力，增加了其脆性，使得重复荷载作用下内部裂缝更易扩展。随着重复荷载作用次数的增加，裂缝的扩展加速，从而可解释随着重复荷载次数的增加混凝土损伤变量呈指数增长和抗折强度急剧衰减的变化规律。

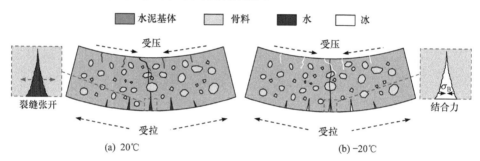

图 6-26　常温和负温冰冻条件下受弯拉荷载作用时混凝土断裂示意图

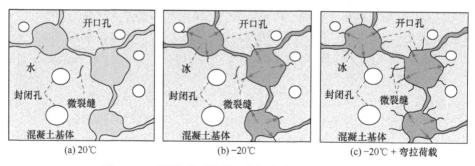

图 6-27　不同条件下混凝土内部孔缝发展变化示意图

　　此外，上述结果还表明，不同组成配合比的混凝土在上述作用条件下的性能演化规律存在不同。这可从混凝土材料组成、结构与性能的相互关系进一步阐释。从宏观组成上来看，与 SCC 相比，NC 具有更大的骨料体积含量和更弱的变形能力，且 NC 由于内部泌水等原因具有较为薄弱的界面过渡区，其在重复荷载作用下更容易劣化；而 SCC 通常具有更高的浆体体积含量，硬化后具有更多的弹性模量较低的水化产物，且 SCC 因内部泌水较少而具有更为密实的界面过渡区；

同时，SCC 中含气量较高，这些微孔可缓解加载过程中裂缝尖端的局部应力集中现象，延缓裂缝的扩展。在冰冻条件下，虽然水结冰填充开口孔使混凝土变形能力有所下降，但封闭微孔仍然具有一定的变形能力，可缓解重复荷载作用下的性能劣化速度。因此，采用黏度改性剂且含气量较高的充填层 SCC 表现出优异的抗冰冻-弯拉重复荷载耦合作用的能力。

6.5　本章小结

基于上述研究，可得出如下主要结论：

(1) 相比于同强度等级的 NC，室内快速冻融循环作用条件下，SCC 的质量损失率、强度损失率及动态弹性模量降低率均低于 NC，冻融循环作用后 SCC 试样表面状态均优于 NC 试样，典型充填层 SCC 抗冻融循环次数可达 300 次以上。

(2) 冻融循环作用后，混凝土进一步在单轴压缩荷载下的总损伤变量 D 随应变呈现 S 型单调增加趋势，且随冻融循环次数增加其增长速率降低。相比于 NC，SCC 的总损伤变量的增长曲线更为平缓。单轴压缩作用，冻融损伤产生的微裂缝出现闭合而导致损伤变量增长速率有所下降。

(3) 随着冻融循环次数增加，混凝土冻融损伤变量 D_n 呈现增长趋势，且混凝土冻融损伤变量 D_n 与冻融循环次数 N 之间符合指数函数关系。相比于 NC，SCC 的冻融损伤变量增长速率较小，UEA 和 VMA 的掺入可有效降低 SCC 冻融损伤的发展速率。

(4) 通过室内冻融循环次数与实际环境冻融循环次数的换算，实现对充填层 SCC 的寿命预测，得出了充填层 SCC 服役年限与力学性能损伤变量之间的关系，在本次调查条件下，充填层 SCC 可达到 60 年以上的服役寿命。

(5) –20℃冰冻与弯拉重复荷载耦合作用下，混凝土力学性能衰减速率大于 20℃常温与弯拉重复荷载共同作用，且同强度等级 NC 的性能衰减率大于 SCC。0.6 应力水平和–20℃负温冰冻条件，SCC 的损伤变量随弯拉重复荷载作用次数呈现自然指数函数增加，经 40 万次弯拉重复荷载作用后，典型充填层 SCC 的损伤变量接近 0.3，抗折强度降低率达 33.1%。

(6) 充填层 SCC 的动态弹性模量随弯拉荷载重复次数、应力水平的增加而明显减小。0.6 应力水平和–20℃负温冰冻条件，经 10 万次、20 万次和 40 万次弯拉重复荷载作用后，典型充填层 SCC 的动态弹性模量分别降低 4.41%、8.35% 和 14.39%。SCC 的阻尼比随弯拉重复荷载作用次数、应力水平的增加而增大。

(7) 负温冰冻条件使得混凝土内部水(液相)结冰，由此导致了内部微结构发生变化，并导致混凝土对外部荷载作用的力学响应有所不同。掺入 UEA 和 VMA 以及适当增加混凝土含气量，可提升充填层 SCC 抗冰冻-弯拉重复荷载耦合作用的性能。

参 考 文 献

[1] 代征征. 持续荷载-冻融对混凝土耐久性劣化的耦合效应研究[D]. 青岛：青岛理工大学, 2017.

[2] 龙广成, 杨振雄, 白朝能, 等. 荷载-冻融耦合作用下充填层自密实混凝土的耐久性及损伤模型[J]. 硅酸盐学报, 2019, 47(7): 855-864.

[3] 马昆林, 万镇昂, 龙广成, 等. 板式轨道充填层 SCC 疲劳损伤本构模型[J]. 铁道学报, 2020, 42(11): 139-145.

[4] 武金, 王睿, 刘怡媛, 等. 高寒地区混凝土抗冻耐久性及损伤模型[J]. 西安工业大学学报, 2023, 43(2): 127-132.

[5] 贡力, 梁颖, 宫雪磊, 等. 硫酸盐环境下再生混凝土抗冻耐久性及界面微观结构研究[J]. 应用基础与工程科学学报, 2023, 31(4): 1006-1017.

[6] Lemaitre J. How to use damage mechanics[J]. Nuclear Engineering and Design,1984, 80(2): 233-245.

[7] 余寿文, 冯西桥. 损伤力学[M]. 北京：清华大学出版社, 1997.

[8] 曹文贵, 张升, 赵明华. 基于新型损伤定义的岩石损伤统计本构模型探讨[J]. 岩土力学, 2006, 27(1): 41-46.

[9] 李晔, 姚祖康, 孙旭毅, 等. 铺面水泥混凝土冻融环境量化研究[J]. 同济大学学报(自然科学版), 2004, 32(10): 1408-1412.

[10] 邸小坛, 周燕, 顾红祥. WD13823 的概念与结构耐久性设计方法研讨[C]//第 4 届混凝土结构耐久性科技论坛论文集: 混凝土结构耐久性设计与评估方法. 北京: 机械工业出版社, 2006.

[11] 林宝玉. 我国港工混凝土抗冻耐久性指标的研究与实践[C]//中国工程院土木水利与建筑学部. 混凝土结构耐久性设计与施工指南. 北京: 中国建筑工业出版社, 2004.

[12] 蔡昊. 混凝土抗冻耐久性预测模型[D]. 北京: 清华大学, 1998.

第7章 自密实混凝土充填层的匀质性

7.1 引　言

前述对充填层 SCC 的一些基本性能进行了探讨。考虑到 CRTS Ⅲ型板式无砟轨道 SCC 充填层是一个平面面积较大、厚度较小的薄板型结构部件，而且是采用灌注充填的方式进行施工的，因此 SCC 充填层在性能与多尺度结构上的匀质性成为各方关注的焦点。本章在前期研究的基础上[1-5]，进一步就其匀质性进行详细探讨。

为更好掌握 SCC 充填层的匀质性及其主要影响因素，利用工程现场条件，进行典型工况条件下 SCC 充填层的灌注施工，共施工制作了不同工况的 7 块试验板，待凝结硬化后通过揭板试验(揭开上部轨道板，暴露出充填层)，对硬化充填层表面气泡等缺陷进行统计分析，然后再采用钻芯取样方法，钻取充填层芯样试件进行抗压强度、动态弹性模量等测试。按照图 7-1 中布点位置进行钻芯取样(小圆孔代表芯样钻取位置点)，基于均布原则进行布点(纵向布置 7 排，横向布置 4 排)，芯样直径为 70mm，取芯个数如图 7-1 所示，对芯样进行编号并放入标准养护室中养护至 56d，然后进行力学性能试验。图 7-2 为现场钻芯时的照片以及实际芯样照片。

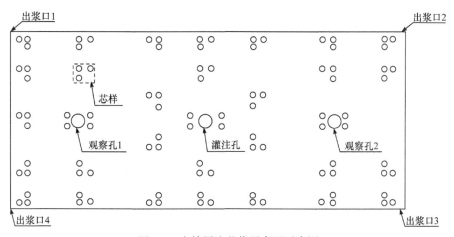

图 7-1　充填层取芯位置布置示意图

同时，为方便分析充填层的匀质性，将充填层划分为如图 7-3 所示的九部分，并用相机拍摄每部分表面照片，然后将各部分充填层表面照片导入图像分析软件

图 7-2　现场钻取芯样

Image-Pro Plus，对相应部分表面缺陷面积、气泡孔缺陷等效直径等参数进行统计分析，并根据气泡孔缺陷面积来分析评价各部分表面缺陷率；另外，对各部分芯样试件进行相应强度、动态弹性模量等性能测试分析，芯样试件从顶部至底部的粗骨料分布如图 7-4 所示。进行试验测试前，对芯样进行切割和端面补平或磨平处理。芯样试件强度采用常规试验方法进行测试，动态弹性模量采用动弹性模量测试仪测得。

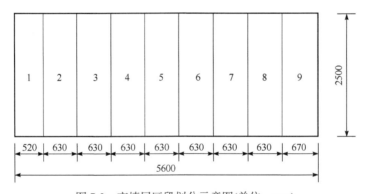

图 7-3　充填层区段划分示意图(单位：mm)

如图 7-4 所示，对芯样试件从顶部至底部按每段约 20mm 进行分割，并采用 Image-Pro Plus 分析芯样试件的粗骨料分布，并采用离析率对粗骨料分布进行定量计算分析。测试带高度为 20mm，计算每个测试带中粗骨料的体积分数，则离析率可由式(7-1)计算得到。

$$S = \sqrt{\frac{\sum\limits_{i=1}^{n}(G_i - G_0)^2}{nG_0(1-G_0)}} \times 100\% \tag{7-1}$$

式中，S 为试件的离析率；G_i 为第 i 条测试带中粗骨料的体积分数；G_0 为整个芯样粗骨料的体积分数；n 为测试带的数量。

为进一步评估充填层的匀质性，以芯样试件的强度、动态弹性模量和粗骨料离析率为基本参数，提出如式(7-2)所示的匀质性指数(homogenization index，HI)，该指数表征了充填层不同部位芯样的强度、动态弹性模量、粗骨料离析率等性能参数的变异系数(C_v)的倒数，一定程度上可反映充填层的匀质性。

$$HI = \frac{\overline{S}_d}{\sqrt{\dfrac{1}{n}\sum_{i=1}^{n}(S_i - \overline{S}_d)^2}} \tag{7-2}$$

式中，n 为芯样数量；S_i 为单个芯样的强度、动态弹性模量或离析率；$\overline{S}_d$ 为各芯样的强度、动态弹性模量或离析率的平均值。

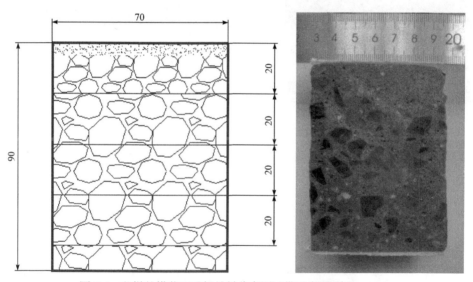

图 7-4　芯样的横截面及粗骨料分布测试带示意图(单位：mm)

另外，利用不同部位的芯样试件，通过显微硬度测试分析了充填层上部浆体(砂浆)层厚度的变化规律。取芯样顶部 20mm × 20mm × 10mm 的长方体试件，经打磨、镶嵌、抛光等步骤完成试件的制备，如图 7-5 所示。采用点阵法测试了不同工况下充填层芯样的显微硬度(测点布置如图 7-6 所示)，相邻压痕点间距为 10μm，相邻两线间距为 10μm，当显微硬度变化不大时，可适当增大相邻压痕点间距。第一个压痕距离芯样表面 0μm，试验采用恒载 0.0981N 模式。结合图像分析软件(Image-Pro Plus)测得充填层砂浆层厚度如图 7-7 所示。

最后，采用扫描电子显微镜测试分析试件的孔隙结构。试件制作和处理同显微硬度测试试件，选择背散射模式进行电子显微镜扫描，并通过图像分析定量确

图 7-5　显微硬度测试试件制备

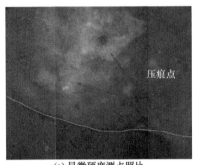

(a) 显微硬度测点照片

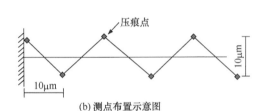

(b) 测点布置示意图

图 7-6　试件显微硬度测试测点布置(单位：μm)

图 7-7　芯样试件的砂浆层测量照片示例

定硬化硅酸盐水泥浆体的主要相，即孔隙、水化产物和未水化水泥颗粒。为了分析孔隙的分布特征，沿着试样的高度方向划分出若干条 10μm 宽的连续条测试带

(图 7-8)。考虑到图像分析结果的统计变化，随机选择和分析每条测试带中的 10 幅背散射图片。利用图像分析软件 Image-Pro Plus 对图像不同灰度值进行处理分析，确定混凝土中的孔隙阈值。

(a) 扫描电子显微镜　　　　　　　　　　(b) 测试带划分

图 7-8　扫描电子显微镜(背散射模式)测试及孔结构图像处理

7.2　力学性能分布特征

为掌握充填层性能分布及其主要影响因素，在分别考虑了 SCC 拌和物的流动性(坍落扩展度 SF)、坍落扩展时间 T_{500} 以及灌注速度(每块板灌注施工所用时间或灌注时间)等因素的条件下，研究充填层不同位置处 SCC 芯样的抗压强度、动态弹性模量的变化规律，从而分析相应力学性能分布特征以及影响因素。

7.2.1　抗压强度

图 7-9 给出了采用三种流动性的 SCC 拌和物灌注施工的充填层(板 1、板 2、板 3)SCC 抗压强度分布云图，并基于充填层强度标准差，得到 SCC 拌和物坍落扩展度与充填层基于抗压强度的匀质性指数的关系(图 7-10)。

(a) 板1，SF = 680mm，T_{500} = 3.6s，用时370s

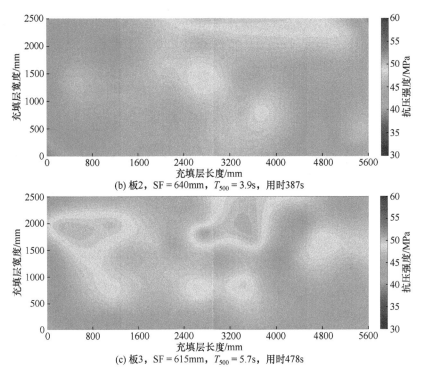

(b) 板2，SF = 640mm，T_{500} = 3.9s，用时387s

(c) 板3，SF = 615mm，T_{500} = 5.7s，用时478s

图 7-9　拌和物坍落扩展度变化下充填层不同位置处 SCC 抗压强度分布云图

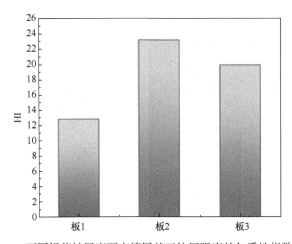

图 7-10　不同坍落扩展度下充填层基于抗压强度的匀质性指数变化

　　由图 7-9 和图 7-10 可知，充填层各位置处 SCC 的抗压强度总体上呈现出沿灌注孔向周围充填方向递减的变化趋势。同时，可以看出 SCC 拌和物坍落扩展度对充填层抗压强度分布的匀质性影响较大。板 1 采用流动性较大(实测坍落扩展度为 680mm)的 SCC 灌注,其拌和物稳定性相对较差,加之充填层内钢筋网阻隔,使得在流动的过程中 SCC 发生部分离析,导致板 1 端部出浆口附近区域混凝土中浆骨比大(浆体多),从而使得该区域 SCC 抗压强度较低,匀质性较差;采用流动性适中的 SCC 灌注施工的板 2(实测坍落扩展度为 640mm)和板 3 (实测坍落扩展度为 615mm)的抗压强度分布较板 1 更加均匀,其各自板端部出浆口附近区域混凝土抗压强度与其他位置处的混凝土基本相似。板 3 由于 SCC 拌和物坍落扩展度较小(坍落扩展度小于 620mm),其间隙通过性能较差,易在钢筋间距小的区域出现骨料集聚、局部抗压强度不均匀的情况,使得其匀质性略低于板 2。

　　图 7-11 所示为采用两种黏度不同的 SCC 拌和物灌注施工的充填层(板 4、板 5)各位置 SCC 抗压强度分布云图,SCC 拌和物 T_{500} 与充填层基于抗压强度的匀质性指数之间的关系如图 7-12 所示。由图 7-11 和图 7-12 可知,SCC 拌和物 T_{500} 对充填层各位置处的抗压强度性能影响显著,随着 T_{500} 增大,充填层匀质性显著提高。采用 T_{500} 最小的 SCC 拌和物灌注的板 4,其抗压强度呈现出沿灌注充填方向明显的梯度递减趋势,在端部四个出浆孔处的抗压强度显著降低。采用 T_{500} 较大的 SCC 拌和物灌注的板 5,其灌注口处抗压强度偏高,且充填层整体抗压强度分布的匀质性好于板 2。然而,需要注意的是,SCC 拌和物的 T_{500} 较大时,会影响灌注充填施工效率,增加灌注施工时间。

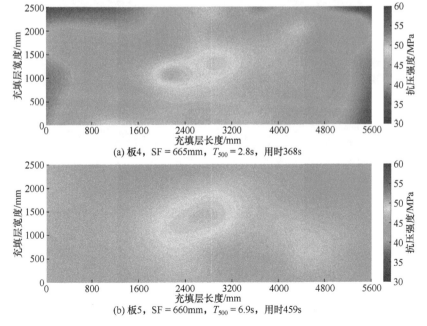

(a) 板4, SF = 665mm, T_{500} = 2.8s, 用时368s

(b) 板5, SF = 660mm, T_{500} = 6.9s, 用时459s

图 7-11　拌和物 T_{500} 变化条件下充填层不同位置处 SCC 抗压强度分布云图

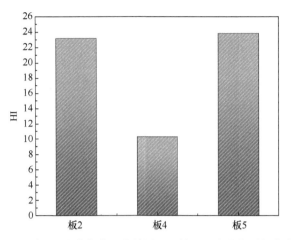

图 7-12　不同 T_{500} 变化条件下充填层基于抗压强度的匀质性指数变化

　　灌注施工所用时间(灌注速度)不同时的充填层(板 6 和板 7)不同位置处 SCC 抗压强度分布云图如图 7-13 所示, 灌注施工所用时间与充填层基于抗压强度的匀质性指数关系如图 7-14 所示。由图 7-13 和图 7-14 可知, 随着灌注施工所用时间延长,

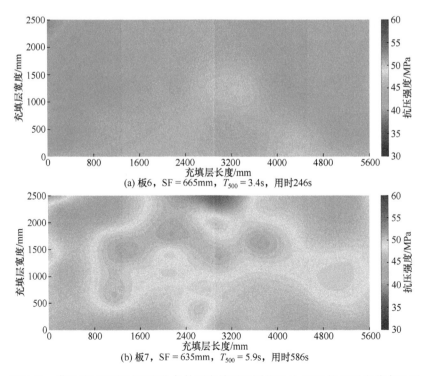

(a) 板6, SF = 665mm, T_{500} = 3.4s, 用时246s

(b) 板7, SF = 635mm, T_{500} = 5.9s, 用时586s

图 7-13　灌注施工所有时间变化条件下充填层不同位置处 SCC 抗压强度分布云图

充填层各位置处 SCC 抗压强度较为一致，SCC 匀质性增加，但相较于拌和物坍落扩展度及 T_{500}，灌注施工所用时间对充填层匀质性的影响较小。板 6(灌注时间为 246s)因灌注时间过短，在观察孔及端部出浆口附近，混凝土抗压强度略有降低，匀质性稍差。板 2(灌注时间为 387s)和板 7(灌注时间为 586s)充填层 SCC 抗压强度分布较板 6 更加均匀，且板 2 和板 7 的匀质性基本相似。

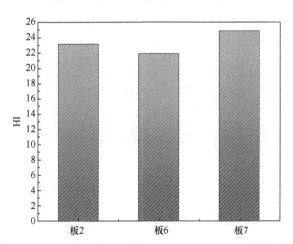

图 7-14　灌注施工所用时间变化条件下充填层基于抗压强度的匀质性指数变化

7.2.2　动态弹性模量

拌和物坍落扩展度变化下的充填层(板 1、板 2、板 3)SCC 动态弹性模量分布云图如图 7-15 所示，充填层基于 SCC 动态弹性模量的匀质性指数与拌和物坍落扩展度的关系如 7-16 所示。由图 7-15 和图 7-16 可知，SCC 充填层的动态弹性模量呈现从中间灌汴孔位置逐渐向端部出浆口下降的趋势。随着拌和物坍落扩展度的增加，SCC 充填层的匀质性降低。这主要是因为 SCC 的坍落扩展度与其稳定性密切相关。研究表明，当 SCC 拌和物坍落扩展度从 730mm 减小到 620mm 时，其离析率降低约 50%，稳定性显著提高。与板 2 和板 3 相比，板 1 由于拌和物坍落扩展度过大，SCC 稳定性较差，使得 SCC 拌和物在板腔内流动充填过程中发生了离析，导致板 1 各位置处的动态弹性模量分布不均匀。板 1 端部四个出浆口处浆骨比均高于板内的其他部位，这使得四个出浆口附近 SCC 的动态弹性模量显著降低，造成匀质性变差。板 2 和板 3 处各位置 SCC 的动态弹性模量分布比板 1 更均匀。此外，板 3 多处出现混凝土动态弹性模量较大，这主要与局部位置骨料及密实性稍有增大有关，与上述抗压强度分布云图基本一致。

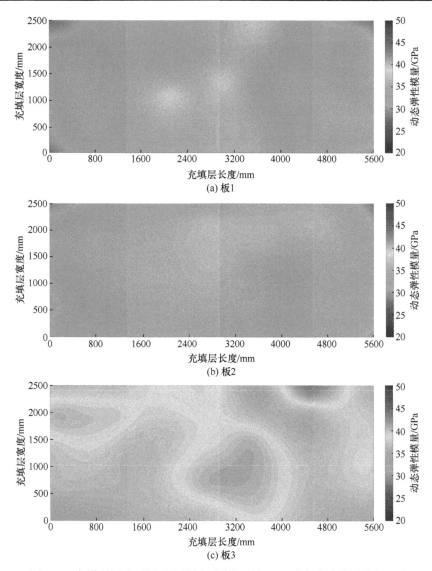

图 7-15　坍落扩展度不同时充填层不同位置处 SCC 动态弹性模量分布云图

　　结合上述抗压强度和动态弹性模量分布云图可知，当拌和物坍落扩展度大于 670mm 时，SCC 发生离析的风险增加，充填层匀质性降低；而当拌和物扩展度较小时(即扩展度小于 620mm)，拌和物的间隙通过性降低，也将影响充填层的匀质性。故充填层 SCC 拌和物坍落扩展度宜为 620～670mm。

　　拌和物坍落扩展时间(T_{500})变化条件下，充填层(板 4、板 5)不同位置处 SCC 动态弹性模量分布云图如图 7-17 所示，SCC 拌和物 T_{500} 与充填层基于动态弹性模量的匀质性指数的关系如图 7-18 所示。

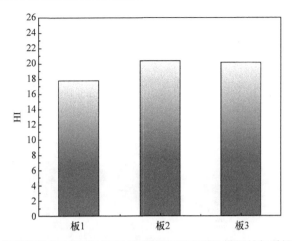

图 7-16　坍落扩展度变化条件下充填层基于动态弹性模量的匀质性指数变化

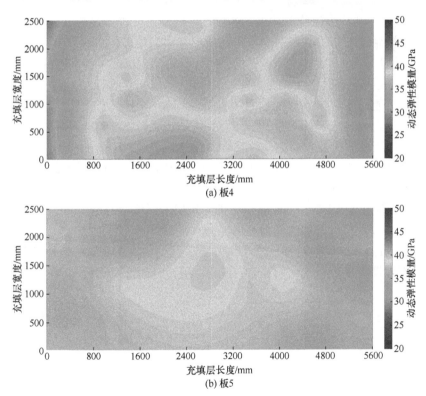

图 7-17　T_{500} 变化条件下充填层不同位置处 SCC 动态弹性模量分布云图

　　由图 7-17 和图 7-18 可知，随着 T_{500} 的增加，充填层基于动态弹性模量的匀质性显著提高；且相较于坍落扩展度，T_{500} 对充填层基于动态弹性模量的匀质性的影响更为显著。进一步对比采用不同 T_{500} 的 SCC 灌注施工充填层可发现，T_{500}

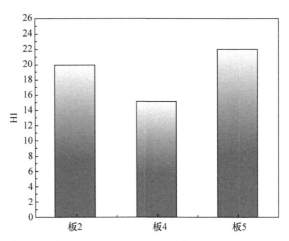

图 7-18　不同 T_{500} 变化条件下充填层基于动态弹性模量的匀质性指数变化

最小的 SCC 拌和物灌注施工的板 4 各位置处的动态弹性模量存在较明显的梯度变化，且越靠近端部出浆口的动态弹性模量越低，板 4 的匀质性指数比板 2 低 25%，匀质性最差。产生这种现象的主要原因是，T_{500} 反映了拌和物的塑性黏度，T_{500} 小，则表明拌和物塑性黏度较低，浆体包裹骨料向前运动的能力较小，故拌和物抗离析能力差，导致 SCC 拌和物从灌注口向周围流动充填过程中易出现骨料与浆体分离的现象，特别是流至最远处(板端出浆口)时拌和物浆体含量多而骨料含量少，因此整个充填层匀质性下降；反之，若 T_{500} 适当增大，则充填层匀质性将提高。板 2 和板 5 的动态弹性模量分布比板 4 均匀，板 5 的匀质性略好于板 2。

　　不同灌注速度(以灌注时间表示)下的充填层不同位置处 SCC 动态弹性模量分布云图如 7-19 所示，灌注时间与充填层匀质性指数的关系如图 7-20 所示。

　　由图 7-19 和图 7-20 可知，随着 SCC 拌和物灌注充填时间的延长，充填层中 SCC 动态弹性模量分布的均匀性略有改善。灌注时间最短的板 6，在观测孔和端

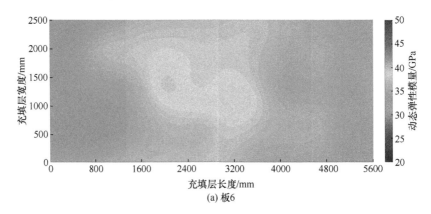

(a) 板6

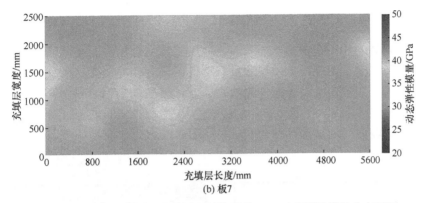

图 7-19 不同灌注时间下充填层不同位置处 SCC 动态弹性模量分布云图

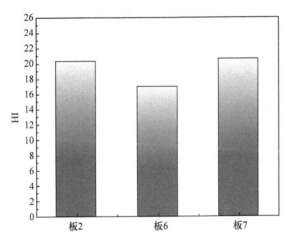

图 7-20 不同灌注时间下充填层基于动态弹性模量的匀质性指数变化

部四个出浆口处的 SCC 动态弹性模量较低, 充填层匀质性稍差, 这与其抗压强度分布特征一致。板 2 和板 7 的动态弹性模量分布比板 6 更均匀。由此可知, 当 SCC 拌和物工作性较好时, 灌注时间对充填层基于动态弹性模量的匀质性有一定的影响, 但其影响程度较小。然而, 需要注意的是, SCC 拌和物灌注速度(灌注时间)的确定还应考虑上部轨道板的上浮控制。实践表明, 充填层的灌注时间控制在 8~10min 较为合适。

7.3 SCC 充填层表观缺陷

工程实践表明, 当 SCC 拌和物工作性不合适或者施工工艺控制不当时, 容易造成充填层表面(与蒸养混凝土轨道板黏结界面)出现气泡等缺陷, 从而影响两者之间的黏结作用, 因此本节重点讨论充填层表面气泡等缺陷的影响规律。

7.3.1 坍落扩展度的影响

鉴于混凝土拌和物中浆体与骨料之间的相对运动趋势，充填层表面易于存在浆体层和气泡。因此，充填层表面气泡等缺陷存在的情况是衡量充填层质量的重要指标。基于充填层表面气泡面积，统计了 SCC 拌和物坍落扩展度(SF)变化时的充填层(板 1 的 SF 为 680mm，板 2 的 SF 为 640mm，板 3 的 SF 为 615mm)表面不同区段内气泡缺陷的分布特征，如图 7-21 所示。典型的表面气泡分布如图 7-22 所示。

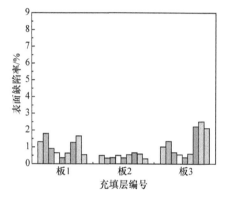

图 7-21　不同坍落扩展度下充填层表面缺陷率
的分布

各图柱从左到右依次为区段 1～区段 9

图 7-22　板 3 端部出浆口处表面气泡分布

由图 7-21 可知，与板 1 和板 3 相比，板 2 表面缺陷率最低且表面缺陷分布均匀。板 1 和板 3 在 1、2、8、9 区段出现了大量的表面缺陷。各充填层表面的气泡缺陷数量不同的主要原因在于 SCC 拌和物的流动性差异，拌和物的坍落扩展度反映了其在板腔中的流动充填性能，适当的流动充填性能能够较好地排出板腔中的气泡，特别是有利于充填拌和物与轨道板底部接触面的空隙，从而最大限度地减小表面气泡孔等缺陷。较小坍落扩展度的拌和物流动充填能力下降，不但不能有效充填拌和物与轨道板底部之间的空隙，而且在轨道板底部凹凸不平部位，拌和物流动速率不一致，造成沿流动方向出现不规则的气泡等缺陷(图 7-22)。显然，SCC 拌和物的坍落扩展度对充填层的表面气泡等缺陷有较大的影响，合适的拌和物流动性有利于降低充填层表面气泡等缺陷。

7.3.2 T_{500} 时间的影响

拌和物 T_{500} 变化下三个充填层(板 2 的 T_{500} 为 3.9s，板 4 的 T_{500} 为 2.8s，板 5 的 T_{500} 为 6.9s)表面缺陷率分布结果如图 7-23 所示。由图可知，随着 T_{500} 的增加，

充填层表面缺陷率降低。采用 T_{500} 最小的 SCC 拌和物灌注的板 4 中区段 1、区段 2、区段 8、区段 9 处存在大量缺陷，特别是观察孔处出现明显的酥松浮浆层(图 7-24)。这主要与 SCC 拌和物塑性黏度有关。T_{500} 与 SCC 拌和物的塑性黏度呈正相关关系，当塑性黏度较低时，SCC 中的骨料发生沉降，浆体和气泡等物相向上运动甚至溢出，在硬化后的 SCC 表面形成蜂窝状的酥松浮浆层。与板 4 相比，板 2 和板 5 的缺陷率较低，各区段表面缺陷率相近。同时，板 5 的表面缺陷率略低于板 2。结果表明，当 SCC 拌和物的 T_{500} 小于 3s 时，充填层表面易产生酥松浮浆层，从而影响了灌注质量。当 T_{500} 大于 6s 后，T_{500} 的增加对充填层的表面缺陷影响不大。

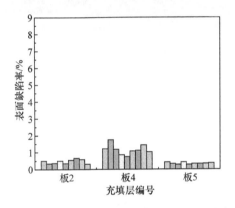

图 7-23   不同 T_{500} 下充填层表面缺陷率的分布
各图柱从左到右依次为区段 1~区段 9

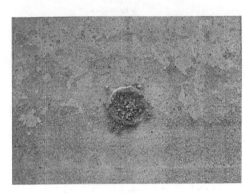

图 7-24   板 4 在观察孔处的表面缺陷

7.3.3   灌注速度的影响

充填层灌注施工所用时间(板 2 用时 387s，板 6 用时 246s，板 7 用时 586s)对其表面缺陷率分布的影响结果如图 7-25 所示。图中结果表明，随着灌注时间的增加，充填层表面缺陷率降低。灌注时间最短的板 6 在区段 1~区段 4 和区段 8~区段 9 处有大量气泡缺陷，多处气泡面积大于 $50cm^2$，如图 7-26 所示。根据相关要求，充填层表面应无表面积大于 $50cm^2$ 的气泡，大于 $6cm^2$ 的气泡面积之和不应超过 2%。显然，板 6 的充填质量不符合验收标准。主要原因是灌注时间过短，导致充填层空腔内的空气不能及时顺利排出。此外，快速流动的混凝土与轨道板底部或钢筋网之间的摩擦形成大气泡。与板 6 相比，板 2 和板 7 的表面缺陷率较低，各区段表面缺陷分布均匀。板 7 的表面缺陷率略低于板 2。实践表明，当灌注时间小于 6min 时，充填层表面易产生大气泡等缺陷，严重影响充填层质量。同时，充填层灌注时间也不宜过长，一方面，影响施工效率；另一方面，过长的灌注时间(如超过 10min)并不能有效改善充填层表面质量。

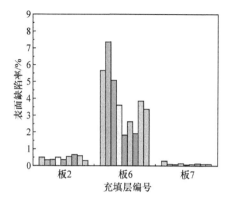

图 7-25　灌注时间对充填层表面缺陷率的影响
各图柱从左到右依次为区段 1~区段 9

图 7-26　灌注时间较短的板 6 表面缺陷

7.4　物相与孔结构分布特征

7.4.1　粗骨料分布

SCC 拌和物坍落扩展度对充填层不同位置粗骨料离析率(分布均匀性)分布云图的影响如图 7-27 所示。由图 7-27 中的结果可知，充填层中的粗骨料离析率呈现从中间灌注孔向端部出浆口梯度增大的趋势，并可看到以灌注孔为中心沿充填层宽度方向的粗骨料离析率均较低。充填层的粗骨料离析率随坍落扩展度的增加而增加，且离析率梯度变化的特征越来越明显。与其他工况相比，采用坍落扩展度最大的 SCC 拌和物灌注的板 1 的整体离析率偏高，特别是在板端部四个出浆口及观察孔处偏高。板 2 和板 3 的粗骨料离析率相近，但在端部四个出浆口附近板 2 的离析率略高于板 3。

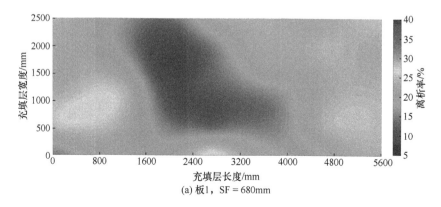

(a) 板1，SF = 680mm

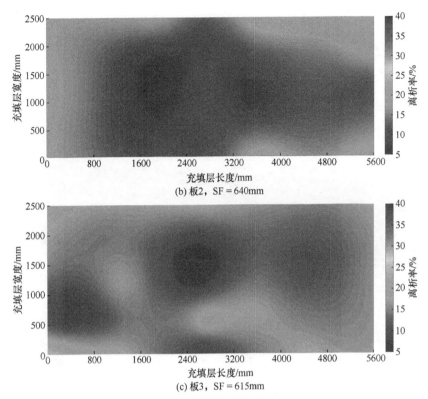

图 7-27　SCC 拌和物坍落扩展度对充填层中粗骨料离析率分布云图的影响

拌和物 T_{500} 对 SCC 充填层中粗骨料离析率分布云图的影响如图 7-28 所示。由图 7-28 可见，拌和物 T_{500} 对充填层不同位置处的粗骨料离析率有显著影响。充填层各位置处的粗骨料离析率随 T_{500} 的增加而降低，板 5 的离析率略低于板 2。采用 T_{500} 最小的 SCC 拌和物灌注施工的板 4，其粗骨料离析率呈现沿灌注方向向端部增加的显著变化趋势，特别是在板端部 4 个出浆口处离析率明显增加，且该处混凝土粗骨料体积分数低于配合比设计值。此外，板 3 的离析率略有增加，主要是由于 T_{500} 过大，拌和物流动充填性能和间隙通过能力降低，导致拌和物匀质性降低。

7.4.2　浆体层/砂浆层厚度

基于浆体层与离析率的对应关系，选取各工况下的充填层粗骨料离析率最大和最小位置芯样来分析相应浆体/砂浆层的厚度，分别用于确定充填层中浆体层厚度的上限和下限。针对不同坍落扩展度 SCC 拌和物灌注的充填层，选取相应芯样试件，沿试件高度方向，随机取三个位置进行显微硬度测试，并对三条测试路径

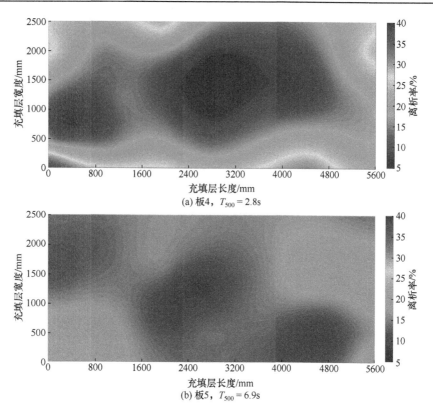

(a) 板4，$T_{500} = 2.8s$

(b) 板5，$T_{500} = 6.9s$

图 7-28　拌和物 T_{500} 对 SCC 充填层中粗骨料离析率分布云图的影响

的显微硬度进行分析，得到显微硬度分布曲线，并以此表征浆体层厚度。根据显微硬度的变化，将显微硬度分布曲线大致分为三个变化区间：浆体层、过渡层和高硬度层(图 7-29)。由图可知，浆体层的显微硬度为 40～70MPa，过渡层的显微硬度为 70～100MPa，高硬度层的显微硬度在 110MPa 以上。此外，还可发现，

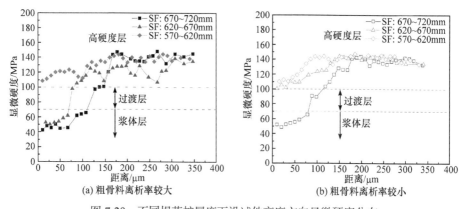

(a) 粗骨料离析率较大

(b) 粗骨料离析率较小

图 7-29　不同坍落扩展度下沿试件高度方向显微硬度分布

随着拌和物坍落扩展度增大，充填层的浆体层厚度增加。当坍落扩展度为 570～620mm 时，充填层基本不存在浆体层和过渡层。同时，当坍落扩展度为 670～720mm 时，有明显的浆体层和过渡层，其厚度显著增加。当坍落扩展度小于 670mm 时，过渡层厚度迅速减小，并随坍落扩展度的减小而减小，尤其是当粗骨料离析率较小时，充填层不存在过渡层。

采用不同坍落扩展度 SCC 拌和物灌注的充填层中浆体层和砂浆层厚度统计分析结果见表 7-1。由表 7-1 可知，随着 SCC 拌和物坍落扩展度减小，所灌注的充填层中砂浆层厚度逐渐减小。当坍落扩展度小于 670mm 时，砂浆层厚度变化不大。同时，充填层中砂浆层厚度变化区间随坍落扩展度的减小而减小，说明坍落扩展度的减小有利于 SCC 拌和物动态稳定性，提高了灌注方向上充填层的匀质性。与板 2、板 5 相比，采用坍落扩展度最大的 SCC 拌和物灌注的板 4，其砂浆层最厚处几乎达到其他两块充填层板的 2 倍。

表 7-1　采用不同坍落扩展度 SCC 拌和物灌注的充填层中浆体层和砂浆层厚度统计分析结果

坍落扩展度/mm	浆体层厚度 T_p/mm	砂浆层厚度 T_m/mm
$670 \leqslant SF < 720$	$0.07902 \leqslant T_p \leqslant 0.12618$	$3.93083 \leqslant T_m \leqslant 8.85619$
$620 \leqslant SF < 670$	$0 \leqslant T_p \leqslant 0.05418$	$3.37917 \leqslant T_m \leqslant 4.98209$
$570 \leqslant SF \leqslant 620$	0	$3.21321 \leqslant T_m \leqslant 4.05643$

拌和物 T_{500} 对充填层中浆体层厚度的影响结果如图 7-30 所示。由图 7-30 中的结果可知，拌和物 T_{500} 对充填层中浆体层厚度的影响比坍落扩展度更为显著，且随着拌和物 T_{500} 的降低，浆体层厚度明显增大。当 $T_{500} < 3s$ 时，浆体层厚度约为其他两种工况的 2 倍；而当 $T_{500} > 3s$ 时，充填层的浆体层厚度明显减小，当 $T_{500} > 6s$ 时，充填层中未见明显浆体层。此外，$T_{500} > 6s$ 充填层的整体显微硬度

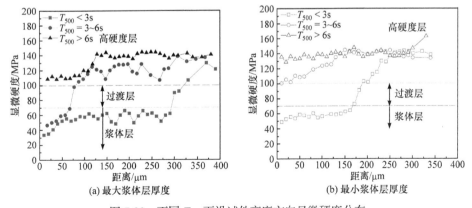

图 7-30　不同 T_{500} 下沿试件高度方向显微硬度分布

略高于其他 T_{500} 的充填层。这可能与充填层 SCC 中显微硬度较低的物相(如含气量)等有关。

不同 T_{500} 下，各充填层中砂浆层厚度结果见表 7-2。表中结果表明，随着 T_{500} 的增大，充填层的砂浆层厚度明显减小，这与浆体层厚度变化趋势基本一致。对于 $T_{500} < 3\mathrm{s}$ 的自密实混凝土，其充填层中砂浆层厚度约为其他两种工况的 2 倍。与 T_{500} 为 3~6s 的工况相比，拌和物 $T_{500} > 6\mathrm{s}$ 时，其充填层砂浆层厚度略有减小，且趋于稳定。此外，随着 SCC 拌和物 T_{500} 的增大，充填层中砂浆层厚度逐渐减小，且充填层中的砂浆层厚度最大值和最小值均显著减小。

表 7-2　不同 T_{500} 下浆体层及砂浆层厚度

T_{500}/s	浆体层厚度 $T_{\mathrm{p}}/\mathrm{mm}$	砂浆层厚度 $T_{\mathrm{m}}/\mathrm{mm}$
$T_{500} < 3$	$0.17613 \leqslant T_{\mathrm{p}} \leqslant 0.30132$	$3.94255 \leqslant T_{\mathrm{m}} \leqslant 10.19584$
$3 \leqslant T_{500} \leqslant 6$	$0 \leqslant T_{\mathrm{p}} \leqslant 0.05418$	$3.37917 \leqslant T_{\mathrm{m}} \leqslant 4.98209$
$T_{500} > 6$	0	$3.12916 \leqslant T_{\mathrm{m}} \leqslant 4.00938$

7.4.3　孔隙率变化

上述分析表明，SCC 拌和物性能对充填层的宏细观性能及结构有显著影响，导致充填层的性能、结构在水平方向和垂向均呈现出梯度分布特征。以下进一步采用扫描电子显微镜(背散射模式)和图像分析技术，从微观层次上分析不同工况条件下充填层内部的孔隙结构，选择充填层中浆体层厚度最大值、中间值、最小值等典型试样进行测试(分别对应于三种不同 T_{500} SCC 拌和物灌注的充填层)，各试样孔隙率沿试样高度方向的变化结果如图 7-31 所示(所测孔隙孔径 $\geqslant 0.25\mu\mathrm{m}$)。

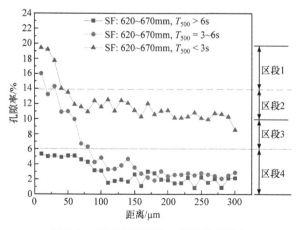

图 7-31　沿试样高度方向的孔隙率分布

由图 7-31 可知，在三个 SCC 拌和物工作性条件下，充填层中浆体层内的孔隙率存在显著不同的变化。对于拌和物，$T_{500} > 6s$ 时，整个试样高度范围的孔隙率都分布在区段 4 内，孔隙率均较低；而对于 T_{500} 为 3～6s 时，试样在离上表面 50μm 范围内的孔隙率较大，至距上表面 100μm 后，试样孔隙率降至很低，随后趋于稳定；当拌和物 T_{500} 小于 3s 后，在距上表面 300μm 大范围内的试样孔隙率均较大(大于 10%)，基本处在区段 1(孔隙率为 14%～20%)和区段 2 内(孔隙率为 10%～14%)。这表明，SCC 拌和物 T_{500} 显著影响充填层表层浆体的孔隙率。在保证拌和物流动充填能力的条件下，尽可能选择 T_{500} 较大的 SCC 拌和物有利于降低充填层的孔隙率。结合前述显微硬度测试结果可以看到，浆体层孔隙率较大是其显微硬度降低的主要原因。

7.5　本　章　小　结

基于上述结果，可得出如下结论：

(1) SCC 拌和物的坍落扩展度、坍落扩展时间 T_{500} 以及充填层灌注施工所用时间均对充填层宏观性能(抗压强度、弹性模量)、表层气泡缺陷、表层浆体层/砂浆层厚度以及孔隙结构的空间分布有明显影响，其影响程度大小排序为 $T_{500} >$ 坍落扩展度 > 灌注施工所用时间。

(2) 充填层各位置处的抗压强度、弹性模量呈现沿灌注孔向端部出浆口走向逐渐降低的趋势。当 SCC 拌和物的坍落扩展度、T_{500} 适宜时，充填层各位置 SCC 的抗压强度、动态弹性模量最大相差约 10%。

(3) 充填层垂向从上至下的高度范围内，其显微硬度呈现出梯度变化特征，可分为浆体层、过渡层和高硬度层，对应的显微硬度分别为 40～70MPa、70～100MPa 和 110MPa 以上。当 SCC 拌和物的 T_{500} 较大时，浆体层甚至过渡层将显著减少甚至消失。

(4) 充填层垂向从上至下浆体层的孔隙率(孔径大于 0.25μm 的孔)呈现梯度变化，且与 SCC 拌和物扩展度时间 T_{500} 密切相关。当拌和物 T_{500} 大于 3s 时，最上部浆体孔隙率快速下降，当 T_{500} 达到约 6s 时，最上部浆体层孔隙率下降至约 6%，且从最上部表面向下约 100μm 后，各位置孔隙率减小至 2%左右。

(5) 当 SCC 拌和物坍落扩展度为 620～670mm、T_{500} 为 3～6s(且接近高值)、充填层灌注施工所用时间约为 500s 时，充填层具有较好的匀质性。

参 考 文 献

[1] 刘赫. CRTSⅢ型板式无砟轨道充填层自密实混凝土制备原理与应用技术[D]. 长沙: 中南大学, 2018.

[2] 丁伟, 贾宝红, 李文旭, 等. 基于强度分布的 CRTSⅢ 板式轨道充填层灌注质量的影响因素研究[J]. 铁道科学与工程学报, 2019, 16(11): 2651-2657.

[3] 刘敏杰, 刘赞群, 李文旭. 混凝土施工参数对轨道充填层灌注质量的影响研究[J]. 铁道建筑技术, 2021, (8): 1-5.

[4] 李文旭. CRTSⅢ型板式轨道充填层及其粘结界面的性能与微结构特征[D]. 长沙: 中南大学, 2022.

[5] 龙广成, 曾晓辉, 马昆林, 等. 高速铁路无砟轨道结构水泥基材料理论与技术[M]. 北京: 中国铁道出版社, 2023.

第8章 充填层自密实混凝土应用技术

实际工程应用涉及规模化生产施工，需要采取系列适宜措施以持续保证 SCC 性能的稳定性。有关人员对此进行了诸多研究，积累了很多有益经验[1-3]。本章在既有成果的基础上，主要以高速铁路 CRTS Ⅲ型板式无砟轨道结构 SCC 充填层建造施工为例，讨论 SCC 在工程应用过程中的规模化生产制备、施工工艺以及工程质量管理等相关内容，为板式轨道充填层 SCC 工程应用提供参考。

8.1 自密实混凝土规模化生产技术

8.1.1 原材料组成与配合比

原材料是保证混凝土质量的首要因素。一般情况下，SCC 所用材料与普通混凝土的原材料技术性质并无显著不同。但是，SCC 的原材料种类较多，要求原材料之间具有较好的相容性，且规模化生产施工的整个过程中必须保证原材料性质的稳定性。

1. 粉体材料

SCC 的粉体材料包括水泥、矿物掺合料、膨胀剂、黏度改性剂以及惰性填料等。粉体材料对 SCC 性能的影响主要集中在以下方面：

(1) 流变性能。粉体材料具有相对较大的比表面积，选择合适的粉体组分，有助于控制体系的流变性能，并易于得到合适稠度的浆体，以减少拌和物的离析、泌水等现象。

(2) 水化放热与温升。采用矿物掺合料和惰性填料取代部分水泥熟料，可以控制混凝土水化放热和温升，降低温致裂缝发生的风险，这对于粉体材料用量较大的 SCC 尤其重要。

(3) 强度发展。水泥熟料、矿物掺合料等粉体的水化活性不同，因而由这些不同组分构成的粉体体系的水化特性必然不同，混凝土强度发展也不同，宜根据具体工程要求来优化粉体组成。

(4) 变形性能。变形性能对充填层 SCC 非常重要，SCC 要求早期具有一定的膨胀变形以及后期较小的收缩性能。因此，需要添加膨胀剂以及收缩变形小的粉体材料，以使 SCC 的干缩变形性能较小，从而与上部蒸养混凝土轨道板之间的变形协调，确保两者之间具有良好的界面黏结作用。

(5) 耐久性。不同粉体类型，形成的硬化水泥石物相和微结构不同。合适的粉体组合可使水泥石具有良好的水化产物组成和密实的孔隙结构，从而有利于改善体系的耐久性。

正是基于上述考虑，在充填层 SCC 中除采用普通硅酸盐水泥外，通常至少采用一种甚至多种矿物掺合料，而且矿物掺合料掺量一般较大。在选择各粉体材料时，既要注意各粉体在 SCC 中发挥的作用效应，又要注意各粉体之间以及粉体与化学外加剂之间的相容性，特别是水泥中的铝酸三钙、碱含量以及 SO_3 性态对超塑化剂相容性的影响。石灰石粉通常作为惰性填料应用于 SCC 中，但当 SCC 应用于有硫酸盐侵蚀作用的环境条件时，应避免采用石灰石粉，以防止由此引起 SCC 抗硫酸盐侵蚀性能不足的问题，在采用其他矿物粉体时，也应考虑 SCC 的服役环境条件，以确保其具有良好的耐久性能。

尽管水泥、矿物掺合料、膨胀剂、增稠剂、化学外加剂等在生产过程中经过了严格的质量检验，但需要注意的是，这些粉体材料容易受潮和过期，需使用专用储存设备进行保存(图 8-1)。另外，当夏天温度较高时，应采取措施对储存罐降温，以确保原材料在搅拌过程中温度不会过高。

图 8-1　充填层 SCC 所用原材料专用储存罐

2. 化学外加剂

SCC 中常用的化学外加剂主要包括超塑化剂(高效减水剂)、增稠剂、引气剂以及其他功能性外加剂等。超塑化剂及增稠剂的掺入，可显著改善新拌混凝土的工作性，包括良好的流动性和适宜的黏聚性，是混凝土拌和物实现自密实性的重要保证。超塑化剂是充填层 SCC 的必备组分，可改善新拌混凝土的工作性，其改善效果除与上述提到的粉体颗粒的类型及性质有密切关系外，还应注意环境温度、湿度条件的影响以及混凝土拌和物工作性的保持能力。

充填层要求新拌 SCC 具有优异的抗离析性能(稳定性)，不允许出现泌水和气泡排出现象。为确保 SCC 拌和物多相复合体系具有高的悬浮稳定性，新拌 SCC 中需掺入黏度改性剂，既提高了新拌 SCC 的黏聚性和悬浮稳定性，又增强了新拌 SCC 拌和物性能的稳定性。另外，为满足其他性能的要求，在 SCC 拌和物中还可能掺入其他化学外加剂(如引气剂)来改善混凝土的抗冻性能。然而，引气剂掺入后会对新拌混凝土工作性产生影响，引气剂引入的微小气泡增加了浆体的体积并改善了拌和物的流变性能，并有可能导致拌和物气泡不稳定而排出，这将造成充填层表层出现气泡等缺陷。因此，应注意多种不同的外加剂掺入后导致新拌混凝土工作性的变化。

3. 骨料

SCC 中骨料的选用需要兼顾拌和物的工作性和硬化后的体积稳定性等。骨料对 SCC 拌和物的工作性影响非常大。在浆体性能一定的条件下，骨料的性质及含量对混凝土拌和物性能具有重要影响。粗骨料的最大粒径、粗细骨料(砂石)的级配、粒径以及砂、石表面的含泥量与洁净程度是影响混凝土拌和物性能的主要因素。鉴于充填层的结构特点，其 SCC 的粗骨料最大粒径不宜大于 16mm，粒形接近球形且级配良好的骨料颗粒能使 SCC 拌和物具有更高的流动性和充填性能。

作为大宗原材料的砂、石骨料，不容易全部做到储存在室内干燥的环境下，容易受到砂、石的生产来源和气候条件的影响。因此，砂、石骨料性质的波动性较大，特别是与气候条件密切相关的含水量的不稳定性增强。同时，SCC 拌和物性能对原材料性质的波动较为敏感，需要更为严格地控制砂、石骨料含水量，做到实时掌握含水量的波动情况。相比于普通混凝土的生产，相关技术人员应该对砂、石骨料的含水量进行更多频次的检测，为了减小工作量，可选用湿度自动检测设备来进行含水量的测试。条件允许时，砂、石骨料应在干燥条件下储存。

配合比参数是混凝土获得相应性能的重要保证。因此，在充填层 SCC 生产制备过程中非常重视配合比参数的确定。通常，施工单位需要委托专业机构试配来确定 SCC 的配合比参数。该配合比参数不仅是充填层 SCC 施工性能的重要基础，还是 SCC 灌注施工后变形性能、力学强度以及耐久性获得的重要保证。

SCC 的配合比参数包括粗骨料体积含量、砂率(含量)、水胶比、胶凝材料总量以及矿物掺合料、黏度改性剂、膨胀剂、外加剂等掺量。工程施工应用单位应根据专业机构给出的配合比参数，在水胶比、胶凝材料总量等关键参数得到保证的情况下,进一步结合现场原材料进行试验和适当调整,确定最后的生产配合比。配合比参数能否得到最后的落实还有赖于规模化生产过程中机械设备和计量系统的准确性和稳定性。因此,在生产中应采取合适的手段进行实时监控和调整。

需要注意的是,在规模化生产过程中,原材料批次或技术性质可能会出现变化,则相应的 SCC 配合比参数应做出相应调整,以确保性能满足要求并保持稳定。

8.1.2　搅拌工艺

充填层 SCC 对于生产与搅拌工艺也有较高的要求,不仅要求搅拌设备具有较高的搅拌效率和良好的计量精度,还要求较长的搅拌时间。应采用强制式高效率搅拌设备进行 SCC 拌制,在生产 SCC 前,应对搅拌设备系统进行专门检修,并进行专门生产验收,保证生产设备的正常使用。

合适的投料顺序也是影响 SCC 拌和物搅拌效率的重要因素。SCC 拌和物通常的投料顺序为粗骨料和细骨料、水泥和矿物掺合料、黏度改性剂等,最后投入所需用量的水和减水剂。投料时传送带宜为封闭模式(图 8-2),减少环境与原材料之间的相互影响。

图 8-2　封闭的传送带

搅拌工艺制度是保证生产出性能良好的 SCC 拌和物的重要条件之一。同时,在投入粗骨料、细骨料和粉体后,低速搅拌 1min 对颗粒材料进行均匀化干拌处理,然后加入所需用量的水及减水剂,再搅拌不少于 2min,直至拌和物搅拌均匀并达到相应的工作性要求。SCC 生产搅拌中应注意以下几点:

(1) 搅拌前,应严格测定粗骨料和细骨料的含水率,准确测定环境变化引起的粗骨料和细骨料含水率波动情况,并及时调整施工配合比。

(2) 需要选用经验丰富且熟练的技术人员进行 SCC 的生产拌制。条件许可时,拌制设备系统宜安装拌和物流变性或工作性监测器件,以实时掌握拌和物的性状。有经验的操作人员,也需要通过设备系统的电流表或功率表来辅助监测拌和物性状变化。当拌和物工作性不满足要求时,不应直接改变配合比或随意添加用水量,而应调整高效减水剂用量。

(3) 在搅拌结束后,应对 SCC 拌和物进行 T_{500}、坍落扩展度及 J 环障碍高差测试,确保 SCC 具有良好的拌和物性能。

在大方量 SCC 搅拌生产时,应确保生产设备的自动计量系统具有良好的精度,且符合计量精度要求:胶凝材料(水泥、矿物掺合料)质量分数 ±1%;外加剂质量分数 ±1%;骨料质量分数 ±2%;拌和用水质量分数 ±1%。同时,充填层 SCC 应采用专用搅拌系统,避免其他混凝土残留的骨料和浆体对 SCC 性能的影响。采用混凝土搅拌车装料运输时,应清洗搅拌车,清洗后应将混凝土搅拌车储料罐翻转,使其内部积水全部排出,避免对混凝土拌和物性能的影响。

8.2　灌注充填工艺技术

8.2.1　工艺流程

SCC 充填层是位于下部底座板和上部轨道板之间的结构部件,因而充填层的灌注施工是一个复杂的过程。以高速铁路 CRTS III 型板式无砟轨道充填层为例,其施工流程不仅涉及下部底座板的准备,也涉及上部轨道板的铺设和位置精调,更涉及充填层底部土工布铺设、钢筋网片的安置以及模板的安装等,其具体施工工艺流程如图 8-3 所示。显然,充填层质量不仅与 SCC 自身质量有关,也与施工组织管理、施工工艺以及质量控制措施等有关。

8.2.2　施工质量控制技术

1. 灌注前施工工艺与质量控制

1) 底座板混凝土灌注及养护控制

底座板高度及质量直接影响充填层厚度及施工质量均匀性,当底座板平整度不足时,支模困难,造成充填层 SCC 施工后平整度不足甚至出现漏浆现象;另外,也需要注意底座板混凝土施工质量,以免造成长期性能不足。结合工程实际应用,底座板施工工艺要点总结如下。

首先,底座板施工前应清除基面杂质、油污、积水等杂物。按照设计图纸,根据底座单元钢筋类型,拼装铺设好钢筋网架,保证搭接长度,并采取合适的措施确保钢筋保护层厚度。

其次,在底座板模板安装过程中,底座板施工采用"高模低筑法"施工,底座

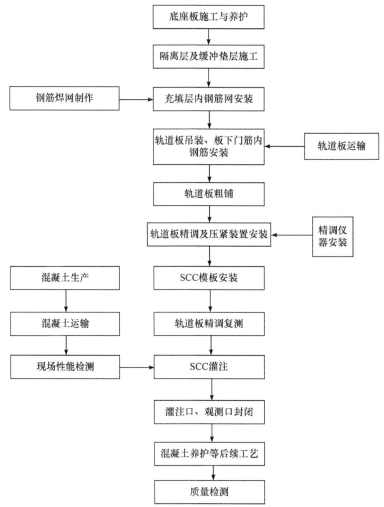

图 8-3　CRTS Ⅲ 型板式无砟轨道 SCC 充填层施工工艺流程

模板为"侧包端"定型钢模板，主要由侧边模、端模组成。模板侧模都由长度为 5670mm 的模板组成，正好将轨道板与轨道板之间的板缝也计入其中，在施工中减少模板的拼装，易于拼装，减少拼装错误，保证混凝土外观质量。模板安装前应先将模板进行打磨，然后喷涂脱模剂，由于底座板侧面及顶面混凝土平整度要求较高，模板与地面的垂直度也要保证，使用可调丝扣及靠尺将模板调平并固定。底座板限位凹槽安装时，限位凹槽处钢筋按照桥梁、隧道、路基的要求处理，并安装好凹槽四周加强钢筋，防止限位凹槽拐角处出现裂缝。限位凹槽处模板应该与侧模垂直，高度符合设计要求。凹槽模板不仅需要强度、刚度满足要求，还需要安装牢固，不能因混凝土振捣而出现位置的变化，偏差符合设计要求。底座混凝土灌注之前，模板安装稳固牢靠，接缝严密，模板与混凝土接触面已清理干净并涂刷脱模剂，并对模板内积水和杂物进行清理，底座板模板安装效果如图 8-4 所示。

底座板混凝土灌注前，按图纸及规范要求对底座板钢筋绑扎、保护层厚度、侧模及凹槽模板安装等进行自检，并按报检程序上报监理工程师，现场验收合格后，进行底座板混凝土灌注工作。底座模板安装允许偏差应符合表 8-1 要求。

表 8-1　底座模板安装控制精度要求

项目	检查项目	允许偏差/mm
底座模板	顶面高程	−5～0
	宽度	±5
	中线位置	2
限位凹槽	中线位置	2
	底面高程	±3
	长度	±3
	宽度	±3
	相邻凹槽中心间距	±5

再次，底座板混凝土在灌注及收面过程中应注意以下两点：①混凝土采用插入式振捣器振捣，振捣器振动半径与模板距离控制在 5～10cm，振捣过程快插慢拔，限位凹槽处适当增加振捣时间，控制在 15～20s。不得出现漏振或过振等现象，防止混凝土密实程度不足或产生较厚的浮浆层。②在整体灌注完毕后，先使用木抹子和铝合金刮杆进行混凝土顶面初次收面，再采用定制排水坡收面工装进行 4%排水坡收面。灌注完 1h 后利用光抹进行二次收面，待混凝土达到初凝时间时，再进行第三次收面，底座板混凝土收面如图 8-5 所示。

图 8-4　底座板钢筋、模板拼装　　　　　图 8-5　底座板混凝土收面

最后，底座板混凝土应注意加强养护。混凝土初凝后，应及时洒水养护，同时采用土工布和塑料薄膜进行覆盖，限位凹槽内需浇水进行养护，且时间不宜少于 14d，整个养护过程设专人负责，并及时对凹槽内进行补水，典型的底座板混凝土养护照片如图 8-6 所示。

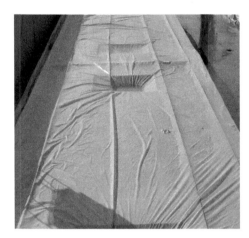

图 8-6　底座板混凝土养护

2) 嵌缝施工及限位钢筋套筒优选

嵌缝对于底座板的施工质量至关重要，良好的施工质量可以有效保证底座板的温度应力得到释放，保证底座板体积的稳定性。合适的限位钢筋套筒可以有效保护底座板混凝土不受损害。嵌缝施工及限位钢筋套筒优选要点总结如下。

路基底座间设置长 3100mm(长)×20mm(宽)×300mm(深)伸缩缝，伸缩缝底部采用聚乙烯泡沫板填缝，表面采用 30mm 厚聚氨酯嵌缝材料封面；隧道底座间设置 2900mm(长)×20mm(宽)×200mm(深)伸缩缝，伸缩缝底部采用聚乙烯泡沫板填缝，表面采用 20mm 厚聚氨酯嵌缝材料封面。嵌缝具体施工步骤如下。

(1) 基础清理：清除接缝内的尘土、碎石等杂物，并采取必要的措施(吹风机等)确保接缝的清洁干燥。

(2) 界面处理：用抹刀对接缝内混凝土黏结面进行清理，除去混凝土表层浮层、泡沫塑料等，清理干净后安装聚乙烯泡沫板。

(3) 安装聚乙烯泡沫板：伸缩缝填充材料为聚乙烯泡沫塑料板，安装时将预先加工好的聚乙烯泡沫塑料板填充至底座板间伸缩缝内，填充过程中注意塑料板居中，以保证两侧嵌缝板材料的齐平。

(4) 面防护及界面剂涂刷：在伸缩缝两侧黏结防护胶带；防止施工过程中污染混凝土；在伸缩缝两侧混凝土表面均匀涂刷界面剂，待界面剂表面干燥 30min 后灌注填缝密封材料。

(5) 侧面封闭：使用木板、胶带等将接缝的两侧封闭，确保不出现漏料情况；施工完成后的嵌缝效果如图 8-7 所示。

图 8-7　嵌缝施工效果

限位钢筋与压杠共同作用以防止轨道板在充填层 SCC 灌注过程中发生上浮，限位钢筋主要起到固定作用。在实际工程应用中，对塑料套筒和钢套筒进行对比，塑料套筒自身刚度较低，易使得底座板混凝土出现破裂。采用钢套筒使得应力能够有效分散，从而起到保护底座板混凝土的作用。

3) 隔离层施工

土工布隔离层介于底座板与充填层之间起分隔作用，隔离层的有效设置对充填层的施工质量等有较大影响。隔离层设置施工应注意以下几点：

(1) 底座板混凝土强度达到设计强度的 75%后方可铺设土工布和弹性缓冲垫层。

(2) 弹性垫层和土工布施工前先将底座板表面和限位凹槽清理干净并保持干燥。

(3) 土工布铺设需保证其良好的平整度且无破损，轨道板范围内的土工布不得存在搭接。

(4) 土工布铺设时较 SCC 层四周边缘宽出 5cm，如图 8-8 所示。

(5) 土工布铺设应加强保护，以防止污染及损伤。

(6) 弹性垫层与限位凹槽四周及地面需粘贴紧密，四周不得存在翘起及不密封等缺陷，弹性垫层安装完成后，应采用胶带进行密封，如图 8-9 所示。

4) 限位凹槽钢筋绑扎及钢筋网片铺设

充填层设置有钢筋网片及限位凹槽钢筋等增强筋，这些钢筋网片等增强部件直接影响 SCC 的灌注充填施工，需要严格注意限位凹槽钢筋绑扎及钢筋网片铺设施工精度，以确保 SCC 拌和物灌注充填施工顺利。施工过程中需注意以下几点：

(1) 钢筋网片应按照对应轨道板型号进行铺设，凹槽限位钢筋应采用专用钢筋架进行制备，以保证凹槽限位钢筋的精度。

图 8-8　土工布边缘预留宽度　　　　　　图 8-9　隔离层及限位凹槽施工

(2) 钢筋网片铺设位置严格参照轨道板边线进行控制，避免轨道板精调时，造成钢筋网片偏位。

(3) 钢筋网片与凹槽部位钢筋笼要绑扎牢固，按标准安装垫块，下层采用高度为 30mm 的梅花形垫块，上层采用高度为 36mm 的锥形垫块。需特别注意顶面垫块的安装，防止灌注过程中网片上浮。钢筋网片安装铺设后的照片如图 8-10 所示。

(a) 限位凹槽钢筋绑扎　　　　　　　　　　(b) 垫块安装

图 8-10　钢筋网片安装铺设后的照片

5) 轨道板铺设

轨道板铺设直接影响轨道结构的几何线型,从而影响行车的舒适性和安全性,轨道板粗铺如图 8-11 所示。为保证轨道板铺设的精度及铺装后轨道板几何位置和板腔清洁度，应注意以下几点：

(1) 轨道板粗铺前用鼓风机清理隔离层表面，保证充填层内清洁、无杂物等。

(2) 尽量使轨道板边线与控制线对齐，轨道板粗铺位置的精度要求控制在 1cm 以内。

(3) 粗铺完毕的轨道板要求四角的精调器预留行程，避免精调器的二次拆除及安装。

(4) 粗铺完毕的轨道板应使用塑料薄膜进行覆盖，避免雨水流入轨道板底，浸泡隔离层土工布。

图 8-11　轨道板吊装上桥及轨道板粗铺

轨道板在粗铺结束后，应对轨道板进行精调，以确保轨道板几何形位的准确性。如果轨道板精调不到位，将直接影响钢轨顶面标高及横向位置，并将带来一系列不利影响，对施工成本及工期造成显著影响。轨道板精调控制需要注意以下几点：①精调作业时，首先应在适当位置架设全站仪进行自由设站，自由设站观测的 CPⅢ点不少于四对，相邻测站重叠观测的 CPⅢ点不少于两对；②精调完毕的轨道板上应安装好压紧及防侧移装置，直线段宜设五道压紧装置，采用底座板侧面紧固方式，预埋紧固套管；曲线段每块轨道板至少设置三道防侧移装置，并设置位移观测仪表；③灌注过程和结束后应注意测度仪表，观察轨道板上浮及侧移情况，出现无法判断的情况后由精调班复测，其轨道板位移变化最后测量精度应符合表 8-2 中的要求。

表 8-2　轨道板精调允许偏差

序号	项目		允许偏差/mm
1	中线位置		0.5
2	支撑点处承轨面高程		±0.5
3	相邻板承轨台高程差		0.5
4	相邻板平面位置中线偏差		0.5
5	纵向位置	直线	5
		曲线	2

6) 充填层模板安装及灌注工装优化

充填层 SCC 施工工艺主要包括:模板打磨除锈→粘贴模板布→侧模板安装→端模板安装→模板连接拧紧→端部叉架夹紧→横向限位螺栓锁定→轨道板复测→灌注工装安装。充填层 SCC 的灌注质量不仅与 SCC 自身的性能相关,良好的充填层 SCC 施工工艺也是充填层 SCC 灌注质量的有效保证。基于线下揭板试验及线上施工,充填层 SCC 施工工艺主要包括模板安装及灌注工装优化两个方面,具体如下。

模板安装的质量直接决定 SCC 充填层的外观质量,而灌注工装则影响 SCC 灌注质量和施工效率,需要注意以下方面:①模板安装前,板腔内的积水和杂物必须清理干净;②模板安装应保证稳固,接缝应密不漏浆,需特别注意模板底部封堵措施是否有效;③压紧装置与轨道板接触面粘贴土工布,精调爪与轨道板接触面间加一层土工布(图 8-12),以增加柔性防护,减少对轨道板的磕碰损伤;④模

图 8-12　模板安装

板安装完毕后，应对轨道板进行复测，如发现轨道板超差(中心小于 1mm、高程小于 0.6mm)，需重新进行轨道板调整；⑤模板安装后，需安装轨道板踩踏装置，当线路分别为超高段和直线段时，可以通过调节防踩踏装置下方的调节螺栓来保证踩踏装置上表面与水平方向平行(图 8-13)，以保证施工人员的安全；⑥在料斗上方加装 50mm×50mm 的钢筋网(图 8-14)，可对 SCC 拌和物进行过滤，防止在灌注过程中大块物体将灌注料斗堵塞，且一定程度上可观测 SCC 拌和物的性能。

可调节螺栓

图 8-13　防踩踏装置

图 8-14　SCC 拌和物料斗加装钢筋网

　　同时，在观察口处的三通管底部及灌注口处的灌注管底部，应包裹柔性土工布，并在外表面采用塑料胶带进行固定密封(图 8-15)，可防止灌注过程中 SCC 由于灌注压力的作用而从三通管及灌注管底部冒浆，导致轨道顶面受到污染和增加不必要的施工量。

　　灌注料斗阀门主要有抽拉式及蝴蝶阀门两种，抽拉式阀门在灌注过程中无法对 SCC 流速进行控制，同时在灌注过程中，易出现漏浆，污染轨道板顶面，如图 8-16(a)所示。相比于抽拉式阀门，蝴蝶阀门能够通过改变蝶阀位置从而改变灌注孔径,对 SCC 灌注速度进行有效控制;同时,蝴蝶阀门密封性良好,避免了阀门处漏浆现象的发生,如图 8-16(b)所示。蝴蝶阀门孔径不宜过小,可根据具体条件由试验确定。

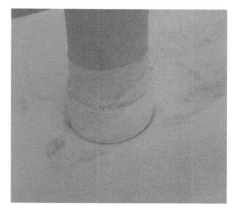

图 8-15　三通管及灌注管底部优化

(a) 抽拉式阀门　　　　　　　　　　　　(b) 蝴蝶阀门

图 8-16　两种阀门对比

　　另外,在灌注 SCC 前,应对轨道板板底进行预润湿。轨道板底面预润湿程度不一致,易导致 SCC 前进方向流速不一致而在板底形成包裹性气泡。轨道板底面过分预湿或有积水将会在轨道板与充填层 SCC 之间形成水膜,严重影响界面黏结作用,在实际工程中需避免出现轨道板底面预湿不一致且局部存在水滴的情况(图 8-17)。

　　2. 灌注中的施工控制

　　SCC 拌和物灌注施工是整个轨道结构建造中的关键环节,具体包括灌注料斗的设置、灌注速度和时间的控制以及灌注过程的监测等。SCC 拌和物的入模口设置在轨道板的中间灌注孔,SCC 拌和物从大料斗至入模口之间需要有灌注料斗来

图 8-17　轨道板底面预湿不一致且局部存在水滴

导流。灌注料斗可用硬质聚氯乙烯(polyvinyl chloride，PVC)管或自制铁质管，管直径以正好插入中间灌注孔为宜，灌注料斗垂向尺寸以 SCC 拌和物从进入灌注料斗上口端至入模口之间的高度不小于 1000mm 为宜，保持适当的灌注高度有利于 SCC 拌和物在充填层封闭模腔中以较快的速度充填流动。

SCC 拌和物灌注速度的合理控制有利于提高充填层灌注施工质量。在灌注开始的 3～5min，宜保持较快的灌注速度，使下料斗处的拌和物处于高位水平，特别是灌注料斗口不应出现空位而裹挟气泡至拌和物中，同时也要观察轨道板的位移测试计的值不宜过高，避免轨道板过度上浮；当拌和物充填至观察孔处后，宜适当降低灌注速度，避免造成轨道板的上浮力过大。整个灌注过程的时间宜为 8～10min。

为了保证 SCC 灌注施工顺利进行，还应注意以下问题。首先应在灌注施工前进行 SCC 拌和物性能检测，需对 SCC 拌和物的坍落扩展度、坍落扩展时间 T_{500}、含气量及 J 环障碍高差等拌和物性能指标进行检测，并符合表 8-3 的技术指标要求；同时，SCC 入模温度应控制在 5～30℃，SCC 入模前模板和板腔温度不得超过 40℃。灌注过程及灌注完成的轨道板，在混凝土未终凝前，严禁踩踏。最后，在出浆孔(排气口)处观察流出的混凝土拌和物，当出浆孔混凝土的顶面高出轨道板底且有均匀密实的混凝土拌和物排出时，可关闭漏斗的出料口阀门，插上出浆孔处的关闭插板。另外，当轨道板上两端的观察孔中混凝土拌和物高度达到 30cm 左右时应立即停止灌注，以防止轨道板上浮。

表 8-3　SCC 工作性技术指标要求

项目	技术要求
坍落扩展度/mm	≤680mm
坍落扩展时间 T_{500}/s	3～7s

<table>
<tr><td colspan="2" align="right">续表</td></tr>
</table>

项目	技术要求
J 环障碍高差/mm	<18
L 型仪充填比	≥0.9
含气量(体积分数)/%	3.0~6.0

3. 灌注后的施工控制

灌注结束后，对排气孔进行密封，如图 8-18 所示，应确保排浆孔关闭到位，同时用橡胶锤对关闭插板进行轻轻敲击，帮助排气孔将边角气泡排出，之后立刻加入木塞，以保证排气孔 SCC 拐角顺直。

图 8-18　排气孔密封

轨道板支撑装置应在 SCC 初凝之后拆除，当 SCC 达到规定强度后，才能将充填层四周模板进行拆除，以保证充填层 SCC 表面及边角不受损害。SCC 拆模完成后，应及时养护，养护时间不宜小于 14d，养护期间应对侧面及灌注孔喷淋养护剂，同时以塑料薄膜进行覆盖，如图 8-19 所示。

8.2.3　冬夏季施工控制技术

1. 冬季施工质量控制

冬季施工是按照施工时的环境温度以及灌筑混凝土结构早期受冻可能性来判定的，当符合以下任何一个条件时，即可认为是冬季施工：①当环境昼夜平均气温(最高气温和最低气温的平均值或当地时间 6 时、14 时及 21 时室外气温的平均值)连续三天低于 5℃或最低气温低于−3℃时，混凝土工程应按冬季施

(a) 涂刷养护液　　　　(b) 粘贴养护膜　　　　(c) 观察孔、灌注孔养护

图 8-19　灌注后对充填层各部位进行养护

工规定进行施工；②当未进入冬季施工期时，突遇寒流侵袭气温骤降至 0℃以下时，为防止负温产生受冻，应按冬季施工的要求对工程采取应急防护措施；③当混凝土未达到受冻临界强度而气温骤降至 0℃以下时，应按冬季施工的要求采取应急防护措施。

冬季环境温度低，在低温下不但 SCC 拌和物工作性受到影响，而且混凝土水化凝结硬化过程缓慢，也会导致硬化混凝土性能不如预期。例如，冬季较低温度下配制 SCC 时，减水剂的减水效果因受气温影响而发挥缓慢，为使 SCC 拌和物获得初始工作性，可能会提高减水剂的掺量或用水量。当 SCC 运至现场，或者灌注到结构体中时，减水剂逐渐发挥作用，使 SCC 拌和物坍落度过大，甚至造成 SCC 出现严重离析泌水现象。同时，SCC 灌注入模的静置阶段，拌和物凝结慢，易造成静置过程中泌水而影响充填层的施工质量。在力学和耐久性能方面，当温度降至 0℃时，水泥等胶凝材料组分的水化反应速率缓慢甚至停止，混凝土凝结硬化速度及强度增长也将随之减慢。SCC 强度发展较慢，会严重影响混凝土拆模时间以及进行下一工序的时间，甚至会造成混凝土的冻融破坏。

为此，在进行冬季施工时，需要采取适当的措施以确保施工质量和施工后不受冻害等不利影响。此环境下，SCC 拌和物出机温度宜不低于 15℃，入模温度不低于 10℃。SCC 拌和物的入模坍落扩展度不大于 680mm，且不应出现离析泌水现象。同时，宜保证灌注完成的 SCC 在 14d 龄期内不受冻，或受冻临界强度不得小于相关规范规定值。冬季 SCC 施工应经过试拌，按工程用原材料与配合比，以满足 SCC 施工性能为前提。采取适当的预热措施来确保原材料温度。外加剂和黏度改性剂应放入暖棚中存放，但也应注意避免砂、石骨料和拌和水的加热温度过高。可选用具有早强型的高效减水剂等原材料，促进胶凝材料的水化进程，不应采用缓凝剂，并注意各外加剂的适应性，确保 SCC 拌和物的初始工作性以及工作性的保持能力。

在 SCC 拌和物的灌注入模施工过程中，有条件时在施工点应搭设暖棚；没有条件时，应采取保暖措施，并应清除模板及钢筋上的冰雪和污垢，可采用保温模板，SCC 运输车罐体应有保温措施，应缩短运输时间和中间周转环节，保证在运输中 SCC 不出现表层冻结、离析等现象，并应保证 SCC 入模温度不得低于 10℃。灌注完成后，宜采用保暖蓄热措施以保证拌和物的水化凝结和硬化过程，且不宜过早拆模，带模养护时间不少于 3d，当混凝土达到足够强度后方可进行拆模。

2. 夏季施工

根据《铁路混凝土工程施工技术指南》规定，当昼夜平均气温高于 30℃时，混凝土施工应按夏季施工进行。夏季环境温度较高，对混凝土性能及施工过程会造成诸多不利影响。例如，环境温度较高是影响 SCC 拌和物工作性损失的重要因素。随着夏季环境温度升高，不但会造成 SCC 拌和物中水分蒸发加快，而且水泥等胶凝材料组分的水化速度加快，导致拌和物流动性损失显著增大，造成 SCC 拌和物可施工时间大幅缩短。同时，夏季多雨，特别是短时阵雨较多，雨水极易进入模腔而导致底座板积水和土工布吸水。SCC 灌注施工时，板底多余积水会引起SCC 配合比大幅变化，产生离析泌水现象，导致 SCC 表面产生泡沫层。另外，较高温度环境下，SCC 凝结速度加快，保湿养护不及时或不到位容易产生开裂，造成施工质量问题等。为避免夏季施工出现上述问题，需要采取相应的施工措施，以确保施工质量满足要求。施工控制主要包括两方面：一是对 SCC 拌和物的性能进行调控；二是采取有针对性的现场施工控制措施。

SCC 拌和物性能除了满足规范的工作性要求外，宜控制出机温度和入模温度不大于 30℃，2h 坍落扩展度损失不大于 50mm，并需对 SCC 原材料性质和温度进行控制，如水泥入仓温度、水泥比表面积、减水剂保坍指标等。SCC 选用各种原材料时应注意以下问题：①宜选用混合材为粉煤灰或矿渣的水化热低的普通硅酸盐水泥，不得采用早强型普通硅酸盐水泥。②减水剂应采用含保坍剂组分的减水剂，减水剂保坍能力应满足 2h SCC 拌和物坍落扩展度损失不大于 30mm。③原材料存放应严格要求，水泥入仓温度不宜高于 50℃；粉体料仓(水泥、矿物掺合料、粉体类黏度改性剂等)、减水剂储存罐等应采取包覆隔热材料的遮阳防晒措施。砂、石料仓应设置遮棚，防止阳光直射，在气温过高时，也可对砂、石料进行喷水降温。另外，SCC 搅拌生产宜选择在夜间或温度较低的时段进行，应重点控制原材料的防晒和降温措施，可采用冷却装置冷却拌和水，并对水管及水箱加遮阳和隔热设施，也可在拌和水中加碎冰冷却，碎冰应作为拌和水进行质量控制和计量；可在 SCC 生产前提前对砂、石喷淋冷水或冰水进行降温处理，同时应加强

SCC 生产时和生产过程中砂、石含水率的测定，及时调整施工配合比用水量。SCC 运输罐车应采取隔热包裹措施，并在运输罐进料斗加装防蒸发和防雨装置。夏季施工中 SCC 运输量应较正常情况减少，建议每罐车运输量以不超过三块轨道板所需 SCC 的用量为宜。

　　SCC 在夏季进行灌注施工时，应安排专人负责跟踪天气变化情况，根据气温情况和降雨情况确定施工组织安排和检查落实防雨措施。SCC 夏季施工宜选择在夜间进行，尽量避开日间高温时段。若施工过程中出现降雨，应立即停止 SCC 灌注施工，并对已灌注完毕和未灌注轨道板进行防雨覆盖。雨后进行灌注施工，必须对板腔积水进行检查，确保积水排干后方可进行 SCC 灌注施工。在完成轨道板铺设后，即应采用不透水材料，如塑料薄膜对轨道板和底座板进行封闭覆盖，以防止雨水进入封闭模腔。SCC 灌注前，可采用手持式鼓风机从轨道板灌注孔吹入冷风，降低板腔内温度，保证模板和模腔温度不超过 40℃；同时，应对轨道板底进行喷淋预湿处理，以降低轨道板吸水性，提高 SCC 的可灌性。若在有太阳时进行施工，现场宜设置遮阳棚，灌注料斗须加装遮阳防晒装置；在向灌注料斗中装入 SCC 前，须对料斗内壁进行润湿处理，并及时清除料斗内壁上残余的混凝土。若采用泵送施工，应对泵管进行遮盖、涂刷隔热材料或包裹处理。

　　SCC 灌注施工完成后，应及时进行养护，在 SCC 终凝后，即可向侧模板与轨道板缝隙进行洒水以保湿；拆模后应立即进行保湿养护处理，优先采用养护剂进行处理，养护剂喷涂完毕后采用塑料薄膜进行覆盖。应设置专人进行养护剂喷涂，养护剂喷涂工作应与拆模同步进行，尽量缩短 SCC 干燥暴露时间，从而确保 SCC 充填层的施工质量。

8.2.4　轨道板上浮控制

　　由于板式轨道充填层采用中间灌注孔进行灌注施工，SCC 在灌注过程中产生的浮力主要集中在两个方面[4]：一方面是 SCC 流动到四周模板时，由于水击作用而对轨道板产生上浮力；另一方面，在灌注过程中，充填于模腔中的 SCC 拌和物对轨道板产生上浮力。以下主要针对这两方面对 SCC 灌注过程中轨道板的上浮力进行计算分析。

　　首先，对水击作用进行分析，当管道内流量发生剧烈变化时，导致管道内压强出现强烈波动，同时在整个管道内迅速传播，这种现象称为水击作用。水击作用产生的压强对管壁影响较大，甚至会导致管道破裂。水击作用可从如图 8-20 所示的简单管道系统进行描述。由图可知，该系统末端安装有一个可调节流量的阀门，管长为 L，管径 D 与管壁厚 e 沿程不变。设初始时管道水流为定常流，流速为 v_0，压强为 p_0。下面以管道阀门突然(瞬时)关闭为例，分析水击波所呈现的特性。

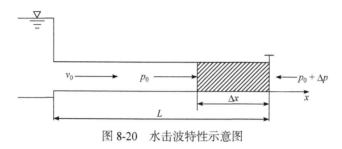

图 8-20　水击波特性示意图

当图 8-20 所示的简单管道系统管道末端的阀门瞬时关闭时,阀门端的水流速度为零,管道中水流速度出现剧烈变化,产生水击作用,由于水击作用产生水击波,其传播速度称为水击波速,以 c 表示。

液体速度的减小,引起压强的增大,所产生的这一压强增量可以根据动量定理来确定。现设与阀门紧密相连的微小段长度为 Δx,在 Δt 时段内,当该段液体流动速度由 v_0 减小至 v 时,将会导致管道中压强、密度及界面面积出现增量变化,分别为 Δp、$\Delta \rho$ 及 ΔA。

在 Δt 时段内, Δx 微小段液体的动量变化为

$$[(\rho + \Delta \rho)\Delta x(A + \Delta A)v] - \rho \Delta x A v_0 \tag{8-1}$$

略去二阶微量,其动量变化可写成

$$\rho \Delta x A(v - v_0) \tag{8-2}$$

同时,在不计阻力的情况下,微小段所受到的作用力为

$$\rho A - (\rho + \Delta \rho)(A + \Delta A) \tag{8-3}$$

根据动量定理,有

$$\left[\rho A - (\rho + \Delta \rho)(A + \Delta A)\right]\Delta t = \rho \Delta x A(v - v_0) \tag{8-4}$$

略去二阶微量,并考虑 $\Delta p A \gg p \Delta A$,整理后可得

$$-\Delta p A \Delta t = \rho \Delta x A(v - v_0) \tag{8-5}$$

或

$$\Delta p = \rho \frac{\Delta x}{\Delta t}(v_0 - v) \tag{8-6}$$

式中, $\dfrac{\Delta x}{\Delta t}$ 为传播速度的变化值,即水击波速,以 c 表示。这样式(8-6)还可以写成

$$\Delta p = \rho c(v_0 - v) \tag{8-7}$$

式(8-7)为阀门关闭时的水击压强增量表达式。当阀门瞬时完全关闭时，有 $v=0$，若管道流速 $v_0=1\text{m/s}$，水击波速 $c=1000\text{m/s}$，得到水击压强降至 1MPa，则扬起的水柱将有 102m 高。因此，当阀门瞬时完全关闭时，管道所受的压强将会相当大。从式(8-7)可见，水击压强增量与水击波速 c 成正比。因此，要正确分析计算水击问题，就必须了解水击波速问题，在实际工程的水击波速计算中，还需考虑液体的压缩性与管壁的弹性。

考虑液体压缩性与管壁弹性的水击波速方程为

$$c = \frac{c_0}{\sqrt{1+\dfrac{DK}{eE}}} \tag{8-8}$$

式中，c_0 为弹性波在介质中的传播速度，即声波在介质中的传播速度；D 为管径；K 为介质的体积弹性模量；E 为管道材料的弹性模量；e 为管壁厚度。由式(8-8)可见，水击波速 c 随管径 D 增大而减小，随管道材料的弹性模量 E 与管壁厚度 e 的减小而减小。

类似阀门关闭的行为，如流动过程中的管径突然减小和流动受阻等，都会导致水击的发生，钱塘江的潮水、海浪拍打海岸时在石穴中的飞溅，也可归于水击的作用。

SCC 灌注过程中的轨道板上浮还可能与浆体的水击有关，即 SCC 在灌注中，当板腔前端 SCC 拌和物流动受阻时(类似上述的阀门关闭作用)，灌注口处的 SCC 仍不断地流入板腔中，SCC 的可压缩性，导致 SCC 被压缩，从而导致压强迅速增大，当增大至足以克服轨道板重力时，即发生轨道板上浮。

在轨道板-充填层-底座板的断面中，充填层厚度为 9cm，可得式(8-8)中的 D 值约为 9cm。

相比于水等流体，SCC 固体含量较高，声波在 SCC 中能够以较快的速度传播，测试得到的新拌 SCC 声波传播速度为 1100m/s，依据式(8-9)可得 K 值：

$$K = \rho V_{\text{T}}^2 \tag{8-9}$$

式中，K 为介质的体积弹性模量；ρ 为介质的密度；V_{T} 为纵波在材料中的传播速度。假定新拌 SCC 的密度为 2300kg/m^3，可计算得到新拌 SCC 的体积弹性模量为 2783MPa，即得到式(8-8)中的 K 值为 2783MPa。充填层板腔周围为刚性模板，其弹性模量约为 206GPa，取式(8-8)中 E 值为 206GPa，且模板厚度为 5mm，即式(8-8)中 e 取值为 5mm。

将以上各参数值代入式(8-8)中，计算得到考虑 SCC 压缩性与模板弹性的波速为 7.05m/s；假设 SCC 灌注过程分别在 4min、6min、8min、10min 及 12min 完成，轨道板灌注孔直径为 18cm，灌注一块板需要 SCC 体积为 1.26m^3 左右，那么计算得到的 SCC 灌注过程中的平均流速分别为 0.206m/s、0.138m/s、0.103m/s、0.083m/s 及 0.069m/s。设 SCC 流至模板边缘时,SCC 流速为 0m/s,将以上数据代入式(8-7),计算得到在以不同灌注速度稳定灌注的情况下,SCC 灌注施工发生水击作用导致的压强增量,轨道板为标准轨道板,其面积为 $14m^2$ 左右,则水击作用产生的轨道板上浮力可以计算出来。当然,实际上由于 SCC 压强非均匀分布,上浮力小于该值,假设压强分布为均匀梯度分布,则轨道板上浮力与灌注速度(灌注时间)的关系如图 8-21 所示。由图可知,随着灌注时间的延长,轨道板上浮力下降幅度较为显著。由此可见,适当延长灌注时间,可以削弱轨道板上浮力。显然,通常要求充填层灌注时间保持在 10min 左右可避免轨道板受到过大的上浮力。

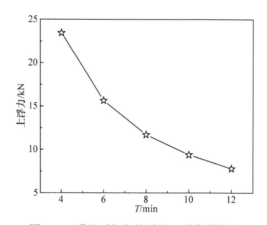

图 8-21　灌注时间与轨道板上浮力的关系

其次,在 SCC 的灌注施工中,若将 SCC 看成一种纯流体,如图 8-22 所示,若轨道板发生上浮,则 SCC 两侧的压强相等,两侧压强的计算公式如式(8-10)所示,另外,标准 P5600 预制轨道板底面积 s 约为 $14m^2$,可以得到 SCC 灌注中对轨道板的上浮力 F 如式(8-11)所示。

$$P_1 = P_2 = \rho g h \tag{8-10}$$

$$F = \rho g h s \tag{8-11}$$

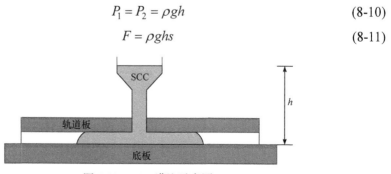

图 8-22　SCC 灌注示意图

　　在 SCC 灌注施工中，为保证 SCC 能够以一定的速度顺利灌注，灌注料斗需要保证一定的高度，而通过式(8-11)可以计算得到不同灌注高度下，对轨道板产生的上浮力大小。工程实际应用中，当轨道结构为超高段时，灌注料斗中 SCC 上表面至底座板上表面高度约为 1.7m，当轨道结构为直线段时，灌注料斗中 SCC 上表面至底座板上表面高度约为 1.4m，由此计算得到当轨道结构为超高段或直线段时，SCC 灌注时所产生的上浮力为 441.8～536.4kN。

　　由前述分析可知，控制灌注速度、减小灌注料斗高度等均可以减小轨道板的上浮力。但为保证 SCC 的顺利灌注，灌注料斗需保证一定的高度，这将导致轨道板受到较大的上浮力。因此，在实际施工中，采用在轨道板上表面放置五条压杠，通过压杠两端的螺母、传力杆及底座板的限位钢筋共同作用来抵抗轨道板的上浮力。压杠两端螺母扭矩的大小直接决定压杠对于轨道板的压力，当螺母扭矩过小时，轨道板容易发生上浮现象，当螺母扭矩过大时，轨道板和精调爪承受较大的压力，从而对轨道板产生破坏，在此根据前面的计算结果，进一步计算施加在压杠两端的螺母扭矩值。

　　根据力矩基本原理等基本力学理论，可由式(8-12)～式(8-14)计算得到螺母对压杠的压力。

$$M = \tau\phi \tag{8-12}$$

$$\frac{\sigma}{\tau} = \frac{3.14\phi}{w} \tag{8-13}$$

$$\sigma = \frac{3.14M}{w} \tag{8-14}$$

式中，M 为扭矩；τ 为扭力；ϕ 为螺纹直径；σ 为压力；w 为螺距。

　　根据上面计算得到的超高段及直线段因 SCC 灌注而对轨道板产生的上浮力为 441.8～536.4kN，同时，考虑水击作用对轨道产生的上浮力，按照最不利的灌注速度，即灌注时间为 4min 时，则对轨道板产生上浮力的范围为 464.8～559.4kN。由于轨道板上表面施加五条压杠，共十个螺母，故每个螺母需施加的压力为 46.48～55.94kN，同时在工程实际应用中采用直径为 22mm 的螺纹钢，其螺距为 2.5mm，根据式(8-14)可以计算得到需施加在压杠两端的螺母的扭矩为 35.2～42.7N·m。考虑到工程实际中其他情况的发生，螺母扭矩采用 1.2 倍的富余系数，故得到螺母的扭矩为 42.2～51.2N·m。此时，可有效控制轨道板的上浮。上述计算分析，为实际轨道板的压紧施工和上浮控制提供了重要的技术支持。

8.3　施工质量管控策略

SCC 充填层施工质量的保障，不仅有赖于合适的施工工艺技术，而且涉及施工过程的系统质量管理措施。为此，本章结合相关工程实践，探索 SCC 充填层施工质量管理策略。

1. 建立技术培训机制

板式轨道结构 SCC 充填层技术复杂，涉及工序多，特别是 SCC 充填层技术发展历史较短，相关的技术还远未被相关建设、施工管理等技术人员掌握，工程应用实践经验也有待进一步总结。因此，在 SCC 充填层施工建设中，建立相应培训制度，加强技术人员技术培训，严格执行施工操作技术要求，是保障板式轨道结构 SCC 充填层施工质量的重要前提，意义重大。具体可按不同人员分工和层次，建立以下几类人员技术培训机制。

1) 施工负责人的培训

施工负责人主要负责其所在工班生产时的全面质量管理，对其培训尤其要全面和严格。培训的主要内容包括原材料的检验方法和指标要求、原材料储存和运输的技术要点、搅拌车的功能和操作方法、砂浆灌注前的检测内容和指标要求、SCC 各种性能指标、SCC 灌注施工中的质量控制要点、SCC 灌注后的养护标准、环境对 SCC 质量的影响、SCC 施工环境要求，以及 SCC 质量验收的规定等。

2) 技术负责人的培训

技术负责人在施工现场主要负责提供灌注施工技术和 SCC 性能控制。主要内容包括施工工装要求、SCC 各种性能指标要求、灌注过程监控和施工注意技术要点等。

3) 施工操作人员的培训

工人是现场施工的主要操作人员，主要是在施工负责人和技术负责人的指导下完成 SCC 充填层的施工操作。操作人员对充填层施工的了解程度不同，对其培训尤其要细致、清晰和易懂。

4) 实验室人员的培训

实验室是确保充填层 SCC 质量的关键环节，实验室人员包括驻场试验检验员和实验室试验检验员，主要负责 SCC 原材料质量、混凝土拌和物生产以及专项性能检测和调控等。培训内容重点针对 SCC，包括 SCC 性能指标(主要是强度、弹性模量、泌水率、膨胀率、收缩率等)、原材料的检测方法、影响 SCC 质量的关键因素、环境对 SCC 的影响、SCC 配合比(主要是水的用量)的确定方法和定期出示检测报告等。

5) 监理员的培训

监理是监督 SCC 施工质量的主要环节，由于 SCC 充填层技术发展历史较短，很多监理人员对 SCC 的知识掌握不是很充分，所以对监理的培训也极为重要。监理主要对 SCC 搅拌流程、灌注过程中施工单位的操作方法和 SCC 质量检查等进行监督检查。培训内容也应全面，包括 SCC 质量的影响因素、SCC 施工所需的环境要求、SCC 性能指标要求、SCC 验收标准、SCC 灌注施工的操作方法等。

2. 建立原材料质量管控制度

原材料的质量直接关系到充填层 SCC 性能和灌注质量。为确保 SCC 充填层施工质量满足技术标准要求，需要建立规范的原材料质量管理制度，对进入施工现场的原材料质量进行严格把关。

根据 Q/CR 596—2017《高速铁路 CRTS Ⅲ 型板式无砟轨道自密实混凝土》中对原材料的技术指标要求，对每批次的原材料进行全面严格的进场检查和检验，不满足进场要求的坚决清退出厂，禁止使用。对生产厂家的相关资质证明，每批次原材料的相关证明文件都要严格检查，并做好分类存档。

充填层 SCC 原材料种类较多，检测指标要求严格，需要在实际中严格要求。对原材料的品种、数量、规格、生产日期、使用范围进行规范准确的登记，并建立规范的管理台账。原材料应严格按照不同的类型、不同的生产厂商和不同的生产批次安置到不同的存储地点。对于需防潮防水、控温防光的原材料，一定要采取必要的防范措施，确保原材料正确存储，以满足使用要求。原材料的储存时间应严格遵守相关规定，过期的原材料严禁应用到施工中。

3. 搭建各级施工技术交底制度

板式轨道施工技术交底要以施工组织设计和专项施工方案为依据进行细化并分级进行，各道工序的技术交底内容必须具有可行性和可操作性。严格按照相应的技术交底管理暂行办法要求执行，对板式轨道充填层各道施工工序进行三级技术交底。

一级施工技术交底由项目总工程师对项目部各部室及技术人员进行技术交底，主要内容有：板式轨道充填层施工技术方案、工艺方法，采用的新技术、新结构、新材料和新的施工方法；板式轨道充填层施工的重点、难点；板式轨道充填层主要工程材料设备、主要施工装备、劳动力安排及资金需求计划；板式轨道充填层工程技术和质量标准，重大技术安全环保措施；板式轨道充填层设计变更内容、施工中应注意的问题等。

二级施工技术交底由技术主管人员对施工作业队技术负责人进行技术交底，主要内容包括板式轨道充填层施工作业指导书、分部分项工程交底；作业场所、作业方法、操作规程及施工技术要求；板式轨道充填层采用的新技术、新工艺的有关操作要求；板式轨道充填层工程质量、安全环保等施工方面的具体措施及标准；板式轨道充填层施工有关的施工详图和加工图，包括设备加工图、模板制作设计图、钢筋配筋图、工程结构尺寸大样图等；板式轨道 SCC 相关的试验参数及配合比；板式轨道板标高的施工测量放样、测量控制网、监控量测等；板式轨道充填层施工注意事项等。

三级施工技术交底由作业队技术负责人对班组长及全体作业人员进行技术交底，主要内容包括：板式轨道充填层作业标准、施工规范及验收标准、工程质量要求；板式轨道充填层各工序施工工艺流程及施工先后顺序；板式轨道充填层施工工艺细则、操作要点及质量标准；板式轨道充填层质量问题预防及注意事项；板式轨道充填层施工技术措施和安全技术交底等。

4. 建立施工过程管控制度

1) SCC 生产拌制管理

SCC 充填层是板式轨道结构施工中的一项新技术，SCC 生产质量的优劣直接影响轨道结构施工质量及其服役性能和长期耐久性能。为确保 SCC 生产质量，应对 SCC 生产拌制过程的各个环节进行有效管理和培训，包括生产设备系统状况管理、生产技术人员管理、生产拌制工序管理以及生产质量检验管理等。

2) 灌注前的质量控制

SCC 灌注施工前首先要检查封边及轨道板压紧装置是否稳固牢靠，以防止 SCC 泄漏，并应检查板腔内的润湿情况，如在干燥夏季，润湿后的板腔干燥后，需重新润湿，但要避免过度润湿，避免轨道板底部存在明显的水滴；同时，应检查板腔温度，当温度在 5～30℃范围时，才允许 SCC 进行灌注施工。另外，应注意在下雨天不进行 SCC 灌注施工，但下小雨的情况下，不影响灌注操作时，应用塑料布或薄膜覆盖轨道板和混凝土底座板，以免雨水进入混凝土底座板表面，灌注后也应立即用塑料布或薄膜覆盖。

3) 灌注施工过程控制

灌注施工时，应保证料斗中混凝土均匀连续，灌注料斗中液面保持均匀稳定，使得 SCC 由于自身重力匀速流动进入板腔，避免外力干扰其流动状态。每块轨道板下充填层的灌注时间应保证在工艺性试验确定的灌注时间范围内，时间不能过短，防止气体不能及时排出排尽，时间也不宜过长，影响灌注施工质量。推荐灌注速度应遵循"先快后慢"的原则，在灌注即将完成的时候，要严格控制灌注速度，以防止灌注 SCC 过多导致轨道板抬升，待排气孔流出均匀 SCC 拌和物后进行封堵，SCC 应一次连续灌注，不得进行二次灌注。

4) 施工后的质量保障

为了减少 SCC 充填层四角的离缝，通常在灌注孔和观察孔内留存一定的 SCC 进行保压，保压之后需要人工清除灌注孔和观察孔中多余的 SCC。在这一环节中需要控制的是清除多余 SCC 的时间，清除工作宜在 SCC 灌注完毕静置 30min 且混凝土失去流动性以后进行,这样可以避免混凝土回流造成 SCC 充填层与轨道板之间离缝的产生。SCC 灌注完成后,应采取养护薄膜覆盖或喷养护剂等进行养护,养护时间不宜少于 14d。

8.4　应　用　实　践

结合作者研究团队在我国郑徐、成贵、昌赣、郑阜、鲁南等多条高速铁路工程中开展的 CRTSⅢ型板式无砟轨道 SCC 充填层建设技术服务实践,对相关应用技术进行简要阐述。

8.4.1　典型混凝土配合比及工艺性试验

在 SCC 充填层建设施工中,确定适用于充填层的 SCC 混凝土配合比,制备出满足施工性能要求的 SCC 拌和物,并通过系列工艺性试验确定相应的施工工艺技术参数是其中的关键环节和突破口。用于现场实际施工的 SCC 配合比,需要经过理论配合比、现场实验室配合比以及线下工艺性试验配合比验证等几个环节,才能形成最终的 SCC 配合比及其性能指标,表 8-4 和表 8-5 所示分别为现场施工应用 SCC 的典型配合比及拌和物性能指标,所用原材料均满足 Q/CR 596—2017《高速铁路 CRTSⅢ型板式无砟轨道自密实混凝土》技术标准中的要求。

表 8-4　工程应用中的典型 SCC 配合比

水泥 /(kg/m³)	矿物掺合料 /(kg/m³)	膨胀剂 /(kg/m³)	黏度改性剂 /(kg/m³)	水/(kg/m³)	砂/(kg/m³)	碎石 /(kg/m³)	减水剂/%
325～360	105～130	45	27～33	172～178	810～880	775～820	1.2

表 8-5　SCC 拌和物性能指标

SF/mm	T_{500}/s	J 环障碍高差/mm	L 型仪充填比	L/mm	泌水率/%	f_{56}/MPa
630～660	3.5～4.5	11～14	0.86～0.90	3.2～4.5	0	50～55

从表 8-5 中给出的 SCC 拌和物工作性测试结果可知,拌和物性能指标良好,均满足相关标准规定要求,所测 SCC 56d 龄期的抗压强度(f_{56})也满足设计强度等级的要求。图 8-23 给出了拌和物的外观及坍落扩展度测试照片,表明各拌和物外观状态优异。

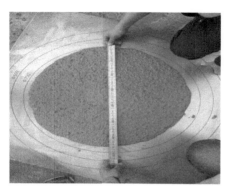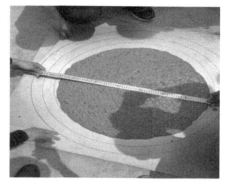

图 8-23　试验 SCC 拌和物坍落扩展度测试

在充填层 SCC 生产制备的同时，施工单位还需要进行各项灌注施工准备，其中现场线下工艺性试验是其中的重要工作。线下工艺性试验包括试验场地建设、工装设备等准备就绪。当 SCC 在实验室制备成功并满足相关技术指标要求后，可以进行工艺性试验的灌注充填施工，灌注充填是否符合质量要求需要经过揭板检验才能最终确定，线下工艺性试验的主要环节如图 8-24 所示。

(a) 工艺性试验场地　　　　　　　　　　(b) 工艺性试验SCC灌注施工

(c) 灌注施工后的揭板　　　　　　　(d) 揭板后SCC充填层上表面质量检验

图 8-24　SCC 充填层施工工艺性试验主要环节

进行 SCC 充填层灌注施工质量检验时，不仅要观察其揭板后充填层上表面气泡等缺陷情况(图 8-24(d))，还要将充填层四个角部位置截开，检验混凝土垂向均匀性(图 8-25)。充填层灌注饱满，且上表层的气泡等缺陷较少(标准规定不允许存在面积大于 $50cm^2$ 的单个大孔存在，且面积小于 $6cm^2$ 的小孔不能大于 2%)；同时，角部混凝土垂向粗骨料分布均匀，如图 8-25 所示的充填层中角部混凝土中粗骨料垂向分布非常均匀，无骨料下沉和浆体上浮现象，可以判断 SCC 充填层灌注施工质量满足要求。此时，可以总结 SCC 充填层线下工艺性试验，撰写形成充填层施工工艺技术报告，并组织线下工艺性试验环节的验收。验收通过，即可准备开展现场规模化施工。

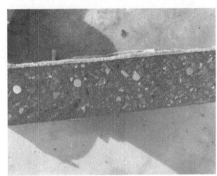

图 8-25　SCC 充填层骨料分布检测

8.4.2　现场正线施工及质量检测

经过了线下工艺性试验，施工技术人员基本认知和掌握了 SCC 充填层施工技术要点，确定了各施工环节技术参数。一旦规模化施工所需的原材料、相关工装准备完成，制定完善施工组织方案后，就可以进行现场实际轨道正线充填层的施工。规模化施工最为关键的是要确保 SCC 生产制备的性能稳定性和施工组织的有序性。SCC 充填层现场灌注施工照片如图 8-26 所示。可以看出，SCC 现场灌注

(a) SCC充填层现场施工工装　　　　　(b) 现场灌注下料口SCC拌和物

图 8-26　SCC 充填层现场灌注施工

施工涉及系列工装准备,需要精细准备;从图中所示的现场 SCC 拌和物的灌注施工可知, SCC 拌和物状态良好,整个灌注过程进行顺利。

当 SCC 拌和物现场灌注施工完成每一块板后,应及时按规定拆模和进行养护,拆模后检查所灌注 SCC 充填层侧面表观状态并进行灌注厚度检测,如图 8-27 所示。从图中所示结果可知,所灌注的 SCC 充填层侧面平整度良好,表面光滑,未见出现裂缝和蜂窝麻面现象,且充填层与上部轨道板之间黏结紧密,所测 SCC 充填层厚度符合规范要求,且厚度较为均匀。由此可判断 SCC 充填层灌注施工质量较好。图 8-28 是某线路 SCC 充填层施工完成后的 CRTS Ⅲ 型板式无砟轨道结构照片。可以看到,施工完成后的 CRTS Ⅲ 型板式无砟轨道结构外观质量良好,轨道结构整体质量好,可满足相应质量要求。

(a) SCC充填层侧面外观　　　　　　　　(b) SCC充填层厚度检测

图 8-27　SCC 充填层侧面状态及厚度检测

(a) 施工完成后的SCC充填层现场　　　　　(b) SCC充填层施工完成并铺设钢轨

图 8-28　施工完成后的某线路 CRTS Ⅲ 型板式无砟轨道结构

8.4.3　充填层实体质量分析

基于现场大量的应用实践,分析了 SCC 拌和物关键性能参数与充填层施工质量之间的关系。图 8-29 及图 8-30 分别给出了不同 SCC 拌和物坍落扩展度、悬浮

稳定性指数 L 时充填层上表面质量的对比照片。从图 8-29 中的结果可知, 当 SCC 拌和物的坍落扩展度为 650mm 时, 充填层表面质量良好, 表观光滑, 基本无较大的气泡孔等典型缺陷, 而采用坍落扩展度为 695mm 的 SCC 灌注施工的充填层, 其表面不仅光洁度较差, 表层出现较为松散的状态, 且存在较为密集且直径较大的气泡。显然, 较大流动性的 SCC 拌和物不利于 SCC 充填层表面质量。

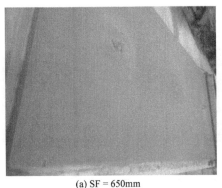

(a) SF = 650mm　　　　　　　(b) SF = 695mm

图 8-29　不同坍落扩展度对充填层表面质量的影响

由图 8-30 可知, SCC 拌和物悬浮稳定性指数对充填层表面质量也存在显著的影响。当 SCC 拌和物悬浮稳定性指数 L 为 4.5mm 时, 充填层表面质量良好, 未见表面存在大气泡孔和气泡层、浮浆层等缺陷, 而采用悬浮稳定性指数为 12.1mm 的 SCC 拌和物灌注施工的充填层, 其上表面观察到薄层的气泡或泡沫层, 且灌注口存在沿混凝土流向分布的发散性大气泡, 充填层表观质量较差。显然, 拌和物悬浮稳定性指数 L 反映了拌和物的悬浮稳定性, 当 L 大于 7mm 后, 表明拌和物的悬浮稳定性不足, 存在骨料下沉, 浆体上浮甚至较多气泡溢出等现象。这表明采用悬浮稳定性指数能较好地反映出 SCC 充填层的灌注质量。

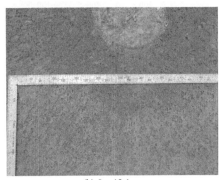

(a) L = 4.5mm　　　　　　　(b) L = 12.1mm

图 8-30　不同悬浮稳定性指数对充填层表面质量的影响

基于现场工艺性试验和工程应用实践，收集了 SCC 拌和物的 T_{500} 指标与灌注时间数据，发现两者之间存在较好的对应关系，且符合二次多项式关系，如图 8-31 所示。由图 8-31 可知，随着 SCC 拌和物的 T_{500} 增加，充填层灌注充填完成所需时间显著增加，结合充填层灌注质量要求，充填层灌注时间在 8～10min 较为合适，此时 SCC 拌和物的 T_{500} 为 3.5～5.0s。

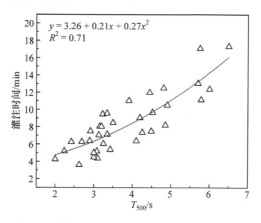

图 8-31　拌和物 T_{500} 与充填层灌注时间的关系

为进一步检验 SCC 充填层的匀质性，选取灌注质量合格的充填层，采用破损试验方法，对距灌注口不同距离的位置进行钻芯取样，具体取样位置如图 8-32 所示。根据对称性，对充填层 1/4 范围板面进行取样，取样点沿纵向间距为 400mm，横向间距为 250mm，取样直径为 100mm，并对所取试样进行抗压强度测试，分析各芯样抗压强度随与灌注孔中心距离的变化，结果如图 8-33 所示。从图中结果可知，SCC 芯样抗压强度随距离的增大而呈现一定的降低趋势，但下降幅度并不

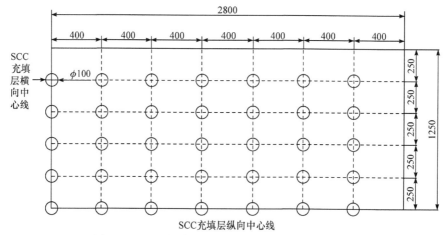

图 8-32　SCC 充填层钻芯取样点示意图(单位：mm)

明显，所测试样的抗压强度最大值与最小值仅相差 8.6%。由此可见，当 SCC 拌和物性能合适时，灌注施工得到质量合格的充填层，其各部位的 SCC 性能具有较好的均匀性。

基于系列工程应用实践可知，SCC 充填层施工是 CRTS Ⅲ 型板式无砟轨道结构的关键控制性工序，涉及新材料技术与新工艺技术，需要经过系统的严密精心组织才能完成。满足性能要求的 SCC 和合适的灌注充填施工工艺技术是保证 SCC 充填层施工质量的关键。大量的应用实践表明，充填层 SCC 拌和物的坍落扩展度为 (640 ± 30)mm、T_{500} 为 5.0s 左右、悬浮稳定性指数 $\leqslant$ 7mm，且灌注施工所用时间控制在 8~10min，施工后的 SCC 充填层质量良好。

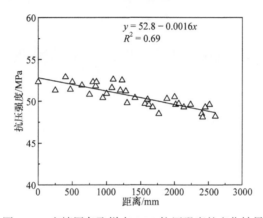

图 8-33　充填层各取样点 SCC 抗压强度的变化结果

8.5　本章小结

本章结合具体工程应用实践，针对 SCC 充填层应用技术进行了探讨，得出如下结论：

(1) SCC 充填层施工是 CRTS Ⅲ 型板式无砟轨道结构的关键控制性工序，涉及新材料技术与新工艺技术，需要经过系统的严密精心组织、培训并制定完善的施工技术方案才能完成。其中，满足性能要求的 SCC 生产制备和灌注充填施工工艺技术是保证 SCC 充填层施工质量的关键环节。

(2) SCC 性能不仅与原材料和配合比密切相关，而且受生产过程、运输及环境温度和湿度条件的影响。因此，在实际规模化生产过程中，需要对原材料性质稳定性，生产计量准确性，砂、石含水率波动性，各原材料之间的相容性及生产搅拌的均匀性等进行严格控制。

(3) SCC 充填层灌注施工工艺涉及底座板的合格施工、隔离层土工布与钢筋网片的合格铺设、轨道板精准铺设、模板工装的精细安装、压紧工装和上浮量测试仪器的合理设置以及 SCC 灌注入模工装的确定等环节, 需要对各个环节的操作技术人员进行技术培训, 确保各个环节按照要求准确操作, 从而保证 SCC 充填层的最终施工质量满足要求。

(4) 轨道板上浮主要来自灌注于充填层模腔中 SCC 拌和物的上浮力, 需要有效控制 SCC 拌和物的灌注入模高度和灌注速度, 当灌注时间为 8～10min 时, 压杠两端螺母的扭矩最佳控制范围为 42.2～51.2N·m, 可控制轨道板上浮量在允许范围。

(5) 为获得施工质量良好的 SCC 充填层, 需要严格控制 SCC 拌和物的工作性, 并优选适宜的施工工艺参数。

参 考 文 献

[1] 邢雪辉. CRTS Ⅲ型板式无砟轨道施工技术[M]. 北京: 人民交通出版社, 2015.
[2] 谭盐宾, 谢永江, 杨鲁, 等. CRTS Ⅲ型板式无砟轨道自密实混凝土技术研究与应用[J]. 中国铁路, 2017, (8): 21-27.
[3] 马昆林, 龙广成, 谢友均, 等. CRTS Ⅲ型板式无砟轨道自密实混凝土充填层施工及质量控制技术[M]. 长沙: 中南大学出版社, 2020.
[4] 张浩楠, 张艳荣, 吴楷, 等. SCC 灌注过程中轨道板变形与扣压装置受力特性分析[J]. 北京交通大学学报, 2024, 48(1): 106-114.

第9章 冲击回波法检测自密实混凝土充填层质量

9.1 引　言

鉴于高速铁路 CRTS Ⅲ型板式无砟轨道 SCC 充填层的灌注施工方法的特殊性，使得灌注施工后的 SCC 充填层基本属于隐蔽性部件，拆模后仅可观察到充填层四个侧面的有限外观情况，对于与上部轨道板相黏结的表面质量则无法观察到，该表面的质量具有至关重要的作用。因此，如何科学、高效地对 SCC 充填层表面(与轨道板之间的黏结面)质量进行有效、快速检测成为亟需破解的技术难题。

目前，主要采用现场揭板破损方法来检验 SCC 充填层的施工质量，并根据 Q/CR 596—2017《高速铁路 CRTSⅢ型板式无砟轨道自密实混凝土》[1]中的相关规定来检验和评价 SCC 充填层施工质量(表 9-1)。从表中可知，该方法主要从五个方面进行充填层质量评价，其中厚度、充盈度、侧面状态等方面基本可以从侧面的直接观测中得到，而表面状态、断面状态则需要通过现场揭板来检测。当然，表面状态、断面状态是关系 SCC 充填层质量的关键内容，表面状态关系到充填层与轨道板之间的黏结作用，影响充填层与轨道板之间的协同作用。

表 9-1　SCC 充填层施工质量要求

序号	项目	质量要求
1	厚度	符合设计要求
2	充盈度	SCC 与轨道板底面和底座板表面接触良好，充盈饱满
3	表面状态	表面无泌水现象、无松软发泡层、无可见裂缝、无明显水纹 表面密实、平整，无露石、露筋以及蜂窝现象 表面无面积大于 50cm² 的气泡，面积 6cm² 及以上气泡的面积之和不宜超过板面积的 2%
4	断面状态	切开断面上骨料分布均匀，无骨料堆积、浆骨分离、上下贯通气孔、蜂窝等现象
5	侧面状态	侧面不应有空洞、麻面 侧面应平整，凸出或凹进轨道板边缘的混凝土厚度不应超过 10mm

现场揭板方法具有真实、直观的特点。然而，这种检测方法也有诸多缺点：不仅费时、费力，而且在实际检测时需要截除轨道板底部的门型钢筋进行灌注施工才

能进行揭板，否则无法揭开轨道板(因为安装在轨道板底部的门型钢筋插入了充填层混凝土中)；另外，由于揭板方法非常复杂，在实际检测过程中的检测数量也非常有限，难以对整个轨道结构的 SCC 充填层质量进行全面评判。

鉴于上述问题，本章基于实际工程检测实践，简要阐述冲击回波法检测 SCC 充填层质量的基本原理与方法，从而为快速、有效地掌握 SCC 充填层质量(状态)提供技术支持。

9.2　检　测　原　理

9.2.1　主要特点

在施工过程或服役过程中的荷载、环境作用下，混凝土内部会不可避免地出现裂缝或缺陷，这些内部裂缝的产生与扩展导致混凝土服役性能下降，甚至危及结构安全。因此，对混凝土内部结构裂缝等缺陷进行快速、可靠检测非常必要。检测过程中对受检结构不造成损伤的无损检测方法显示出非常大的优势。目前，已开发了回弹法、超声波法、雷达法、冲击回波法等诸多检测混凝土缺陷的无损方法。相比于其他方法，冲击回波法具有以下优点。

(1) 只需要一个测试面，可在绝大部分工程结构上应用。

(2) 可获得明确的缺陷信号，直观，测一点即可判断一点。

(3) 信号接收传感器不需要耦合剂，测试方便，快捷。

(4) 冲击回波法使用比超声波更低频的声波(频率范围通常为 2～50kHz)，避免了过多杂波干扰的问题。

同时，与雷达波方法相比，冲击回波法也具有对结构内金属件不敏感、能穿透钢筋密集区及金属管道、可用于测试钢筋密集混凝土结构的厚度及内部缺陷等优点。

考虑 SCC 充填层的结构特点，并结合冲击回波的优越性可知，采用冲击回波法可以较好地对 SCC 充填层与轨道板之间的黏结界面质量进行检测。

9.2.2　基本原理

冲击回波法是基于应力波的一种检测结构厚度和缺陷的无损检测方法。20世纪 80 年代中期，美国康奈尔大学(Cornell University)的 Sansalone 博士最早对冲击回波法(impact-echo method)进行了相关研究。国内南京水利科学研究院、同济大学等单位较早开展了冲击回波法的无损检测研究，随后国内其他一些研究机构也对该测试方法进行了研究[2,3]。2017 年发布了 JGJ/T 411—2017《冲击回波法检测混凝土缺陷技术规程》[4]。目前，冲击回波技术发展迅速，已发展了扫描式冲击回波系统(impact echo scan system，IES)等多种类型。IES 不仅可以快速连续检测，还可以对结构厚度、缺陷进行三维成像等，故应用比较广泛。然而，冲击回波法目前主要还是用于传统的混凝土结构缺陷的检测，而针对类似高速铁路 CRTS Ⅲ 型板式无砟轨道等 SCC 充填层的相关检测还处于初步探索阶段[5]。

冲击回波法是利用一个短时的机械冲击(用小钢球或小锤轻敲混凝土表面)产生低频的压缩应力波，应力波传播到结构内部。应力波在不同介质中的声阻抗不同(表 9-2)，因此，在两种介质界面处会发生发射，其法向发射系数可由式(9-1)计算得到。可以看到，若混凝土内部存在空洞或裂缝等缺陷，即存在混凝土-空气界面，当应力波传递到此界面时，几乎全部被反射回来。这些反射回来的压缩波被安置在冲击点附近的接收传感器接收，并被传送到内置高速数据采集及信号处理器中，通过快速傅里叶转换等，可将所记录的时间域数据信号进行频谱、幅值谱分析，谱图中的明显峰正是冲击表面、缺陷及其他外表面之间的多次反射产生瞬态共振所致，它可以被识别出来并用来确定结构混凝土的厚度和缺陷位置，具体原理如图 9-1 所示。

$$P = \frac{Z_2 - Z_1}{Z_2 + Z_1} \tag{9-1}$$

式中，P 为反射系数；Z_1、Z_2 为两种介质的阻抗。

表 9-2 应力波在不同介质中的阻抗

介质	阻抗 Z/[kg/(m² · s)]
空气	0.4
水	0.5×10^6
土	$(0.3 \sim 4) \times 10^6$
混凝土	$(7 \sim 10) \times 10^6$
钢筋	47×10^6

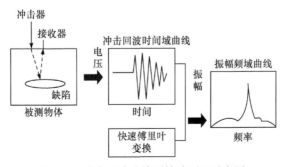

图 9-1 冲击回波法检测缺陷原理示意图

从图 9-1 所示的冲击回波测试原理可知，冲击回波测试具体包括以下环节。

1. 冲击应力波的发射及传播

应力波的发射源于冲击力。在被测物如混凝土表面施加一瞬时冲击，即产生一应力脉冲，冲击必须是瞬间的。冲击的力-时间曲线可大致看成一个半周期正弦曲线。施加的应力脉冲宽度，即冲击持续时间(与混凝土表面的接触时间)决定了所产生的应力脉冲的频率成分。冲击持续时间决定了冲击试验所能检测的缺陷和厚度的尺寸。冲击持续时间应选择使发生的脉冲波长大致等于或小于被探测缺陷的 2 倍。

值得注意的是，由于混凝土属多相非均匀体系，内部介质复杂，应力波经过不同介质的阻抗不同，因而在两介质之间界面处产生的回波信号不同。例如，当应力波传递到混凝土-空气界面时，如图 9-2(Ⅰ)所示[2]，虚线为拉伸波，实线为压缩波，其中(Ⅰ)右侧为位移波形。由式(9-1)可知，反射系数 P 为负，此时压缩应力波会转变为拉伸波，拉伸波在上表面产生向下的位移再次转化为压缩波，应力波在上下表面来回反射，发生相同位移的时间间隔 T 为 $2d/C_p$(其中，d 为应力波从入射至发射位置的距离，C_p 为应力纵波的波速)；若应力波传递到混凝土-钢筋界面，如图 9-2(Ⅱ)所示，由于钢筋的阻抗 Z_2 大于混凝土的阻抗 Z_1，此时反射系数 P 不改变符号，则应力波发生相同位移的时间间隔为 $4d/C_p$。由此可知，如果两种界面的深度位置相近，则可以根据频率的不同来区分界面类型。

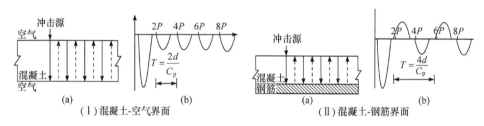

（Ⅰ）混凝土-空气界面　　　　　　　（Ⅱ）混凝土-钢筋界面

图 9-2　冲击回波在钢筋混凝土中的反射传播示意图

另外，还应考虑发射应力纵波的幅值，两种材料声阻抗的不同决定了界面上反射波能量的大小，从而决定了冲击回波法是否可探测到该界面。

2. 反射回波信号接收

冲击回波法测试系统除了有信号发射器，还安装有回波接收传感器。回波接收传感器由换能软件及内部放大器组成，通过电缆与系统主机相连。接收点应尽量靠近冲击点。接收器底部的铝箔用来完成换能元件的电路连接和接收器与被测表面的耦合。

3. 数据采集和频谱分析计算

数据采集和处理由测试系统的软件完成。主要包括时域谱曲线信号，再通过快速傅里叶变换可得到频域谱曲线，找出峰值位置和相应参数，可以判断相关缺陷位置等信息。

4. 后续相关处理分析和测试报告

基于冲击回波信号反映的信息，利用计算和仿真模拟等信息技术，可进一步进行数据信息化处理，得到所要信息的空间图形等，或者进行相关检测评价报告的撰写和呈现等。

9.3 检 测 方 法

9.3.1 检测方案

由于充填层四个侧面在模板拆除后即暴露出来，该表面质量可以通过直观观测得到，而充填层与轨道板底部之间的黏结面是隐蔽性的，无法直观观测。因此，该黏结面(充填层黏结界面)是 SCC 充填层质量的检测核心，基于冲击回波法的充填层质量检测需要围绕这一核心展开。

根据 CRTS Ⅲ 型板式无砟轨道结构特点可知，冲击回波法检测 SCC 充填层表面质量需要以轨道板上部表面作为测试面，但轨道板上部表面存在挡肩凸台(甚至扣件钢轨系统)等障碍物，因此设计合适的检测方案，以尽可能获得全面的检测信息。为此，结合大量的检测实践，制定了有效检测 SCC 充填层表面质量的检测方案，如图 9-3 所示(以典型几何尺寸的轨道板为例)。

由图 9-3 可知，在轨道板面设置了 4 条纵向测线和 8 条横向测线，即 Z1、Z2、Z3、Z4 和 H1、H2、H3、H4、H5、H6、H7、H8。网格线将整个蒸养混凝土轨道板面均匀分割，且避开了挡肩位置，各测线基本覆盖了整个轨道板面。测线布置好后，即可进行测量。为了提高检测效率，首先可以选择测线距离较大的测线进行测试，视为初测，判断所测位置的缺陷状况；初测完成后，需要对存在缺陷的部位进行下一步的精测，精测的目的是对缺陷的数量和具体尺寸情况进行确认，可按照图 9-4 所示的方案对存在缺陷的区域进行加密测线测试，确定缺陷信息。

总体上，冲击回波法具体测试网格线的布置可根据实际情况分步骤进行灵活确定。冲击回波法的测试可采用单点激发模式，也可采用连续扫描方式，连续扫描方式测试具有更高的测试效率，如图 9-5 所示。

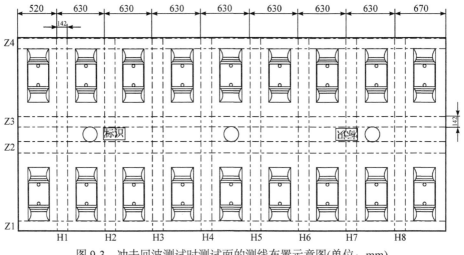

图 9-3　冲击回波测试时测试面的测线布置示意图(单位：mm)

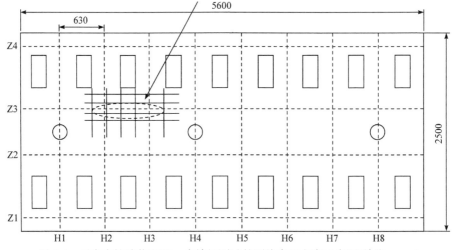

图 9-4　对存在缺陷信息进一步精细测试的测线布置方案示意图(单位：mm)

9.3.2　缺陷识别

工程实践发现，由于原材料、气候以及工程条件等的多变性和复杂性，SCC 充填层与轨道板之间的黏结界面处可能出现多种不同的缺陷类型，包括泡沫层、浮浆层、水纹及离缝等，而冲击回波信号对不同缺陷的响应亦存在差别[5]。以下结合实际检测和真实缺陷的对比，来分析冲击回波测试信号与各缺陷之间的对应关系，从而为冲击回波法有效检测和识别充填层黏结界面缺陷提供依据。

1. 黏结界面良好时的频谱曲线

图 9-6 给出了充填层黏结界面良好状态的照片与相应的冲击回波频谱曲线。

(a) 单点测试   (b) 连续测试

图 9-5 冲击回波法现场测试

从图中可以看到，此时充填层表面较密实且平整，对应位置测得的冲击回波典型频谱曲线存在一个频率主峰，次峰相对小很多。主峰位置处的频率约为 8kHz，基本接近冲击回波的特征频率。

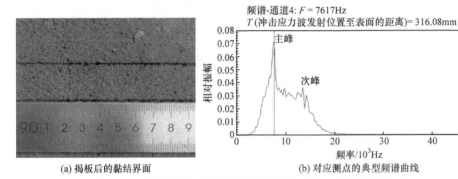

(a) 揭板后的黏结界面   (b) 对应测点的典型频谱曲线

图 9-6 充填层黏结界面良好状态的照片与冲击回波频谱曲线

2. 存在小气泡群缺陷时的频谱曲线

图 9-7 给出了充填层与轨道板黏结界面处局部小气泡群的状态照片和相应的冲击回波频谱曲线。可以看到，当充填层界面局部位置存在小气泡群时，对应的冲击回波测试得到的频谱信号曲线也存在主峰和次峰，但主峰振幅较弱，次峰振幅约为主峰振幅的 80%；同时，主峰位置处的频率达到约 12.7kHz，明显大于充填层质量较好时的频率。这表明，主峰反射回波的位置出现了变化，主峰是来自轨道板与充填层之间界面位置的反射回波。

3. 存在气泡孔、水纹等泌水严重缺陷时的频谱曲线

图 9-8 和图 9-9 分别给出了充填层黏结界面处存在局部气泡酥松层、水纹的

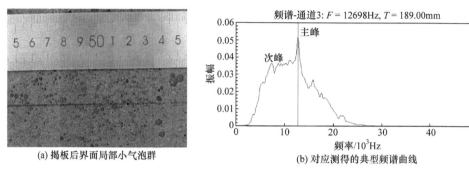

(a) 揭板后界面局部小气泡群　　　　　(b) 对应测得的典型频谱曲线

图 9-7　充填层与轨道板黏结界面处局部小气泡群的照片与冲击回波频谱曲线

照片和相应的冲击回波测试得到的频谱曲线信号结果。从图 9-8 中所示频谱曲线可以看到，主峰位置处的频率达 13kHz，振幅较大；而次峰的振幅约为主峰的 60%；对于图 9-9 所示的频谱曲线，其主峰位置处对应的频率为 12kHz，振幅较大，但次峰的振幅也较大，并达到了主峰的 80% 以上，表现为冲击回波反射信号在不同位置处的信号强弱稍有差异。

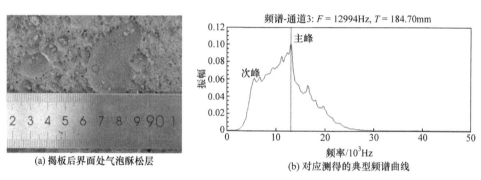

(a) 揭板后界面处气泡酥松层　　　　　(b) 对应测得的典型频谱曲线

图 9-8　充填层黏结界面局部气泡酥松层的照片与冲击回波频谱曲线

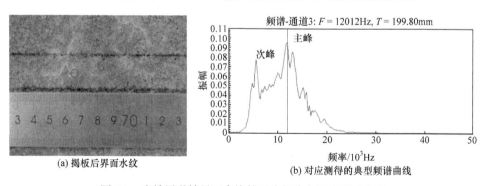

(a) 揭板后界面水纹　　　　　(b) 对应测得的典型频谱曲线

图 9-9　充填层黏结界面水纹的照片与冲击回波频谱曲线

4. 存在裂缝/离缝时的频谱曲线

图 9-10 所示为充填层与轨道板之间出现裂缝的照片以及相应的冲击回波测试得到的频谱曲线。从图中所示的频谱曲线可知，频谱曲线基本只有单一的主峰存在，主峰处的频率约为 12kHz，次峰振幅非常小，表明冲击回波的反射回波基本都是从离缝处的界面位置反射回来的。

5. 存在蜂窝大气泡孔时的频谱曲线

图 9-11 是充填层黏结界面处存在连续蜂窝状大气泡孔层的照片及相应的冲击回波测试得到的频谱曲线。从图中所示的冲击回波频谱曲线结果来看，该情形下的频谱曲线与离缝状态时的频谱曲线相似，频谱曲线上几乎只存在一个主峰，次峰较小，且主峰处的频率较大。但界面存在连续大气泡孔层时的主峰频率较裂缝状态时还要大些，达到 13kHz。这种情况表明，充填层界面黏结非常差，冲击回波的反射波几乎全部从界面处返回。实际施工中，SCC 充填层应当避免存在这种缺陷的黏结界面出现。

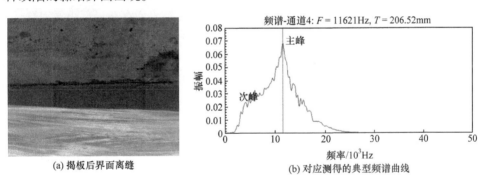

(a) 揭板后界面离缝　　　　　　(b) 对应测得的典型频谱曲线

图 9-10　充填层黏结界面与轨道板离缝状态的照片与冲击回波频谱曲线

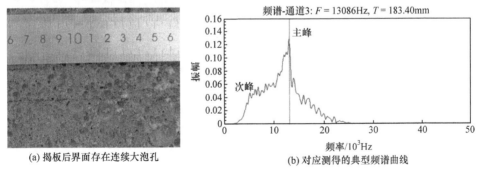

(a) 揭板后界面存在连续大泡孔　　　(b) 对应测得的典型频谱曲线

图 9-11　充填层黏结界面处存在连续大气泡孔层的照片与冲击回波频谱曲线

上述对 SCC 充填层黏结界面典型缺陷及其相应的冲击回波测试得到的典型

频谱曲线分析结果表明，黏结界面存在不同的缺陷时，冲击回波测试得到的频谱曲线也存在差别。因此，可根据冲击回波的频谱曲线来检测和判断充填层的界面缺陷状态，也表明冲击回波法检测 SCC 充填层界面缺陷的可行性。

根据冲击回波理论，结合现场测试数据，定义频谱中从轨道板和 SCC 充填层之间的黏结界面返回的峰 A 所对应的频率和振幅是 (f_1, y_1)，从 SCC 充填层和土工布层之间的界面返回的峰 B 所对应的频率和振幅是 (f_2, y_2)。峰 A 和峰 B 是应力纵波在 CRTS Ⅲ 型板式无砟轨道结构体系内不同界面处(轨道板与 SCC 充填层界面处、SCC 充填层与土工布隔离层界面处)反射回来的应力回波特征信号。因此，基于频谱中相应频率、所对应振幅信号参数，构建缺陷识别函数如式(9-2)所示：

$$F(y) = A_1 / A_2 \qquad\qquad (9\text{-}2)$$

式中，A_1 为从轨道板和 SCC 充填层之间黏结界面返回的峰 A 所对应的振幅，A_2 为从 SCC 充填层和土工布层之间的界面返回的峰 B 所对应的振幅。

结合众多检测实践，计算得到缺陷识别函数值，并进行如下分类：

(1) 当函数值 $F(y)$ 小于 1.0 时，表明 SCC 充填层黏结界面黏结良好。

(2) 当函数值 $F(y)$ 在 [1.0,1.44) 范围内时，表明黏结界面存在局部小气泡群。

(3) 当函数值 $F(y)$ 在 [1.44,2.14) 范围内时，表明黏结界面存在局部气泡疏松薄层。

(4) 当函数值 $F(y)$ 在 [2.14,2.71] 范围内时，表明黏结界面存在离缝现象。

(5) 当函数值 $F(y)$ 大于 2.71 时，表明黏结界面存在连续蜂窝状大气泡孔层。

9.3.3　质量评判

根据 Q/CR 596—2017《高速铁路 CRTS Ⅲ 型板式无砟轨道自密实混凝土》中的相关规定，SCC 充填层的质量要求包括五方面：①灌注厚度满足设计要求；②SCC 充填层上下表面分别与轨道板底面、底座隔离层表面接触良好，充盈饱满；③SCC 侧面状态良好，无掉块、大空洞和显著麻面现象；④横断面粗骨料分布均匀；⑤充填层上表面密实平整，无泌水、无松软发泡层、无可见裂缝、无露石以及蜂窝现象，且表面无面积大于 50cm² 以上的气泡，面积 6cm² 及以上气泡的面积之和不超过板面积的 2%等。显然，上述质量要求中的前三条可容易地从外观观测得到；④和⑤两条质量要求是基于原有传统现场揭板检测方法获得的。采用冲击回波法就是要代替现场揭板方法来检测 SCC 充填层上表面(也就是与轨道板间的黏结面)的质量情况。以上论述表明，冲击回波法可以检测到充填层黏结界面的缺陷。

结合 9.3.1 节可知，冲击回波法可以检测识别充填层与轨道板之间黏结面的缺陷；同时，结合冲击应力波在充填层中的传播频谱曲线可以判断充填层的密实状态。以下进一步根据冲击回波法来检测充填层黏结表面缺陷。显然，根据上述冲击回波检测方法，可容易测试得到所测 SCC 充填层的单个测点或区域是否为缺陷，若将整个被测 SCC 充填层的各个缺陷面积进行加和，则可得到总缺陷的数量，如图 9-12 所示，图中 d_1～d_n 为所测存在缺陷的测点，S_1～S_n 为各测点的缺陷面积。因此，所测 SCC 充填层总的缺陷面积 S 为所有各单个缺陷面积之和，可用式(9-3)计算得到。

$$S = \sum_{m=1}^{n} S_m \tag{9-3}$$

因此，根据冲击回波法检测得到的缺陷面积，进一步结合 Q/CR 596—2017《高速铁路 CRTS Ⅲ 型板式无砟轨道自密实混凝土》中的相关规定，对充填层质量进行评判。

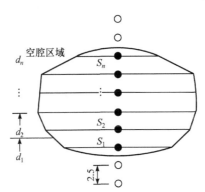

图 9-12　空腔缺陷位置测点示意图(单位：mm)

9.4　本 章 小 结

本章基于高速铁路 CRTS Ⅲ 型板式无砟轨道特点、SCC 充填层质量要求，并结合冲击回波法的优越性，探讨了基于冲击应力波的 SCC 充填层质量检测方法，阐述了相应的检测技术原理和检测方法。

基于工程检测实践，论证了冲击应力波对充填层黏结界面处不同类型缺陷的响应特征，根据相应冲击回波频谱曲线特征，建立 SCC 充填层黏结界面缺陷的识别函数，可较好地检测识别充填层黏结界面处不同类型的缺陷。

进一步针对高速铁路 CRTS Ⅲ 型板式无砟轨道结构特点，提出了 SCC 充填层质量的冲击回波检测技术方案，可有效量化检测获得的充填层黏结界面缺陷。在此基础上，结合 Q/CR 596—2017《高速铁路 CRTS Ⅲ 型板式无砟轨道自密实混凝土》中的相关规定，即可对 SCC 充填层质量进行评判。

参 考 文 献

[1] 中国国家铁路集团有限公司. Q/CR 596—2017　高速铁路 CRTS Ⅲ 型板式无砟轨道自密实混凝土[S]. 北京: 中国铁道出版社, 2017.

[2] 苏航, 林维正. 冲击回波检测方法及其在土木工程中的应用[J]. 无损检测, 2003, 25(2): 81-83.

[3] 喻乐. 自密实混凝土充填层与轨道板黏结界面质量检测与评价[D]. 长沙: 中南大学, 2017.

[4] 中华人民共和国住房和城乡建设部. JGJ/T 411—2017　冲击回波法检测混凝土缺陷技术规程[S]. 北京: 中国建筑工业出版社, 2017.

[5] 姜伟. CRTS Ⅲ 型板式无砟轨道结构充填层界面缺陷的检测与评价研究[D]. 长沙: 中南大学, 2022.